DU PROGRÈS

DES AGGLOMÉRATIONS URBAINES

ET DE L'ÉMIGRATION RURALE

DU PROGRÈS

DES

AGGLOMÉRATIONS URBAINES

ET DE

L'ÉMIGRATION RURALE

EN EUROPE ET PARTICULIÈREMENT EN FRANCE

PAR

M. A. LEGOYT

Chef de la division de la Statistique générale de France
Secrétaire perpétuel de la Société de Statistique de Paris

MARSEILLE

TYPOGRAPHIE ET LITHOGRAPHIE, CAYER ET Cᵉ,
rue Saint-Ferréol, 57

1867

NOTE PRÉLIMINAIRE

S'il est un moment favorable pour chercher utilement la solution des questions qui ont le plus vivement passionné les esprits, c'est celui où le bruit qui s'est fait autour d'elles a cessé complètement. L'examen dont elles sont alors l'objet ne subit plus l'influence des émotions qu'elles ont provoquées, et, de son côté, l'écrivain qui l'entreprend n'a plus la crainte de s'adresser à des esprits prévenus.

Telle est certainement la situation dans laquelle s'offre aujourd'hui à l'observateur ce grave phénomène de l'émigration rurale, et, comme conséquence nécessaire, du progrès des agglomérations urbaines, qui a surgi, il y a peu d'années, à l'horizon de l'économie politique et social et si vivement alarmé les propriétaires du sol, en même temps qu'il éveillait, au plus haut degré, les légitimes préoccupations des hommes d'État.

Ce mouvement des populations rurales vers les villes n'est ni un fait spécial à notre pays, ni un fait absolument nouveau. Nous verrons, en effet, dans le cours de cette étude, d'une part, qu'il se produit dans l'Europe entière, probablement sous l'influence des mêmes circonstances économiques ; de l'autre, qu'il suscitait déjà, à des époques très-éloignées, au moins en France, des plaintes très-vives, fondées ou non.

Pour être traitées, sinon complétement, au moins sous ses principaux aspects, la question qui nous occupe exige un certain nombre de divisions. Il importe notamment de rechercher :
1° l'importance, dans ceux des états de l'Europe qui ont publié

des documents sur la matière, du mouvement, depuis un certain nombre d'années, des agglomérations urbaines, d'après les résultats des recensements de la population ; 2° les points de vue auxquels les populations rurales et urbaines diffèrent, en ce qui concerne le rapport des sexes, le nombre des habitants par maison, par ménage, les âges et autres faits composant ce que nous appellerons la *caractéristique de ces populations ;* 3° la diversité des phénomènes qu'elles présentent en ce qui concerne le mouvement des trois grands actes de la vie civile, les naissances, les mariages et les décès; 4° les différences d'aptitude physique et morale qu'on peut y rencontrer; 5° les phénomènes de toute nature, hygiéniques, économiques, sociaux, moraux, politiques, que doit produire le progrès des agglomérations urbaines.

Dans l'économie de notre travail, ces cinq points ou divisions en constitueront la première partie.

La seconde comprendra l'examen : 1° des causes de toute nature qui ont pu déterminer ou accélérer, de nos jours, et particulièrement en France, le mouvement des émigrations rurales; 2° des moyens d'arrêter ou de ralentir ce mouvement, et, dans le cas où leur insuffisance serait constatée, les moyens d'atténuer les inconvénients des agglomérations urbaines,

PEMIÈRE PARTIE

TITRE Ier

DU MOUVEMENT DES AGGLOMÉRATIONS
D'APRÈS LES RECENSEMENTS
DANS LES PRINCIPAUX ÉTATS DE L'EUROPE.

CHAPITRE Ier

France.

Les plaintes sur l'émigration rurale sont très-anciennes dans notre pays. Léopold Delille (*Étude sur la classe agricole en Normandie au moyen-âge*), raconte que les chanoines de Mondaie, en Normandie, se plaignaient, en 1388, que « l'on ne peu trouver serviteur pour cultiver et labourer les terres qui ne veuille plus gaigner que six serviteurs ne faisaient au commencement du siècle. »

Comment expliquer un accroissement aussi considérable du prix de la main-d'œuvre, vers la fin du xive siècle? Évidemment par la rareté croissante de cette main-d'œuvre. Quels en étaient les motifs? Une connaissance approfondie de la situation économique de la France, ou au moins de la province de Normandie, à cette époque, permettrait seule d'étudier le problème avec succès.

Un ancien magistrat, M. Valentin Smith, dans sa *Note sur la dépopulation des campagnes* (1858), a écrit ce qui suit sur les préoccupations de Colbert, relativement à l'émigration rurale.

« ..... C'est ainsi que Colbert, qui imprima tant d'activité à l'industrie, en même temps qu'il apportait tant de soins au développement des intérêts agricoles, voulait, entre autres mesures, que l'élévation des taxes municipales rendît aux cultivateurs, aux artisans, difficile, sinon impossible, le séjour des grands centres de population, afin de prévenir l'abandon des champs et des villes secondaires. « Sans cette digue salutaire, disait-il, qu'il faut fortifier avec du granit chaque fois qu'une pierre s'en détache, les flots tumultueux de la province envahiraient Paris, transformé, en un demi-siècle, en une immense cité ouvrière ; ce qui serait la plus périlleuse des transformations pour la royauté. »

Si l'éminent homme d'état a réellement tenu le langage que lui attribue M. V. Smith, il jetait sur l'avenir un regard d'une rare profondeur.....

Au XVIII° siècle, les physiocrates sont unanimes à admettre, comme un fait certain, ce qu'ils appellent la *dépopulation des campagnes*.

L'auteur anonyme de l'*Essai sur l'administration des terres* (1759) prétend que, de son temps, le rendement des bonnes terres était, dans le Poitou, de 9 pour 1, celui des mauvaises terres de 5 1/2 ; tandis que, deux ou trois siècles plus tôt, quand on avait rédigé la coutume de la Province, les experts et les députés choisis pour l'évaluation du rendement légal des terres, l'avaient fixé à 12 et à 6.

Admettant l'exactitude de ce fait, l'auteur l'explique par diverses circonstances, au premier rang desquelles il place l'émigration des campagnes au profit des villes.

Forbonnais *(Recherches sur les finances de France,* 1758), raconte qu'après la perte du Canada, le gouvernement, voulant rapatrier des familles françaises de cette colonie qui refusaient de rester sous la domination anglaise, songea à les établir dans les campagnes, où les propriétaires se plaignaient amèrement de la rareté et de la cherté de la main-d'œuvre. Mais, à sa grande surprise, les autorités locales, consultées sur les moyens d'opérer cet établissement, exprimèrent l'opinion que l'agriculture n'avait pas besoin de bras. Au fond, ce que ces propriétaires ou fermiers craignaient, c'est qu'on ne mît à leur charge un grand nombre de malheureux sans moyen d'existence et hors d'état de travailler. Tel est, du moins, l'avis de Forbonnais.

L'auteur anonyme des *Réflexions sur la milice* (1768), en proposant de faire cesser l'exemption pour les domestiques des gens titrés ou des fonctionnaires publics, justifie ainsi cette mesure :

« Je demande une ordonnance dont l'autorité s'étendant partout, soumettrait au sort, dans les villes et les campagnes, tous... laquais ou domestiques sans acception de la dignité des maîtres, pas même de celle des intendants des provinces, que *j'entends crier sans cesse à la dépopulation des champs,* tandis que les paysans de leurs terres, chargés de leur livrée, remplissent leurs antichambres (p. 190). »

Dans son article *Fermiers* de l'*Encyclopédie* (1750-1770), Quesnay le fils s'exprime ainsi sur la misère dans les campagnes et leur abandon :

« Voilà la nourriture (orge, avoine, sarrasin, maïs), que se procure le paysan et avec laquelle il élève ses enfants. Ces aliments, qui à peine soutiennent la vie en ranimant le corps, font périr une partie des hommes dès l'enfance. Ceux qui résistent, qui conservent la santé et des forces, et ont de l'intelligence, se délivrent de cet état malheureux en se réfugiant dans les villes. Les plus débiles et les plus ineptes restent dans les campagnes, où ils sont aussi inutiles à l'État qu'à charge à eux-mêmes.

« Les habitants des villes croient que l'agriculture ne dépérit que parcè que les hommes manquent dans les campagnes. Il faut, disent-ils, en chasser les maîtres d'école, qui, par l'instruction qu'ils donnent aux paysans, facilitent leur désertion.

« ..... Il faut éloigner les vraies causes qui font abandonner les campagnes, qui rassemblent et retiennent les richesses dans les grandes villes. Tous les seigneurs, tous les gens riches, tous ceux qui ont des rentes ou des pensions suffisantes pour vivre commodément, fixent leur séjour à Paris ou dans quelque autre grande ville, où ils dépensent presque tous les revenus des fonds du royaume. Cette distribution des hommes et des richesses est mauvaise, parce qu'elle s'étend beaucoup trop loin. Peut-être y a-t-on tout d'abord contribué, en protégeant plus les citadins que les habitants des campagnes. Les hommes sont attirés par l'intérêt et par la tranquillité. Qu'on procure ces avantages à la campagne, elle ne sera pas moins peuplée à proportion que les villes. La campagne a ses agréments; on ne l'abandonne que pour éviter les vexations auxquelles on y est exposé. Si les habitants étaient délivrés de l'imposition arbitraire de la taille, ils vivraient de la même sécurité que les habitants des villes; beaucoup de propriétaires iraient faire valoir leurs biens eux-mêmes, etc., etc. »

Dans l'article *Grains*, du même recueil, Quesnay s'exprime ainsi : « Les fermiers, un peu aisés, font prendre à leurs enfants des professions dans les villes pour les garantir de la milice; et ce qu'il y a de plus désavantageux pour l'agriculture, c'est que non seulement la campagne perd les hommes destinés à être fermiers, mais aussi les richesses que leurs pères employaient à la culture de la terre. Pour arrêter ces effets destructifs, M. de la Galaisière, intendant de Lorraine, a exempté de la milice, par une ordonnance, les charretiers et fils de fermiers. »

Les *cahiers* transmis aux États généraux par les divers ordres, portent la trace des mêmes préoccupations en ce qui concerne l'abandon des campagnes, et demandent des mesures restrictives du mouvement d'émigration vers les villes.

La Convention, convaincue de la réalité de cette émigration, avait chargé un de ses comités de l'étude des moyens d'y porter remède, et ce comité avait soumis à sa sanction un grand projet d'assistance et de récompenses publiques, aux termes duquel les serviteurs agricoles avaient droit à une pension sur les fonds de l'État, après un certain nombre d'années de services dans les fermes. Ce projet, converti en décret, est resté sans exécution.

Ce n'est qu'à partir de notre siècle que le mouvement intérieur des populations a pu être apprécié avec quelque exactitude, les recensements généraux (antérieurement réputés impossibles) ayant mis en lumière l'accroissement de toutes les communes selon leur importance.

Les résultats de ces grandes opérations vont nous permettre de vérifier si les villes progressent plus rapidement que les campagnes, et de déterminer avec une certaine approximation la différence dans la proportion de leur développement respectif.

Le tableau qui suit met en regard l'accroissement annuel p. 0/0, par périodes quinquennales, de 1836 à 1866, 1° des villes de 2000 habitants agglomérés et au-dessus; 2° des communes d'uue population inférieure; 3° de la France entière :

Périodes.	Villes de 2,000 âmes et au-dessus.	Autres communes.	France entière
1836-41.........	1.71	0.22	0.41
1841-46.........	2.14	0.46	0.68
1846-51.........	0.63	0.12	0.22
1851-56.........	2.42	— 0.18	0.20
1856-61.........	1.85	0.02	0.32
1861-66.........	1.49	— 0.09	0.36

De ce tableau se déduit un certain nombre de faits pleins d'intérêt. C'est d'abord la grande différence dans la marche des trois catégories de population, les villes grandissant beaucoup plus rapidement que les campagnes et que la France entière. On voit même se produire deux diminutions de la population des campagnes, l'une de 1851 à 1856; l'autre, beaucoup moins marquée, de 1861 à 1866. Ce sont ensuite les fortes variations survenues dans la proportion d'accroissement des villes. Ici, se dessinent deux mouvements très-distincts. L'un, très-rapide, atteint son point culminant de 1841 à 1846, période qui comprend les années les plus prospères du gouvernement de 1830, et subit un temps d'arrêt très-sensible de 1846 à 1851, probablement par suite de la profonde perturbation amenée par la révolution de 1848 et des vives préocupations politiques dont elle est suivie jusqu'en 1851 inclusivement.

L'autre est une reprise considérable et véritablement exceptionnelle de 1851 à 1856. Elle a plusieurs causes : la première est la grande amélioration de la situation politique, par suite de laquelle beaucoup d'habitants des villes y reviennent après être allé chercher dans les campagnes une sorte de sécurité relative. La seconde est la renaissance de l'industrie et du commerce, exigeant un nombre de bras de plus en plus en plus considérable. Mais un fait vivement regrettable vient mêler ses ombres à ce tableau, c'est une cherté toujours croissante, qui se prolonge de 1853 à 1856 et sévit surtout dans les campagnes, obligeant un grand nombre de leurs habitants à aller chercher des salaires dans les centres de population.

A partir de cette époque, les villes continuent bien leur mouvement ascendant, mais suivant une proportion qui diminue de période en période.

Dans le tableau qui précède, nous avons, avec les documents officiels, considéré comme *urbaine* la population *totale* des communes qui ont plus de 2,000 habitants agglomérés (non compris les populations flottantes), et comme population *rurale*, celle de toutes les localités où l'agglomération n'atteint pas ce chiffre.

Voici, d'après les résultats de chacun des quatre derniers recensements, le mouvement en nombres absolus des deux populations ainsi que leur rapport à 100 habitants.

	Population urbaine.	Population rurale.	Total de la population.	Population urbaine.	Population rurale.
1846.	8.646.743	26.753.743	35.400.486	24.42	75.58
1851.	9.135.459	26.647.711	35.783.170	25.52	74.48
1856.	9.844.828	26.194.536	36.039.364	27.31	72.69
1861.	10.789.766	26.596.547	37.386.313	28.86	71.14
1866.	11.573.706	26.493.388	38.067.094	30.40	69.66

Ainsi, en 20 ans, la population urbaine s'est accrue, par rapport à la population générale, de 6 p. 100 habitants et la population rurale a diminué d'autant.

En d'autres termes, la population générale s'est accrue, en 20 ans, de 2,466,608 au de 0,35 % par an, et la population urbaine s'est accrue de 2,926,963 ou de 1,70.

Quant à la population rurale, elle est restée, en nombres absolus, à peu près stationnaire, malgré l'annexion des trois nouveaux départements qui, réunis, renferment près de 80 p. 100 d'éléments ruraux.

Les faits constatés de 1861 à 1866 ne prouvent pas d'une manière certaine que l'émigration rurale ait notablement augmenté, 72 communes *rurales* ayant passé dans la catégorie des *urbaines* par le simple fait d'un accroissement de population, assez minime pour quelques-unes, et qui ne leur enlevait pas, en réalité, leur caractère rural.

Dans la même période, la population rurale a diminué, en nombres absolus, dans 77 départements; elle s'est accrue dans 32. Pour 16 de ces derniers, on a constaté, en même temps, un accroissement plus élevé de la population urbaine. Pour les 16 autres, au contraire, l'élément rural a plus progressé que l'élément urbain. Il en est même 4 (sur ces 16) où l'accroissement des populations rurales correspond à une diminution plus ou moins sensible de la population urbaine. Ces 4 départements (Aveyron, Hautes-Pyrénées, Deux-Sèvres et Vosges), sont les seuls où semble se manifester un mouvement d'émigration des villes sur les campagnes.

Voici les données numériques :

	Population urbaine		Diminution.
	1861	1866	
Aveyron	71.842	69.599	2.243
Hautes-Pyrénées	41.207	38.699	2.608
Deux-Sèvres	40.512	40.265	247
Vosges	74.146	67.966	6.180
			11.308

	Population rurale		Augmentation.
	1861	1866	
Aveyron.............	324.183	330.471	6.288
Hautes-Pyrénées.....	198.873	204.553	2.685
Deux-Sèvres........	288.305	292.890	4.585
Vosges.............	341.339	354.032	9.693
			23.247

Dans ces quatre départements, 4 communes, dont 1 appartenant à l'Aveyron, 1 aux Pyrénées-Hautes, 2 aux Vosges, ont vu leur population agglomérée descendre au-dessous de 2,000 habitants et augmenter la population rurale de près de 9,000 âmes.

Nous avons vu que, sur 100 habitants en France, de 30 à 40 appartenaient, en 1866, aux populations urbaines; il est remarquable que cette moyenne n'est dépassée que dans les 19 dont la liste suit :

	Population urbaine pour 100 habitants.		Accroissement en 20 ans.
	1846	1866	
Seine.............	95.47	98.23	2.76
Bouches-du-Rhône.....	72.91	81.20	9.71
Rhône	51.34	62.48	11.14
Var................	50.69	58.39	7.70
Hérault	49.43	56.80	7.37
Nord..............	42.83	53.66	10.83
Alpes-Maritimes........	»	50.81	»
Vaucluse.............	48.67	49.59	0.92
Gard...............	40.50	45.15	4.65
Seine-Inférieure........	38.47	41.28	2.84

	Population urbaine pour 100 habitants.		Accroissement en 20 ans.
	1861	1866	
Haut-Rhin...............	32.35	41.28	8.93
Loire	25.68	39.54	13.83
Bas-Rhin...............	37.51	39.50	1.99
Gironde	28.62	38.96	10.34
Pyrénées-Orientales	28.38	36.87	8.49
Hautes-Pyrénées	30.51	34.81	4,30
Marne.................	26.17	31.87	5.70
Seine-et-Oise	24.03	31.62	7.59
Pas-de-Calais..........	26.45	30.38	3.93
France entière	24.42	30.46	6.24

Tous ces départements, sauf la Marne et les Pyrénées-Orientales, ont une population spécifique supérieure à celle du pays tout entier. Toutefois, il est des départements (Aisne, Calvados, Charente-Inférieure, Côtes-du-Nord, Finistère, Ile-et-Vilaine, Isère, Loire-Inférieure, Maine-et-Loire, Manche, Mayenne, Meurthe, Morbihan, Moselle, Puy-de-Dôme, Sarthe, Somme) où, malgré la *prédominance de l'élément rural*, la population spécifique (nombre d'habitant par kilomètre carré), dépasse celle du département moyen (France entière).

On remarque que tous les départements de l'ancienne Bretagne figurent dans cette dernière catégorie.

Le mouvement des populations urbaines peut encore se déduire de la proportion d'accroissement ou de diminution des communes, classées d'après la quotité de leurs habitants. Nous avons établi ce classement dans le tableau ci-après :

COMMUNES.	1836	1861	1866	Accroissement de 1836 à 1866.	
				absolu.	p. %
de moins de 5,000 hab.	36.747	36.314	37.057	310	0.84
de 5 à 10,000 »	274	278	305	31	11.31
de 10 à 20,000 »	76	108	113	37	48.68
de 30,000 et plus.. »	43	69	73	30	69.77

On voit, d'une part, que le nombre des grandes localités
s'est accru beaucoup plus rapidement que celui des petites
et moyennes, et, de l'autre, que le taux de l'accroissement
a été en raison directe de l'importance des communes.

Les accroissements de population urbaine que nous venons de mentionner ont été déduits des recensements. On
en trouve la confirmation dans le rapprochement des
résultats de ces opérations avec les excédants récipro-
ques des naissances sur les décès et des décès sur les naissances pour chaque commune.

Prenons pour abréger, une seule période, la période
1861-66.

Tandis que, dans cette période, la population rurale
(communes de 2,000 habitants agglomérés) a diminué,
d'après les dénombrements, de 121,188 âmes, elle s'est
accrue, pendant le même intervalle, de 574,860 d'après
l'excédant des naissances sur les décès.

L'émigration totale comprendrait donc, d'une part, ce
dernier chiffre, de l'autre, celui de 121,188, ensemble
696,048.

Il est assez remarquable que, tandis que les recensements, combinés avec les relevés de l'état-civil, signalent
une diminution proportionnelle continue de la population

rurale, les comptes-rendus du recrutement indiquent un
état stationnaire du nombre des jeunes soldats du contingent employés à l'agriculture. C'est ce qui résulte du
tableau ci-après :

Périodes.	Accroiss. p. º/o.
1834-37	52.29
1838-42	48.99
1843-47	49.01
1848-52	51.42

Les périodes qui précèdent comprennent des années
dont le contingent était de 80,000 hommes. Dans les années 1853, 1854, 1855 et 1858. dont le contingent a été
de 150,000 , nous trouvons 52 p. 0/0 ; — et dans les
années 1856 , 1859 , 1860 , 1861 et 1862 (contingent de
100,000 hommes) 50,73. On voit que , malgré des oscilla
tions d'une certaine importance, le rapport reste à peu près
le même. Il est même remarquable , ce qui permettrait de
suspecter l'exactitude du document , que ce rapport descend à son minimum dans deux des périodes qui nous
occupent, pendant lesquels les recensements ne signalent
qu'un très-faible accroissement de la population urbaine.

Pour ne négliger aucun des éléments de la question ,
recherchons quel a été, d'après les trois derniers recensements , le mouvement, non plus des communes rurales
(de moins de 2,000 habitants agglomérés) , mais de la population *vouée aux travaux agricoles* qu'elle habite les
villes ou les campagnes.

Ici nous trouvons un fait rassurant : cette population
n'a cessé de s'accroître, quoique dans une proportion moins
rapide, au moins de 1861 à 1866 , que celle de la France
entière.

Il ne faudrait pourtant pas admettre comme rigoureusement exacts les chiffres qui vont suivre, le recensement
des professions présentant toujours de très-grandes difficultés, dont nous ne sommes pas certain qu'on ait encore
triomphé en France.

Voici les résultats, sur ce point, des trois derniers dénombrements.

| | Population agricole | | | Accroiss. | Accroiss. de la population |
| | Sexe | | | p. °/₀. | de la France. |
	masculin.	féminin.			
1856..	9.512.092	9.551.979	19.064.071		
1861..	9.650.404	9.678.082	19.328.483	0.38	0.32
1866..	9.737.295	9.860.820	19.598.115	0.28	0.36

CHAPITRE II.

L'ÉMIGRATION RURALE DANS LES AUTRES PAYS DE L'EUROPE.

1° Royaume-Uni.

L'Angleterre nous offre le spectacle d'un progrès exceptionnel des agglomérations urbaines. Le tableau ci-après,
calculé pour chacun des sept dénombrements de la période
1801-1861, indique dans quelle proportion 100 habitants
se sont successivement répartis entre les villes de moins

et de plus de 20,000 âmes. Les deux dernières colonnes indiquent la part, dans les villes de la seconde catégorie, de Londres et des autres centres urbains.

	LOCALITÉS			
	de moins de 20,000 âmes.	de plus de 20,000 âmes.	Londres.	Autres villes.
1801...	76.99	23.01	9.16	13.85
1811...	75.62	24.38	9.45	14.93
1821...	74.08	25.92	9.72	16.20
1831...	71.49	28.51	10.11	18.40
1841...	69.28	30.72	10 44	20.28
1851...	66.39	33.61	11.27	22.34
1861...	64 20	35.80	12.30	23.50

Un des résultats du recensement de 1861 appelle l'attention. Il confirme ce fait, déjà observé en France, que l'accroissement des agglomérations, est en raison de l'importance des villes. Ainsi, de 1851 à 1861, les vingt villes de premier ordre, ou ayant plus de 90,000 habitants, se sont accrues de 25 p. %; les villes de second ordre, (de 20,000 à 50,000 habitants), de 14 p. %; les villes de troisième ordre, (de 5 à 20,000 habitants), de 4 p. %; enfin, les localités de moins de 5,000 habitants, sont restées à peu près stationnaires.

La différence entre l'accroissement de la population résultant de l'excédant des naissances sur les décès, dans les comtés les plus agricoles de l'Angleterre, et celui que signale le recensement, est la preuve d'une émigration considérable de ces comtés vers les villes. Ainsi, les trois comtés de l'est, Essex, Suffolk et Norfolk, qui, de 1851 à 1861, avaient eu, d'après les relevés de l'état-civil, un excédant de 129,726 naissances, n'ont eu, d'après le recensement de 1861, qu'un accroissement de 28,220 habitants. Dans les cinq comtés du sud-ouest, l'écart est encore plus remarquable : malgré un excédant de 200,673 naissances , ces comtés n'avaient gagné, au commencement de 1861, que 32,290 âmes. Dans quelques autres, le recensement a constaté une diminution , lorsque l'état-civil indiquait une augmentation plus ou moins sensible. Il n'est pas douteux que la plus grande partie des émigrants qui ont quitté ces comtés, s'est dirigée sur les villes. Ainsi, Londres a reçu, dans le même intervalle , 186,809 habitants par le fait de l'excédant de l'immigration sur l'émigration, et le comté de Lancashire, ce centre de l'industrie cotonnière, 143,102.

Le fait de la diminution de la population agricole en Angleterre, peut encore se démontrer autrement. Si l'on divise ce pays en trois grandes zones, comprenant : la première, les vingt comtés où plus de 20 p. %. de la population adulte est employée à l'agriculture ; la seconde, les 16 comtés où plus de 10, et moins de 20 p. %., exercent la même profession ; la troisième, 5 comtés où cette proportion descend à moins de 10 p. %., on trouve, pour ces zones, les proportions d'accroissement ci-après : de 1831 à 1861 :

		1re		3^e
Accroissement {	absolu.	1.093.000	1.651.000	3.425.000
	p. %..	22	39	75

En 1851 , le nombre des individus de 20 ans occupés aux travaux de l'agriculture s'élevait à 1,576,080 ; en 1861, il n'était plus que de 1,531,276. C'est une diminution de 44,790 personnes, ou de près de 3 p. %. en dix années.

Le rapport des adultes employés à l'agriculture à la population totale, de 16,1 p. %o en 1851, tombe à 13,9, en

1861. En d'autres termes, 22 adultes pour 1,000 cessent, de 1851 à 1861, d'appartenir à l'agriculture.

En Irlande, sur 1,000 habitants, on en comptait 139, en 1841, et 185 en 1861 dans les villes.

En Ecosse, la population des villes s'est accrue de 11 p. °/₀ de 1851 en 1861, et celle des campagnes d'un peu moins, de 1 p. °/₀.

2° Allemagne.

PRUSSE.

Le tableau ci-après résume, en nombres absolus et proportionnels, l'accroissement des populations urbaines et rurales, de 1816 à 1861, en Prusse, (moins l'armée).

Le Royaume.	Accrois. par an p.100	Villes.	par an p.100 Accroiss.	Campagnes.	par an p.100. Accroiss.
1816. 10.319.993	»	2.881.533	»	7.438.460	»
1822. 11.664.133	2.17	3.167.933	2.33	8.498.200	2.37
1831. 13.038.970	1.34	3.599.635	1.51	9.439.335	1.23
1840. 14.928.503	1.61	4.066.266	1.44	10.862.237	1.68
1849. 16.296.483	1.02	4.582.198	1.41	11.714.285	0.87
1858. 17.672.609	0.94	5.235.999	1.56	12.436.610	0.69
1861. 19.255.139	1.78	6.002.811	2.93	13.252.328	1.31

Le rapport, pour 100 habitants, de la population des villes à celle des campagnes a été, ainsi qu'il suit, dans le même royaume, de 1831 à 1861 :

	Villes.	Campagnes.
1831.................	27.42	72.58
1834.................	27.27	72.73
1837.................	27.34	72.66
1840.................	27.23	72.77

	Villes.	Campagnes.
1843	27.54	72.46
1846	27.98	71.02
1849	29.22	71.78
1852	28.4	71.6
1855	28.8	71.2
1858	29.5	70.5
1861	31.2	68.8

C'est à partir de 1840, que l'écart entre le taux d'accroissement des deux populations devient sensible et continu.

BAVIÈRE.

Le tableau ci-après signale les différences dans les proportions d'accroissement pour 100 des deux populations, de 1834 à 1864.

Périodes.	Population		
	Totale.	Urbaine.	Rurale.
1834–40	0.49	»	»
1840–52	0.36	0.77	0.27
1852–58	0.20	1.25	0.03
1858–61	0.53	1.51	0.20
1861–64	0.84	2.44	0.44
1840–64	0.42	1.32	0.22

GRAND-DUCHÉ DE BADE.

Les deux populations s'y sont accrues, de 1855 à 1861, dans les proportions ci-après :

	Villes.	Campagnes.	Habitants pour 100 dans les	
			Villes.	Campagnes.
1855	325.095	989.742	24.7	75.3
1861	344.906	1.024.385	25.2	74.8
Accroiss. p. °/°.	6.09	3.5		

La population des 114 villes du grand duché, de 344.906 en 1861, s'est élevée à 371,207 en 1864 ; c'est un accroissement de 26,301, ou de 7,6 p. %. Pour le reste des communes, il a été de 32,498, ou de 3,1 p. %.

HANOVRE.

Dans l'ancien royaume de Hanovre, le mouvement est indiqué par les chiffres ci-après :

	Villes.	Campagnes.	Habitants pour 100 dans les	
			Villes.	Campagnes.
1852....	465.689	1.353.575	25.60	74.40
1861....	507.156	1.380.914	26.86	73.14

SAXE-ROYALE.

En Saxe, l'accroissement des villes est peu sensible, par suite de la concentration progressive des industries dans les campagnes, pendant ces dernières années. Elle est aujourd'hui assez considérable pour qu'on établisse, dans les enquêtes officielles sur les faits économiques et sociaux, une distinction entre les localités rurales vouées à l'industrie, et celles qui sont purement agricoles.

Les proportions d'accroissement des deux populations n'en sont pas moins assez différentes, comme l'indiquent les résultats ci-après de deux dénombrements récents.

	Villes.	Campagnes.	Total.
1861.........	819.621	1.405.619	2.225.240
1864.........	887.894	1.449.298	2.337.192

Accroissement p. % d'après les trois derniers recensements.

	Villes.	Campagnes.	le Pays.
1858-61.......	6 30	3.98	4.82
1861-64.......	8.33	3.10	5.03

Rapport p. %, de la population urbaine à la population rurale.

1858....................................	36.32
1861....................................	36.83
1864..	37.79

En Saxe aussi, on a constaté généralement que le mouvement de l'agglomération est en raison de l'importance des localités, puisque, de 1858 à 1861, les villes de plus de 10,000 âmes ont grandi de 9,33 p. %; celles de 5 à 10,000, de 3,95; celles de 3 à 5,000; de 3,59, celles de 1,000 à 3,000, de 2,88; enfin, les communes de 1,000 âmes, de 1,53 p. % seulement.

WURTEMBERG.

En Wurtemberg, les populations urbaines se sont accrues comme il suit, de 1852 à 1861 :

			Habitants pour 100 dans les	
	Villes.	Campagnes.	Villes.	Campagnes.
1852....,	423.288	1.309.975	23.60	76.40
1855....	414.813	1.260.895	24.84	75.16
1861....,	459.814	1.260.895	26.72	73.28

CHAPITRE IV.

Suisse. — Belgique. — Hollande. — Italie.

SUISSE.

En Suisse, les documents officiels ne nous permettent de comparer l'accroissement de la population que pour les chefs-lieux de canton et la population totale. Voici les termes numériques de ce rapprochement :

	1850	1860	Accroiss p. 100.
Population totale	2.390.116	2.510.494	8.66
Id. des chefs-lieux.	231.998	281.943	21.53

BELGIQUE.

En Belgique, les recensements de 1846 et 1856 ont attribué aux villes et aux campagnes, les populations ci-après :

	Villes.	Campagnes.	Habitants p. 100 dans les	
			Villes.	Campagnes.
1846...........	1.092.507	3.244.689	25.19	74.81
1856...........	1.181.370	3.348.090	26.08	73.92
Accroiss. p. °/₀..	0.81	0.32	»	»

HOLLANDE.

Les documents officiels relatifs à la Hollande, distin-guent entre la population , non pas des villes et des

campagnes, mais des communes de *plus* (au nombre de
34 en 1860), et de *moins* (1104 en 1860), de 10,000 âmes.
Voici quel était, d'après quatre recensements récents, le
nombre des habitants de ces deux catégories de communes
(au 16 novembre pour les trois premières années , au 31
décembre pour la dernière).

1829	1839	1849	1859	Accroiss. p. 100 de 1829 à 1859.	Habitants p. 100 en	
					1829.	1859.
Communes de plus de 10,000 âmes.						
798.044	870.465	921.835	1.010.675	26 6	30.54	30.68
Communes de moins de 10,000 âmes.						
1.815.443	1.989.985	2.134.944	2.282.902	25.7	69.46	69.32

ITALIE.

Les documents officiels de ce pays donnent la qualification d'urbaines aux populations des *centres* de 6,000 habitants au moins. D'après cette mesure, qui diffère sensiblement de celle que nous avons adoptée en France, la
population urbaine du royaume d'Italie aurait été, en
1861 (date du dernier dénombrement), de 5,492,267 individus, et la population rurale de 16,285,067. Les deux
catégories étaient donc dans le rapport de 25 à 75.

La comparaison d'un certain nombre de recensements
antérieurs pour les anciens Etats Sardes et les pays annexés,
a mis en lumière un accroissement moyen annuel de 0,51
pour 100 habitants. On va voir combien cette proportion
est dépassée pour les principales villes de l'Italie conti-
nentale.

Plaisance.	Turin.	Milan.	Naples.	Gênes.	Livourne.
6.45	2.11	2.71	2.25	1.69	1 25

CHAPITRE V.

—

SCANDINAVIE.

SUÈDE.

En Suède, les deux populations sont restées, au moins jusqu'en 1850, à peu près dans les mêmes rapports :

	Villes.	Campagnes.
1825...................	10.11	89.89
1830...................	9.70	90.30
1835...................	9.59	90.41
1840...................	9.66	90.34
1845...................	9.76	90.24
1850...................	10.10	89.90
1861...................	11.19	88.81

Ces rapports se sont assez notablement modifiés de 1861 à 1864. Donnons d'abord les chiffres absolus :

	Campagnes.	Villes.		
1860 ...	3.425.209	434.519	Total...	3.859.728
1861....	3.467.948	449.391	Id.....	3.917.339
1862....	3.506.313	459.586	Id.....	3.965.899
1863....	3.548.334	474.230	Id.....	4.022.564
1864....	3.583.462	486.599	Id	4.070.061

Voici maintenant les rapports proportionnels :

	Campagnes.	Villes.
1860............... ...	88.75	11.25
1861.......	88.53	11.47
1862...................	88.41	11.59
1863...................	88.21	11.79
1864...............	88.03	11.97

Ainsi l'accroissement de la population urbaine est continu. Cet accroissement est rendu plus sensible par les proportions centésimales ci-après :

	Accroissement p. 100.	
	Villes.	Campagnes.
1860-61..................	1.25	3.42
1861-62.................	1.11	2.27
1862-63.................	1.20	3.19
1863-64.................	0.77	2.58
1860-64.................	1.15	3.00

NORWÈGE.

L'accroissement respectif des deux populations est indiqué comme il suit, par les résultats des deux derniers recensements :

	Villes.	Accroissement pour 100.	Campagnes.	Accroissement pour 100,
1855......	211.515	»	1.277.532	»
1865.......	286.149	35.3	1.415.329	10.7

Les proportions d'accroissement pour 100 étaient les suivantes, pour les dénombrements antérieurs les plus récents :

	Villes.	Campagnes.
1835-45....................	20.4	9.8
1846-55....................	23.0	10.8

Le rapport des deux populations à la population totale ramené à 1,000, s'est modifié dans les conditions ci-après, de 1769 à 1855 :

	Villes.	Campagnes.
1769	89	911
1801	80	910
1815	88	912
1825	100	900
1835	97	903
1845	114	886
1855	193	807

DANEMARK.

En Danemark, la proportion d'accroissement des deux populations avait été à peu près la même de 1835 à 1845: mais l'écart est devenu sensible de 1845 à 1855 :

	Villes.	Campagnes.
Danemark	18.5	9.2
Schleswig	16.5	6.7
Holstein	17.8	7.9
Lauenbourg	18.0	4.4
	18.1	8.4

Les documents qui précèdent ne permettent de comparer exactement entre eux les Etats qui ont été l'objet de cette étude, ni en ce qui concerne la proportion des habitants des villes et des campagnes , ni au point de vue du degré réel d'accroissement des deux populations, les définitions de ces populations différant très sensiblement de pays à pays. Mais ils mettent en relief, avec une évidence complète , le fait général de l'émigration rurale, le progrès comparativement rapide des villes, où l'excédant des naissances sur les décès est habituellement très faible, ne pouvant avoir que l'immigration pour cause principale.

TITRE II.

CARACTÉRISTIQUE DES POPULATIONS RURALES ET URBAINES

―――――

CHAPITRE Iᵉʳ.

COMPOSITION DE LA FAMILLE RURALE ET URBAINE.

Les populations rurales sont-elles soumises à d'autres lois que les populations urbaines au point de vue de leurs éléments constitutifs, et, ce point établi, ces lois sont-elles plus favorables dans les campagnes que dans les villes?

Examinons d'abord, dans la mesure des documents officiels, s'il peut être répondu à la première question.

1° *Sexes.* — La prédominance de l'un ou de l'autre sexe dans les villes ou dans les campagnes peut varier sous l'influence de circonstances économiques, sociales et morales très diverses, et *à priori*, à moins d'avoir, pour chaque pays, la connaissance intime de ces circonstances, il est bien difficile de s'expliquer pourquoi, ici, le sexe masculin l'emporte dans les campagnes, tandis que, là, le phénomène contraire se produit.

Quelquefois la forme même du dénombrement peut modifier le rapport sexuel. Que les garnisons soient recensées à part et distraites entièrement des populations des villes et des campagnes, voilà immédiatement un élément urbain considérable qui disparaît, les garnisons étant généralement placées dans les villes. Qu'il en soit autrement dans un État voisin, que nous supposerons avoir, comme les grandes puissances continentales, une armée considérable, et par ce seul fait, la population masculine des villes s'accroît tout à coup dans une forte proportion. Malheureusement, les comptes-rendus officiels des dénombrements ne permettent pas toujours d'établir cette distinction et d'opérer ainsi sur des valeurs en quelque sorte égales.

Autre exemple : on sait que les émigrations portent généralement sur les campagnes et sur les adultes mâles. Que l'on suppose deux pays, l'un ayant une forte émigration, l'autre, au contraire, conservant tous ses habitants et recevant en outre une forte immigration, il est évident que l'on trouvera, dans ce dernier, une plus forte population masculine.

C'est sous ces réserves que nous allons donner la parole aux documents officiels.

En *Prusse*, le sexe masculin domine dans les villes. Ainsi, pour 100 habitants, on a trouvé, à l'occasion des trois derniers dénombrements, en moyenne 50. 3 hommes dans les villes et 49. 7 femmes dans les campagnes. En d'autres termes, pour 100 hommes, on a recensé 98,81 femmes dans les villes et 101.21 dans les campagnes.

En *Wurtemberg*, où les femmes, par suite d'une forte émigration extérieure, sont plus nombreuses que les hommes à la fois dans les villes et les campagnes, on constate que leur prédominance est plus accusée dans les campagnes et qu'elle y devient de plus en plus forte comme l'indique le tableau ci-après :

1852		1855		1858	
Villes.	Campagnes.	Villes.	Campagnes.	Villés.	Campagnes.
105.64	107.30	106.36	109.09	102 2	108.4

Femmes pour 100 hommes.

Le résultat contraire se produit en *Saxe*. Là, les femmes, plus nombreuses que les hommes, à la fois dans les

deux populations, comme en Wurtemberg, ont une prédominance plus marquée dans les villes, puisqu'en 1850,
on y a trouvé 107.12 femmes pour 100 hommes et 101.98
seulement dans les campagnes ; en 1858, les deux rapports ont été de 105.72 et 102.84.

En *Hollande*, les grandes villes renferment beaucoup
plus de femmes que les petites localités. En 1840, on en
avait trouvé, dans les premières, 111.59 et dans les secondes, 100.12. En 1850, ces rapports se sont modifiés ainsi
qu'il suit : 113.64 et 93.99. Ainsi, le nombre des femmes
tend à s'accroître dans les centres les plus populeux de ce
pays.

En *Belgique*, le rapport des femmes pour 100 hommes
était, en 1846, de 106.64 dans les villes et 98.48 dans les
campagnes. En 1856, ces rapports ont été respectivement de
105.88 et 97.19. Le nombre total des femmes ayant assez
sensiblement diminué de l'une à l'autre année, leur rapport aux hommes a dû s'abaisser dans les deux populations.

En *France*, ce rapport n'a été constaté, pour la première
fois, qu'en 1861. Cette année, les hommes l'emportaient
dans les villes, résultat qu'il faut peut-être attribuer,
comme en Prusse, à la présence des garnisons. Les rapports étaient les suivants (femmes pour 100 hommes).

	Villes.	Campagnes.	la France.
1861	99.92	100.75	100.51

Ils ont changé en 1866. Cette année, on a trouvé :

Villes.	Campagnes.	France.
101.01	99.85	100.20

En supposant parfaitement exacts les chiffres absolus
d'où ont été déduits ces rapports, on constate que, de 1861

à 1866, les femmes ont augmenté dans les villes et diminué dans les campagnes.

En *Suède*, on compte dans les villes beaucoup plus de
femmes que d'hommes (116.41 pour 100 hommes). C'est
le rapport le plus élevé que nous ayons encore constaté.
Dans les campagnes, il est sensiblement moindre (106. 30).

En *Norwège*, la population urbaine contient également,
quoique dans une moindre proportion, un plus grand
nombre de femmes (108.73 dans les villes et 103.46 dans
les campagnes).

Les faits qui précèdent permettent de conclure que, généralement, les villes renferment un plus grand nombre
de femmes que les campagnes. Ce résultat est dù, d'abord
à la domesticité qui emploie surtout les femmes, puis à
la prédominance, dans les villes, des industries qui occupent des ouvrières. La prostitution, avouée ou clandestine,
amène également un grand nombre de femmes dans les
villes.

2° *État-Civil*. — La constatation de l'état civil des habitants, séparément pour les villes et les campagnes, n'a
été faite que dans un très-petit nombre de pays.

En Belgique, sur 1000 habitants, les villes comptaient
en 1846, 635 enfants et célibataires, 305 mariés et 60 veufs
ou veuves, les campagnes 641, 304 et 55. Celles-ci avaient
donc plus de célibataires et d'enfants, un peu moins de
mariés et de veufs que les villes.

Le rapport sexuel (femmes pour 100 hommes) s'établissait ainsi qu'il suit au point de vue de l'état civil.

	Villes.	Campagnes.
Enfants et célibataires	103.42	93.21
Mariés	99.25	100.04
Veufs	222.13	173.80

C'est en ce qui concerne l'état de célibat et surtout de veuvage, que le sexe féminin domine dans les villes.

Ces rapports sont restés à peu près les mêmes en 1856.

Pour la Prusse, les documents officiels ne distinguent, en ce qui concerne l'état civil, que les mariés dans les villes et les campagnes.

Voici les rapports pour 1000 en 1852 et 1849.

		Hommes	Femmes.	Hommes.	Femmes.
		Villes.		Campagnes.	
1852.	mariés........	306	309	340	340
	non mariés ...	694	691	660	660
1849.	mariés........	298	306	341	338
	non mariés ...	702	694	659	662

On voit que, quel que soit le sexe, on compte beaucoup plus de mariés et de veufs dans les campagnes que dans les villes.

Ces rapports se sont légèrement modifiés dans les années postérieures ; mais le fait principal et dominant n'a pas changé.

Il n'est pas aussi caractérisé en Bavière. Les enfants et les célibataires y sont à peu près en nombre égal, sans distinction de sexe, dans les villes et les campagnes. Il en est de même des mariés du sexe masculin. Mais les mariés du sexe féminin sont plus nombreux dans les campagnes. On compte en outre, beaucoup plus de veuves dans les populations urbaines que dans les populations rurales. Voici, au surplus, les rapports (pour 1000) déduits du recensement de 1852.

	Villes.		Campagnes.	
	Sexe		Sexe	
	Masculin.	Féminin.	Masculin.	Féminin.
Enfants et célibataires.	660	658	656	658
Mariés	307	273	307	288
Veufs....................	33	69	38	54

Dans l'ancien royaume de Hanovre, comme en Prusse, les mariés des deux sexes sont notablement plus nombreux dans les campagnes que dans les villes, et, par conséquent, les enfants et les célibataires dominent dans les villes. Ainsi qu'en Belgique, en Bavière, et probablement aussi en Prusse, les villes y renferment plus de veuves.

Suivent les rapports pour 1000 d'après le recensement de 1855 :

	Hommes.	Femmes.	Total.	Hommes.	Femmes.	Total.
		Villes.			Campagnes.	
Célibataires.	354	302	328	298	255	277
Mariés	610	600	606	662	664	663
Veufs.......	36	98	66	40	81	60

En Saxe, les villes ont beaucoup plus d'enfants et de célibataires du sexe masculin et à peu près autant du sexe féminin que les campagnes ; mais, dans ce pays également, les campagnes comptent plus de mariés des deux sexes, surtout du sexe masculin. Comme pour tous les Etats dont nous venons de parler, les veuves ont la supériorité numérique dans les villes. Les rapports qui suivent ont été calculés pour 1849 ; mais ils s'appliquent, avec de légères différences, aux années antérieures et postérieures.

	Villes.		Campagnes.		Total.		
	Hommes.	Femmes.	Hommes.	Femmes.	Hommes.	Femmes.	Total.
Célibataires.	628	575	592	576	605	575	590
Mariés	341	336	373	347	361	345	353
Veufs......	31	89	35	77	34	80	57

En Norwège également, les célibataires des deux sexes dominent dans les villes et les mariés des deux sexes

— 37 —

dans les campagnes. Les veufs sont à peu près en nombre
égal dans les deux populations ; mais, comme toujours,
les populations urbaines comptent le plus grand nombre
de veuves. Suivent les rapports (pour 1000) calculés d'a-
près les résultats des recensements de 1845 et 1855.

	SEXE MASCULIN.						SEXE FÉMININ.					
	Mariés.		Célibataires.		Veufs.		Célibataires.		Mariés.		Veuves.	
	1855	1845	1855	1845	1855	1845	1855	1845	1855	1845	1855	1845
Villes.....	[illegible]	297	657	674	30	29	285	273	624	628	91	99
Campagnes .	331	323	636	648	33	29	320	313	611	621	69	66
La moyenne.	329	320	639	651	32	29	316	309	612	621	72	70

On constate les mêmes faits en Danemark (recensement de 1855).

	Villes.	Campagnes.	Total.
Célibataires	663	617	626
Mariés	306	347	339
Veufs.......................	23	34	33
Divorcés....................	3	2	2
Célibataires	598	581	585
Mariées	300	343	334
Veuves.....................	98	73	78
Divorcées..................	4	3	3

Les documents suédois séparent avec raison, au point
de vue de l'état civil dans les villes et les campagnes,
les enfants des célibataires. D'après les rapports qui suivent et ont été calculés avec les résultats des recense-

ments de 1820, 1825 et 1830, on trouve : 1° un plus grand nombre d'enfants dans les campagnes ; 2° un plus grand nombre de célibataires dans les villes ; 3° un plus grand nombre de mariés dans les campagnes ; 4° enfin un plus grand nombre de veufs dans les villes. Il est à regretter que les documents officiels n'aient pas permis d'étudier l'état civil séparément pour chaque sexe.

	Villes.			Campagnes.		
	1820	1825	1830	1820	1825	1830
Enfants	259	276	275	328	351	360
Célibataires.	366	354	367	247	325	223
Mariés	288	282	267	359	363	355
Veufs	87	88	91	66	61	62

Des relevés qui précèdent on est autorisé à conclure : 1° que les célibataires dominent dans les villes et les mariés dans les campagnes ; 2° que les veufs et surtout les veuves l'emportent dans les villes. Il y a lieu de croire également que les enfants ont la supériorité numérique dans les campagnes, par suite de ce double fait que les mariages, comme nous le verrons ailleurs, y sont généralement plus féconds et que beaucoup d'enfants des villes y sont mis en nourrice. La prédominance des célibataires des deux sexes dans les villes est déterminée surtout par la domesticité, puis par les élèves des établissements d'instruction publique, par les ouvriers nomades, etc., etc.

Comme conséquence de l'existence d'un plus grand nombre de mariés dans leur population, les campagnes ont, sur les villes, cet avantage que les naissances naturelles doivent y être moins nombreuses et que les inconvénients, les dangers même de toute nature qui résultent du célibat prolongé, y sont moins ressentis. Le petit nombre de veuves qu'on y trouve semble attester, en outre, que les seconds mariages y sont plus faciles que dans les villes.

3° *Ages.*— Les recensements par âge, séparément des populations urbaines et rurales, sont assez rares ; mais d'après les renseignements qui précèdent sur l'état civil, on peut croire, *à priori*, que, si l'on divise ces populations en deux catégories, la première comprenant les mineurs de la naissance à 15 ans, la seconde tous les habitants des autres âges, la première catégorie sera représentée par des nombres plus considérables dans les campagnes que dans les villes, par suite de la prédominance des enfants au sein des campagnes.

En Belgique, on a trouvé les rapports ci-après, pour 1000 habitants :

		Habitants de	
		de 0 à 15.	de 15 ans et au-dessus.
1846.	Villes........	2.978	7.022
	Campagnes...	3.319	6.681
1856.	Villes........	2.847	7.153
	Campagnes...	3.095	6.905

Voici les rapports (pour 100 habitants) afférents à la Saxe, pour les années 1858 et 1861 :

		Moins de 14 ans.		Plus de 14 ans.	
		Garçons.	Filles.	Hommes.	Femmes.
1858.	Villes........	15.16	15.34	34.25	35.25
	Campagnes...	16.46	16.72	32.13	34.67
1861.	Villes........	15.20	15.42	34.17	35.21
	Campagnes...	16.66	16.83	32.02	34.49

Ce document confirme notre prévision : les enfants sont plus nombreux dans les campagnes, et les adultes dans les villes. Cette observation s'applique aux deux sexes On remarque, dans les deux populations, que les adultes du sexe féminin sont plus nombreux que ceux du sexe masculin ; les enfants du sexe féminin ont également l'avantage, mais dans une moindre proportion.

En Wurtemberg, sur 100 habitants, les âges se répartissaient comme il suit, en 1861 :

	Moins de 14 ans.	Plus de 14 ans.
Villes...............	26.3	73.2
Campagnes.........	29.6	70.4

Ici, également, nous retrouvons le fait principal de la prédominance des enfants dans les campagnes et des adultes dans les villes.

Même observation en Danemark, d'après le recensement de 1855 :

	Moins de 15 ans.	Plus de 15 ans.
Villes...............	29.7	70.3
Campagnes.........	34.6	65.4

Ainsi, quel que soit le pays sur lequel portent nos recherches, nous retrouvons partout le même fait : la supériorité numérique des adultes dans les villes. Elle a deux causes principales : 1° l'immigration, qui porte en très grande majorité sur des adultes ; 2° l'envoi en nourrice dans les campagnes d'un grand nombre d'enfants des villes ; 3° enfin, la survie d'un plus grand nombre d'enfants, dans les campagnes, à naissances égales.

4° *Nombre d'habitants par maison et par famille.* — En Belgique, on a relevé, en 1846, le nombre ci-après d'habitants par maisons et par familles :

| | Habitants par | | Familles |
	maison.	famille.	par maison.
Villes............	6.41	4.59	1.40
Campagnes......	5.15	4.97	1.03
Le Royaume.....	5.42	4.87	1.11

Les maisons étant plus spacieuses dans les villes, et surtout dans les grandes villes, que dans les campagnes, il était naturel que le nombre moyen des habitants et des familles par maison, y fût plus élevé. Par suite d'une plus grande fécondité des mariages dans les campagnes, les familles y sont plus nombreuses. — On trouve, pour 1856, des rapports identiques.

La Prusse fournit les éléments ci-après :

| | | Habitants par | |
		maison.	famille.
Villes........	1849.............	11.14	4.84
	1852.............	12.29	4.75
	1855.............	11.83	4.89
Campagnes..	1849.............	7.71	5.25
	1852.............	7.59	5.04
	1855.............	7.62	5.00

Si les villes et les campagnes présentent ici les mêmes différences qu'en Belgique, on est frappé du grand nombre de personnes que contiennent, en Prusse, les maisons des deux populations. Il faut en conclure, ou que ces maisons sont plus spacieuses qu'en Belgique, ou que les habitants y sont plus agglomérés. En ce qui concerne le nombre des membres par famille, d'une part, il est plus élevé en Prusse qu'en Belgique; de l'autre, la différence entre les villes et les campagnes y est plus tranchée.

En Bavière on a recensé, en 1852, 4.52 personnes par famille, dans les villes et bourgs, et 4.64 dans les campagnes. La différence est peu sensible.

En Wurtemberg, on a relevé le nombre ci-après de personnes par famille.

	Villes.	Campagnes.
1852................	4.64	4.67
1855............	4.69	4.70

La différence n'est guère plus tranchée qu'en Bavière.

En Saxe, les trois faits qui nous occupent se sont modifiés, ainsi qu'il suit, de 1834 à 1849 :

	Habitants par maison.		Habitants par ménages.		Ménages par maison.	
	Villes.	Campagnes.	Villes.	Campagnes.	Villes.	Campagnes.
1834....	10.68	6.69	4.33	4.64	2.47	1.44
1837....	11.07	6.76	4.38	4.54	2.53	1.49
1840....	11.29	7.02	4.41	4.45	2.56	1.57
1843....	11.75	7.01	4.44	4.63	2.64	1.51
1846....	11.97	7.19	4.43	4.62	2.70	1.55
1849....	12·37	7.26	4.44	4.55	2.78	1.60

Constatons d'abord, ici les mêmes différences entre les villes et les campagnes que dans les autres pays, au point de vue des dimensions des habitations, du nombre de personnes par famille ou ménage, et du nombre des ménages par maison. Ces chiffres contiennent un autre renseignement : c'est l'accroissement continu du nombre des habitants, et par suite des ménages, par maison rurale et urbaine, comme conséquence de l'agrandissement graduel des habitations. Ils signalent, en outre, un nombre également croissant, au moins jusqu'en 1843, de personnes par ménage dans les villes.

Les rapports ci-après, afférents à l'ancien grand duché de Parme, en 1856, peuvent être considérés comme communs à la plus grande partie de l'Italie :

	Habitants par maison.	Personnes par famille.	Familles par maison.
Villes........	6.80	4.53	1.50
Campagnes...	7.99	5.32	1.50
Le Duché.....	7.43	4.95	1.50

Pour la première fois, nous constatons ici un plus grand nombre d'habitants par maison dans les campagnes que dans les villes, ce qui semblerait indiquer que les constructions y sont plus spacieuses, ou les habitants plus étroitement logés. Comme en Allemagne, les familles rurales sont plus nombreuses. Quant à l'identité du nombre de familles par maison, elle se déduit des deux autres rapports.

En Danemark, on a compté le nombre ci-après de personnes par famille à diverses époques :

	1855	1845	1840
Villes........	4.99	4.99	4.92
Campagnes...	4.93	4.97	4.91
Le Royaume .	4.95	4.98	4.91

On voit que les familles sont à peu près aussi nombreuses dans les villes que dans les campagnes ; la différence, par une exception qui ne s'est pas encore présentée, paraît être au profit des villes.

En Norwège, le nombre de personnes par famille, a été ainsi qu'il suit, en 1845 et 1855 :

	1845	1855
Villes............... ..	4.89	4.88
Campagnes...............	4.99	4.89
Le Royaume...............	4.97	4.91

En Suède, ce rapport s'est modifié ainsi qu'il suit, de 1820 à 1850 :

	1820	1825	1830	1835	1840	1845	1850
Villes......	5.16	6.13	5.31	5.32	5.56	6.52	5.42
Campagnes .	5.37	5.35	5.30	5.35	5.34	5.36	5.32

En Norwège, les familles rurales sont plus nombreuses, comme dans le plus grand nombre des autres Etats. En Suède, le même fait se produit jusqu'en 1835 ; mais, à partir de 1840, on constate le résultat inverse.

En résumé, il est permis d'affirmer qu'au moins généralement, 1° on compte plus d'habitants par maison, et, par suite, plus de ménages par maison, dans les villes que dans les campagnes ; 2° les familles urbaines sont moins nombreuses que les familles rurales, par suite d'une moindre fécondité des mariages urbains, et peut-être aussi d'une moins prompte dispersion des membres de la famille dans les campagnes que dans les villes.

Enfin, si nous récapitulons les documents qui précèdent sur la caractéristique des deux populations, nous trouvons que les populations rurales se distinguent des populations urbaines aux points de vue ci-après :

1° Le sexe masculin prédomine généralement dans les premières, ce qui semblerait indiquer que l'émigration rurale, en dehors des circonstances extraordinaires, porte sur les femmes en plus grand nombre que sur les hommes ;

2° Les campagnes comptent plus de mariés que les villes, où le célibat est, notamment pour la domesticité, une sorte de nécessité, et où il est, en général, la conséquence obligée, pour beaucoup d'adultes, de la cherté de la vie matérielle. Les garnisons concourent, d'ailleurs, à cette prédominance du célibat dans les villes ;

3° Les villes comptent plus d'adultes que les campagnes; mais il n'est pas douteux qu'elles ont moins de vieillards;

4° Les familles rurales sont plus nombreuses, et cependant moins entassées dans les habitations que les familles urbaines. C'est une condition hygiénique plus favorable.

———

CHAPITRE II.

DES ACTES DE L'ÉTAT-CIVIL
OU DU MOUVEMENT ANNUEL DE LA POPULATION
DANS LES VILLES ET LES CAMPAGNES

C'est en ce qui concerne le rapport aux populations respectives, des mariages, naissances et décès, que se manifestent clairement les différences qui caractérisent la vie urbaine et la vie rurale.

1° France.

Nos premières recherches sur ce point auront la France pour objet.

Bien que l'étude du mouvement annuel, (séparément dans les villes et les campagnes), de la population de notre pays, ne remonte qu'à un petit nombre d'années, elle a été concluante au point de vue des influences que l'agglomération exerce sur le nombre relatif des naissances, mariages et décès, c'est-à-dire sur les phénomènes sociaux et naturels les plus importants.

Pour donner à cette recherche toute la précision possi-

ble, nous avons établi quatre grands groupes : 1° le département de la Seine, qui représente le plus haut degré de
l'agglomération ; 2° la population *totale* de toutes les
communes dont la partie *agglomérée* dépasse 2,000
habitants, cette population représentant l'élément *urbain*;
3° la population de toutes les communes d'un chiffre de
population inférieure , que nous considérerons comme
rurale; 4° la France entière.

Excédant des naissances sur les décès.

Cette classification une fois établie, il y a lieu de se
demander tout d'abord quelle est celle des quatre populations ci-dessus qui s'accroît le plus rapidement par
l'excédant des naissances sur les décès pour 100 habitants.
Le tableau ci-après, calculé pour les années 1853, 1856 et
1860, (années normales, n'ayant été affectées ni par la
guerre, ni par une épidémie, ni par une cherté exceptionnelle), répond à cette question :

	Seine.	Villes.	Campagnes.	France.
1853....	0.15	0.20	0.43	0.39
1856....	0.72	0.13	0.35	0.32
1960....	0.63	0.40	0.50	0.48

Ces rapports indiquent que le maximum de l'accroissement appartient à la Seine, à partir de 1853. Viennent
ensuite la population rurale, la France entière, et à une
assez forte distance, sauf en 1860, la population urbaine.

Le rapport si élevé afférent à la Seine, ne s'est produit
qu'à partir de 1855. Il est le double résultat, d'abord, des
améliorations considérables survenues dans les conditions hygiéniques de Paris depuis cette époque, puis,
d'une immigration considérable d'adultes , c'est-à-dire
d'individus arrivés à l'âge qui donne la moindre mortalité.

Mariages.

La fréquence du mariage est-elle en raison inverse ou directe de l'agglomération? La solution du problème nous paraît être dans le tableau ci-après, qui indique le nombre d'habitants pour un mariage, dans chacun de nos quatre groupes.

	Seine.	Villes.	Campagnes.	France.
1853....	96	112	134	129
1856.....	96	120	132	126
1860.....	101	122	129	126

Ainsi, l'agglomération favorise les mariages, par cette raison fort simple que les adultes des deux sexes sont en plus grand nombre dans les villes que dans les campagnes. Aussi, est-ce dans le département de la Seine qu'il s'en contracte le plus.

Nous allons voir que la fécondité légitime. (nombre moyen d'enfants par mariage) est, au contraire, en raison inverse de l'agglomération, ou plus exactement, de l'extrême agglomération.

	Seine.	Villes.	Campagnes.	France.
1853....	2.31	3.24	3.28	3.21
1856....	2.40	3.25	3.30	3.23
1860....	2.46	3.20	3.08	3.07

La Seine a le moindre coefficient de fécondité; celui des villes, des campagnes et de la France ne diffère pas sensiblement. Si l'on déduit une moyenne annuelle de la période de 1853-1860, (huit années), on trouve que ce coefficient est, pour la Seine, de 2.32; pour les villes, de 3.23; pour les campagnes, de 3.14; pour la France, de

3.13. La fécondité des mariages serait donc plus grande dans les villes que dans les populations rurales. Toutefois, ce fait ne remonte qu'à un petit nombre d'années.

La moindre fécondité de la Seine pourrait bien s'expliquer par l'âge des époux, au moment du mariage. Il est certain, en effet, que cet âge est plus élevé dans la Seine et les villes, que dans les campagnes.

Nous donnons ci-après, pour une période récente, le résultat des recherches faites sur ce point :

	Age moyen au mariage			
	de l'homme.		de la femme.	
	ans.	mois.	ans.	mois.
Seine	31	9	27	0
Villes	31	1	26	7
Campagnes	30	3	25	11
France	39	6	26	2

Fécondité générale.

Nous venons de voir que la fécondité légitime est plus grande dans les villes et les campagnes qu'à Paris. Il importe maintenant de vérifier si la fécondité générale, c'est-à-dire le rapport, non plus des naissances légitimes aux mariages, mais du total des naissances aux habitants, se modifie selon le degré de l'agglomération. Voici ce que les documents officiels nous apprennent sur ce point, (nombre d'habitants pour une naissance) :

	1853	1856	1860
Seine	32	32	32
Villes	35	34	35
Campagnes	41	40	40
France	39	38	38

On voit clairement ici que la fécondité générale est, contrairement à ce qui se passe pour la fécondité légitime, en raison directe de l'agglomération. Cette différence provient, d'abord d'un plus grand nombre de mariages à populations égales, puis et surtout des naissances naturelles, beaucoup plus nombreuses dans les villes, et surtout à Paris, que dans les campagnes.

Dans les populations complètement stationnaires et où les décès ont lieux aux mêmes âges, le rapport des naissances totales à la population indique approximativement la longueur de la vie moyenne. Nous verrons plus loin que celle que l'on déduit, d'après la méthode de Halley, des décès par âge, s'en approche très sensiblement. Ceci admis, le tableau ci-dessus indique que c'est dans les campagnes que se trouve la plus longue vie moyenne. Les villes viennent après. Elles sont suivies à une certaine distance par le département de la Seine.

Rapport sexuel des naissances.

On a constaté de tout temps, au moins en Europe, qu'il naît un plus grand nombre de garçons que de filles. Quel est celui de nos quatre groupes de population dans lequel cette différence, (à laquelle on a donné le nom de *rapport sexuel*), est le plus caractérisée? Les documents officiels sont encore très précis et concluants sur ce point. Aussi, d'après une moyenne déduite de la période 1853-1860, on trouve que, pour 100 filles, il naît 104.15 garçons dans la Seine; 104.85 dans les villes, et 106.13 dans les campagnes.

Quelques statisticiens ont crû devoir en conclure que les travaux de l'agriculture, qui ont une action si manifeste sur le développement de la force musculaire, déterminent la supériorité numérique des garçons.

D'autres ont voulu expliquer le phénomène par ce double fait : que l'écart des âges entre les époux est moins grand dans les campagnes que dans les villes, et que ces âges y sont moins élevés.

Nous ne savons ce que peuvent valoir ces essais d'explication, mais le fait qui en est l'objet est certain ; car on le constate dans tous les pays qui publient le relevé de leur état-civil :

Naissances naturelles.

Les agglomérations favorisant les unions illicites, le nombre des naissances naturelles doit être plus élevé dans la Seine que dans les villes et surtout que dans les campagnes. Il suffira, pour mettre ce fait en évidence, de citer les résultats de 1860, ceux des années antérieures ne présentant que des différences insignifiantes :

	Naissances totales.	Enfants naturels.	Enfants naturels pour 100 naissances.
Seine	58.042	15.092	26.00
Villes.........	244.225	27.744	11.36
Campagnes ...	654.608	26.461	4.04
France.........	956.875	69.297	7.24

On voit que la Seine fournit, à elle seule, pour 100 naissances, au moins six fois et les villes près de trois fois plus d'enfants naturels que les campagnes. Cette situation est très défavorable sans doute, mais il ne faut pas perdre de vue que beaucoup de filles-mères des campagnes ou des petites villes viennent faire leurs couches dans les grands centres, ce qui ne permet pas de discerner la part véritable des trois groupes de population dans les naissances illégitimes que l'état-civil leur attribue. Il n'est pas moins certain que les localités voisines fournissent bon nombre d'enfants trouvés ou abandonnés aux établissements hospitaliers des grandes villes, et que ces enfants y sont tous inscrits comme *enfants naturels*, bien qu'il soit notoire que quelques-uns sont nés dans le mariage.

Enfants morts-nés.

Sur une quantité donnée de naissances, il est toujours un certain nombre d'enfants qui viennent morts au monde, ou décèdent, soit pendant, soit peu après l'accouchement. Dans la langue administrative, on a donné à ces enfants le nom de *morts-nés*, (dénomination peu exacte en France où, sous ce titre, on comprend, en outre, les enfants morts dans les *trois jours* qui précèdent la déclaration de naissance). Or, on constate, depuis quelques années, une forte et régulière augmentation des morts-nés en France, malgré la diminution générale de la mortalité, et le nombre croissant, dans les petites villes et les campagnes, des sages-femmes sorties des écoles d'accouchement. Cet accroissement, que l'on a cherché à s'expliquer par des tentatives d'avortement de plus en plus fréquentes, par l'emploi de plus en plus abusif du seigle ergoté dans les accouchements, et dont la véritable cause est peut-être l'habitude que prennent les parents, sur l'incitation des organes de l'autorité, de déclarer non-seulement les morts-nés venus à terme, mais encore les produits qui n'ont que quelques mois de vie fœtale, cet accroissement, disons-nous, s'applique aux trois groupes de population que nous étudions. En 1860, le rapport des morts-nés au total des naissances, (morts-nés compris), était, dans la Seine, de 6.87; dans les villes, de 5.25; dans les campagnes, de 3.88 p. 100. Ici encore, se fait sentir l'influence favorable de la vie rurale.

Mortalité.

La mortalité, à population égale, est moindre dans les campagnes que dans les villes. En 1860, sur 100 habitants, la Seine a compté 2,53 décès ; les villes, 2,50, et les campagnes, 2,00 seulement. Ce n'est que depuis quelques années seulement, que le coefficient de la Seine est presque aussi favorable que celui des villes réunies. En 1853, il était de 2.95.

La vie moyenne, déduite de calculs faits sur les tables mortuaires, (décès par âge), s'établit ainsi qu'il suit aux divers âges, et pour chacun des trois groupes :

Ages.	Seine.		Villes.		Campagnes.	
	Ans.	Mois.	Ans.	Mois.	Ans.	Mois.
0 (1)	34	5	35	7	38	7
1	38	5	42	3	46	4
5	42	9	46	5	48	10
10	39	4	43	8	46	5
20	31	9	36	9	39	3
50	17	»	19	»	19	7
80	4	5	4	10	4	7

On voit que la vie moyenne aux divers âges, est plus longue dans les campagnes que dans les villes, et surtout que dans la Seine.

Les différences que présentent à ce point de vue les trois catégories de population, ne sont, d'ailleurs, très marquées que dans l'enfance ; elles s'effacent ensuite pour faire place, vers l'extrême vieillesse, presqu'à l'égalité.

En résumé :

(1) A la naissance.

1° Le degré d'agglomération des populations exerce une influence très notable sur le rapport aux habitants . a) des naissances; b) des mariages; c) des décès;

2° En France, les campagnes, naguère si fécondes, ont, depuis quelques années, un peu moins d'enfants par mariage que les villes (Paris non compris); mais il est incontestable qu'elles les conservent mieux, puisque leur population s'accroît exclusivement par l'excédant des naissances sur les décès, tandis que les villes reçoivent une immigration considérable et continue. Ce résultat serait bien plus saillant encore, si l'on pouvait distraire de la mortalité des campagnes les nombreux enfants que les villes y envoient en nourrice.

3° Le rapport sexuel (supériorité numérique des garçons sur les filles à la naissance) est plus caractérisé dans les campagnes que dans les villes;

4° Les campagnes ont, dans une très forte proportion, un moindre nombre d'enfants naturels et de morts-nés;

5° A population égale, on se marie moins dans les campagnes, mais on s'y marie plus tôt, et cependant la fécondité des mariages y est aujourd'hui inférieure à celle des villes (Paris toujours excepté).

6° Enfin, la durée de la vie moyenne, qu'on la déduise du rapport des naissances aux habitants, ou des tables mortuaires, est plus longue dans les campagnes que dans les agglomérations urbaines.

On pourrait croire que le mouvement de concentration des populations, qui s'opère si manifestement depuis quelques années en Europe, doit exercer la plus regrettable influence sur leur situation sanitaire et morale. Mais la vérité nous oblige à dire que cette influence, au moins en ce qui concerne la mortalité, ne s'est encore produite dans aucun des Etats où la population s'agglomère le plus rapidement, et notamment en France, en

Angleterre et en Belgique. Loin de là, dans ces pays, par suite d'une grande aisance générale et de toutes les circonstances favorables qui se produisent avec une civilisation progressive, la mortalité semble obéir, toutes choses égales d'ailleurs, à un mouvement de diminution assez caractérisé.

Il est, en outre, remarquable, qu'au moins en France, le rapport des naissances naturelles à la population est, depuis quelques années, à peu près invariable, et que, dans les années où les documents officiels en constatent l'accroissement accidentel, il a plutôt lieu dans les campagnes que dans les villes.

2° Belgique.

La Belgique a précédé la France dans la recherche des influences de l'agglomération sur les trois grands actes de la vie civile. Les statistiques officielles de ce pays font, en effet, remonter à 1841, la distinction entre les populations urbaines et rurales, en ce qui concerne le mouvement annuel des mariages, naissances et décès. Voici, sur ce point, les résultats de la période décennale de 1841-50.

Mariages.

Pendant cette période, le nombre moyen annuel des mariages s'est élevé, pour les communes urbaines, à 80,473, et à 209,203 pour les communes rurales. En rapportant ces nombres à la population, on constate, dans les villes, 1 mariage pour 135 habitants, et dans les campagnes, 1 pour 153.

Par état-civil, ces mariages se subdivisent comme il suit :

	Garçons et filles.	Garçons et veuves.	Veufs et filles.	Veufs et veuves.	Total.
Villes........	64,593	4,402	8,973	2,505	80,473
Rapport p. %..	80.27	5.47	11.15	3.11	100.00
Campagnes...	169,668	10,096	24,170	5,269	209,203
Rapport p. %..	81.10	4.83	11.55	2.52	100.00

Si l'on distingue les sexes, on trouve 85.74 mariages de garçons pour 14.26 mariages de veufs dans les villes, et 85.93 pour 14.07 dans les communes rurales. C'est, dans les villes, 1 second mariage pour 6 premiers mariages ou mariages de garçons, et dans les campagnes, 1 pour 6.1.

En ce qui concerne le sexe féminin, il y a, dans les villes, 91.42 mariages de filles, pour 8.58 mariages de veuves, et dans les campagnes, 92.65 pour 7.35. Ce qui donne 1 second mariage pour 10.6 premiers mariages dans les villes, et 1 pour 12.7 dans les communes rurales.

Il résulte de ces rapprochements : 1° qu'en Belgique, le nombre relatif des mariages est plus grand dans les villes que dans les communes rurales ; 2° que c'est dans celles-ci que les premiers mariages sont le plus nombreux, et que, dans les villes, au contraire, les veufs, et surtout les veuves, se remarient plus souvent.

Ajoutons que les mariages sont plus tardifs dans les villes, et qu'ils y ont une moindre durée.

Naissances.

De 1841 à 1850, le nombre des enfants nés vivants s'est subdivisé comme il suit, entre les villes et les communes rurales :

	Villes.		
	Sexe masculin.	Sexe féminin.	Les deux sexes.
Enfants légitimes......	152,625	145,992	298,617
Enfants naturels.........	251,81	24,399	49,580
Total.......	177.806	170.301	348.197

	Campagnes.		
	Sexe masculin.	Sexe féminin.	Les deux sexes.
Enfants légitimes......	464,925	439,487	904,412
Enfants naturels......	23,752	23,320	47,072
Total......	488,677	462,807	951,484

Le nombre relatif des naissances est, dans les villes, de 1 sur 31 habitants, et dans les communes rurales, de 1 sur 34. Dans les premières, on compte 3.7 enfants légitimes par mariage ; dans les dernières, 4.3.

De ces documents, il résulte que si, la fécondité générale est supérieure dans les villes, il n'en est pas de même de la fécondité des mariages. Ce fait s'explique par le moins grand nombre de mariages et d'enfants naturels dans les communes rurales. On compte, en effet, dans les villes, 1 enfant naturel pour 6 légitimes, et dans les communes rurales, 1 pour 29 seulement.

La prédominance masculine est plus marquée dans les naissances des communes rurales, où l'on trouve 105.6 naissances de garçons pour 100 naissances de filles, que dans les villes, où le premier rapport n'est que de 104.3.

Pendant la même période, le nombre des morts-nés s'est élevé, dans les villes, à 21,261, et à 35,573 dans les campagnes. Il en résulte que, pour 100 naissances, il y a eu 5.8 morts-nés dans les villes, et 3.6 seulement dans les campagnes.

Décès.

Le nombre moyen des décès s'est élevé, pour les villes, à 304,476, soit 1 sur 35 habitants, et pour les campagnes, à 376,021, ou 1 sur 43.6.

Ainsi que les naissances, les décès sont beaucoup plus

nombreux dans les villes que dans les communes rurales.
Pour 100 naissances, les villes accusent 87 décès, et les
campagnes, 77 seulement.

3° Royaume D'Italie.

L'Italie, pays catholique comme la Belgique et la
France, paraîtrait devoir présenter les plus grandes affi-
nités avec ces deux pays, au point de vue du mouvement
annuel de la population dans les villes et les campagnes.
Il n'en est point ainsi. Il est vrai que les documents officiels afférents au nouvel Etat, ne sont complets que pour
l'année 1863. Toutefois, cette année n'ayant été signalée
par aucun fléau, épidémie, cherté, guerre, crise industrielle, peut être considérée comme *ordinaire* ou *régulière*.

Mariages.

En 1863, on a relevé, dans le nouveau royaume d'Italie,
51,676 mariages dans les villes, ou 0.74 pour 100 habitants, (0.79, en 1862), et 127,460 dans les campagnes, ou
0.85 (0.82, en 1862). Les mariages ruraux ont donc été
plus nombreux, à population égale, que les mariages
urbains. Nous avons constaté le fait contraire en France
et en Belgique. Mais il importe de rappeler que la population urbaine et rurale n'est pas déterminée d'après les
mêmes bases, en Italie, que dans ces deux derniers Etats.
En France, les documents officiels considèrent comme
rurales, ainsi que nous l'avons vu, les populations totales
des communes qui ne comptent pas 2,000 habitants
agglomérés. En Belgique, le caractère urbain des communes résulte, avant tout, d'une déclaration de la
loi ; mais on peut dire que ce caractère a été quelquefois attribué à des localités d'une très faible importance.
En Italie, toutes les communes de moins de 6,000 habi-

tants étant considérées comme rurales, un assez grand nombre de petites villes figurent dans une catégorie qui ne devrait comprendre, autant que possible, que des populations agricoles.

Naissances.

En 1863, 274,233 naissances ont été enregistrées dans les villes, (4.07 pour 100 habitants), et 588,157, dans les campagnes, (3.99 pour 100). La fécondité générale a donc été plus considérable dans les villes que dans les campagnes. Nous avons constaté le même fait, quoique peut-être moins accentué, en France et en Belgique. Comme dans ces deux pays, la prédominance masculine à la naissance (rapport sexuel) est plus caractérisée dans les campagnes (106.76 garçons pour 100 filles), que dans les villes (104.33).

Il a été enregistré, la même année, 246,550 naissances légitimes dans les villes, (4.83 par mariage), et 573,336 dans les campagnes, (4.59). Ici, à la différence de la France et de la Belgique, la fécondité légitime est plus grande dans les villes que dans les campagnes.

Sur 100 naissances totales, 89.91 dans les villes, et 97.50 dans les campagnes, étaient légitimes. Ainsi, en Italie également, les populations rurales ont moins de naissances naturelles que les autres.

Sur 100 naissances, on a compté 2.19 morts-nés dans les villes, et 2.06 dans les campagnes. L'écart est plus considérable en France et en Belgique. Sur 100 morts-nés, 5.65 étaient naturels dans les villes, et seulement 2.31 dans les campagnes.

Décès.

Enfin, sur 100 habitants, les villes ont eu 3.24 et les campagnes seulement 3.08 décès. Quant au nombre des décès pour 100 naissances, il a été de 81 dans les premières et de 79 dans les secondes. Celles-ci s'accroissent donc plus rapidement par l'excédant des naissances sur les décès.

4° Prusse.

Mariages.

En Prusse, le nombre d'habitants pour 1 mariage dans les villes et les campagnes, a varié ainsi qu'il suit à diverses époques :

	1849	1850	1851	1856	1858
Villes......	113.05	97.48	102.89	121.84	108.84
Campagnes.	108.42	106.59	110.39	123.53	104.65

Les oscillations sont ici trop nombreuses pour que le degré de fréquence du mariage dans les deux populations puisse être nettement déterminé. On peut croire cependant qu'il est plus élevé dans les campagnes, puisque les recensements y ont toujours constaté plus de mariés que dans les villes. Il est vrai que la durée moyenne des mariages peut y être plus grande.

Années de recensement.	Habitants pour 1 couple marié.	
	Villes.	Campagnes.
1822.....................	5.90	5.51
1831.....................	6.38	6.72
1840.....................	6.47	5.88
1849.....................	6.57	5.87
1858.....................	6.45	5.89

Naissances.

La fécondité des mariages a différé ainsi qu'il suit, en 1858, dans les deux populations :

	Villes.	Campagnes.
Enfants pour 1 mariage............	3.72	4.01
Naissances paur 100 femmes mariées.	21.92	23.03

La fécondité générale est moindre, en Prusse, dans les villes que dans les campagnes.

		Villes.	Campagnes.
Habitants pour 1 naissance..	1856...	10.8	9.7
	1858...	15.2	12.9

Comme partout ailleurs, les campagnes ont un moindre nombre de naissances naturelles..

		Villes.	Campagnes.
Naissances totales pour 1 nais-	1856...	9.7	10.8
sance naturelle............	1858...	12.9	15.2

Sur 100 naissances totales, on compte, en Prusse, 4,66 morts-nés dans les campagnes et 8 environ dans les villes.

Décès.

La mortalité moyenne, déduite des mêmes années, a été de 2.89 pour 100 habitants dans les villes et de 2.88 dans les campagnes. La différence est peu sensible. Mais la mortalité des morts-nés et des enfants de 0 à 1 an réunis a été moindre dans les campagnes (22.6 pour 100 contre 24.6). Ce résultat est d'autant plus remarquable, que les campagnes ont une fécondité générale et légitime plus élevée, et que la mortalité est en raison de la fécondité.

Les faits qui précèdent sont communs à presque toute l'Allemagne du nord et du midi.

Aptitude militaire.

Les documents saxons mettent en lumière un renseignement plein d'intérêt que ne fournissent pas les autres statistiques officielles : c'est la différence d'aptitude militaire dans les villes et les campagnes. En voici l'expression numérique d'après une moyenne déduite de 4 années (1852-54) et prise pour 100 recrues examinées.

	Bons pour le service.	Moins bons.	Impropres au service.	Total.
Campagnes..	26.57	8.17	65.26	100.00
Villes.......	19.73	9.31	70.96	100.00

L'avantage est sensible au profit des campagnes.

5° Angleterre.

En Angleterre, la mortalité des localités urbaines est plus élevée que celle des districts où domine l'élément agricole. Ainsi, on a enregistré 2.62 décès pour 100 habitants de 1846 à 1855, et 2.37 en 1856, dans les paroisses urbaines, et 2.02 puis 1.77 dans les paroisses rurales.

Le tableau ci-après résume, pour l'Ecosse, le mouvement de la population pour 100 habitants dans les campagnes et les villes :

Années.	Districts ruraux.			Villes.		
	Naissances.	Décès.	Mariages.	Naissances.	Décès.	Mariages.
1856...	3.078	1.782	0.580	3.403	2.668	0.834
1856 ..	3.204	1.661	0.599	3.783	2.554	0.869
1857...	3.301	1.743	0.628	3.794	2.667	0.866
1858...	3.299	1.804	0.576	3.790	2.682	0.787
1859...	3.384	1.707	0.617	3.803	2.519	0.848
1860...	3.346	1.896	0.610	3.735	2.843	0.856
1861...	3.297	1.746	0.582	3.883	2.537	0.848

Il résulte de ces données numériques qu'en Ecosse, les mariages sont plus nombreux, la fécondité générale plus grande, mais aussi la mortalité plus élevée dans les villes que dans les districts ruraux.

Les documents officiels révèlent une particularité qui ne se produit très-probablement que dans ce pays, c'est le fait d'un plus grand nombre de naissances naturelles dans les campagnes. Voici les résultats, sur ce point, du relevé de l'état civil de 1856 à 1862 (naissances naturelles pour 100 naissances totales) :

	Villes.	Campagnes.
1862	9.5	9.6
1861	9.1	9.7
1860	8.6	10.0
1858	8.4	9.7
1857	7.4	9.6
1856	7.5	9.4

Le directeur de l'état civil attribue ce résultat au moindre nombre relatif de femmes mariées dans les campagnes.

6° Suède.

La Suède est un des états européens qui, dans ses publications officielles sur le mouvement annuel de la population, distingue avec le plus de soin et jusque dans les moindres détails, les villes des campagnes.

Mariages.

De 1850 à 1855, le rapport moyen des mariages à la population a été de 1 pour 138 habitants dans les campagnes et pour 130 dans les villes. Nous retrouvons ici le phénomène d'une moindre fréquence du mariage dans les campagnes. A Stockholm, le coefficient descend à 1 pour 118. Les mariages diffèrent ainsi qu'il suit, selon les lieux, en ce qui concerne l'état civil des époux :

		Campagnes.	Villes.	Stockholm.
Entre garçons et	filles....	84.68	84.84	83.50
	veuves..	4.48	4.76	5.86
Entre veufs et	filles....	8.75	8.53	8.61
	veuves..	2.09	1.87	2.03
Total............		100.00	100.00	100.00

Il résulte de ces données que le nombre des mariages *primipares* (entre garçons et filles) pour 1 mariage non primipare ou *palingame*, est de 5.5 dans les campagnes, de 5.6 dans les villes et de 5.0 à Stockholm.

Si l'on rapproche les mariages primipares des autres, au point de vue des sexes, on a les rapports ci-après :

Nombre de mariages primipares
pour 1 mariage non primipare.

	Sexe.	
	Masculin.	Féminin.
Campagnes....	8.2	14.2
Villes........	8.6	14.1
Stockholm....	8.4	11.7

Ainsi l'homme se remarie plus fréquemment que la femme. Lorsque celle-ci contracte un nouveau mariage, l'homme en contracte 1.7 dans les campagnes, 1.6 dans les villes et 1.4 à Stockholm. C'est dans cette ville que l'écart est le moins sensible entre les deux sexes.

En Suède, la femme se marie plus tard dans les campagnes (22 ans) que dans les villes (18 ans) et surtout à Stockholm (16 ans).

Naissances.

La fécondité générale est plus forte à Stockholm que dans le reste du pays. La différence est due à un plus grand nombre d'enfants naturels, comme nous le verrons plus loin. Mais recherchons d'abord si, comme pour les autres pays, le rapport sexuel (garçons pour 100 filles) varie selon les lieux et selon l'état-civil des enfants.

| | Enfants | | Naissances |
	légitimes.	Naturels.	totales.
Campagnes.....	105.13	104.18	105.06
Villes..........	105.23	102.19	104.65
Stockholm	103.55	105.76	104.55
Total....	105.11	104.11	105.02

La prépondérance des garçons est plus marquée dans les campagnes, puis dans les villes, qu'à Stockholm. C'est la confirmation d'une observation de même nature en France, en Belgique et en Italie. On voit, en outre, que, sauf à Stockholm, le rapport sexuel est plus élevé dans les naissances légitimes que dans les autres.

L'état civil des enfants varie, d'après les lieux, dans les proportions ci-après :

	Enfants légitimes pour 1 enfant naturel.	Enfants naturels. pour 100 naissances.
Campagnes.	12.56	7.37
Villes......	4.13	19.48
Stockholm..	1.20	45.32

Ainsi, Stockholm a 6 fois plus d'enfants naturels que les campagnes, et celles-ci 3 fois moins que l'ensemble des villes.

Le rapport des naissances naturelles au total des naissances s'est accru à peu près sans relâche de 1816 à 1855. En 1816-20, on en avait compté 36.9 pour 100 naissances à Stockholm, 15.16 dans les villes et 5.71 dans les campagnes; en 1851-55, ces rapports ont respectivement été de 45.3, 19.48 et 7.37.

Morts-nés.

Les morts-nés sont relativement plus nombreux dans les villes et surtout à Stockholm.

	Morts-nés. pour 100 naissances.	Morts-nés par 100 naissances	
		légitimes.	naturelles.
Campagnes.	3.08	2.94	4.71
Villes......	3.97	3.57	5.60
Stockholm..	5.83	4.41	6.64

La situation des campagnes est ici doublement favorable, en ce sens qu'elles ont moins de morts-nés, à nombre égal de naissances totales, et à la fois pour un nombre égal de naissances légitimes et de naissances naturelles.

Nous avons vu que la fécondité générale était plus élevée à Stockholm que dans les autres villes et les campagnes, et nous avons expliqué ce fait surtout par la prédominance des naissances naturelles. Le tableau ci-après confirme cette interprétation en montrant que la fécondité légitime est plus faible à Stockholm que dans les autres localités.

	Enfants pour 1 mariage.
Campagnes............	4.07
Villes...............	3.13
Stockholm...........	2.21

L'influence de l'agglomération sur la fécondité légitime est ici très visible.

Décès.

Le taux mortuaire des campagnes est sensiblement moins élevé que celui des villes ; la différence est même plus grande que dans les autres pays que nous avons étudiés à ce point de vue. Voici les documents officiels :

	Habitants pour 1 décès.	
	1851–55	1846–50
Campagnes...	50.6	51.4
Villes........	36.1	28.2
Stockolmh ...	23.6	26.8

Pour un nombre égal de naissances, les décès varient dans les proportions ci-après pour les mêmes populations :

	Décès pour 100 naissances.
Campagnes...........	63.75
Villes...............	96.88
Stockholm	131.09

Ainsi, c'est dans les campagnes que la population s'accroît le plus rapidement par l'excédant des naissances. A Stockholm, elle diminuerait assez sensiblement sans les ressources de l'immigration.

Nous donnerons plus loin un tableau de la durée moyenne de la vie dans les villes et les campagnes en Suède. On y verra qu'elle est plus longue à tous les âges pour les populations rurales.

7° Documents communs à plusieurs pays.

M. le professeur Vappœus *(Allgemeine Bevolkerungs Statistik*, Leipsick 1859*)* a récapitulé, dans une série de tableaux que nous croyons devoir reproduire, le mouvement de l'état civil des campagnes et des villes pour un assez grand nombre de pays.

Fécondité générale.

		Habitants pour 1 naissance.	
		Villes.	Campagnes.
France........	1853-54.....	32.74	39.19
Hollande..·...	1850-54.....	27.11	28.70
Belgique......	1851-55.....	29.47	33.52
Suède........	1851-55.....	30.82	30.41
Danemark.....	1850-54.....	28.73	30.29
Wurtemberg...	1843-42.....	24.74	24.67
Saxe.........	1846-49.....	24.44	24.58
Hanovre......	1854-55.....	32.86	31.52
Prusse.......	1849........	24.79	22.80
Angleterre.....	1850-59.....	30.00	34.00

Des données de ce tableau (qui diffèrent sur quelques points des résultats de nos recherches personnelles), il est permis de conclure qu'à peu d'exceptions près, la fécondité générale est plus grande dans les villes. Nous avions déjà constaté le même fait, en l'expliquant par le double fait de la supériorité numérique des naissances naturelles et d'un plus grand nombre de mariages, quoique moins féconds, dans les populations urbaines.

Fécondité légitime.

	Enfants par mariage.	
	Campagnes.	Villes.
France...................	3.16	3.28
Hollande.................	3.91	4.32
Belgique.................	3.80	4.17
Suède...................	2.99	4.19
Danemark................	3.04	3.34
Schleswig................	3.50	3.69
Holstein.................	3.37	3.88
Saxe....................	4.60	4.13
Hanovre.....	2.92	3.65
Prusse	4.00	4.44

Sauf en Saxe (où l'installation de l'industrie dans les campagnes y modifie assez profondément les phénomènes ordinaires du mouvement de l'état civil), et en France, dans ces dernières années, la fécondité légitime des populations rurales est partout plus grande que celle des populations urbaines.

Fécondité naturelle.

	Naissances illégitimes pour 100 naissances totales.	
	Villes.	Campagnes.
France.	15.13	4.24
Hollande	7.71	2.84
Belgique	14.49	5.88
Suède.	27.44	7.50
Danemark	16.05	10.06
Schleswig	8.38	6.37
Holstein.	15.50	8.74
Saxe.	15.39	14.64
Hanovre.	17.42	9.06
Prusse	9.80	6.60

Les villes ont partout plus de naissances naturelles. Il ne faudrait pas en attribuer exclusivement la cause à un plus grand relâchement des mœurs dans les villes. Il est certain que beaucoup de filles-mères des campagnes vont y cacher leur faute, et, d'un autre côté, dans les pays catholiques qui ont conservé l'admission secrète des enfants abandonnés aux hospices spéciaux, une partie de ces enfants appartient aux populations rurales. Il importe, en outre, de ne pas perdre de vue que le mariage a lieu à un âge moins avancé dans les campagnes que dans les villes, circonstance essentiellement préventive de la formation des unions illégitimes.

Rapport sexuel dans les naissances.

	Garçons pour 100 filles.	
	Villes.	Campagnes.
France....................	105.06	106.75
Prusse	105.34	105.95
Belgique	104.51	105.57
Hanovre..................	107.73	106.72
Hollande.................	107.73	106.72
Sardaigne	105.32	105.20
Saxe.....................	106.60	106.57
Danemark................	105.73	106.19
Wurtemberg..............	106.23	107.18
Suède....................	104.62	105.06

Sauf dans les anciens Etats Sardes, où les populations
étaient faiblement agglomérées, à l'époque à laquelle remonte le document qui les concerne (1836), et le sont
encore fort peu de nos jours, et en Saxe, les campagnes
voient naître plus de garçons, à nombre égal de filles, que
les villes. Rappelons que de nombreuses tentatives d'explication de ce phénomène ont vu le jour et que des deux
plus dignes d'attention, selon nous, l'une l'attribue à une
plus grande aptitude physique, à une plus grande vigueur
corporelle, à un plus grand développement de la force
musculaire dans les populations rurales; l'autre, à ce
fait, qu'on s'y marie plus tôt que dans les villes.

Mortalité générale.

	Habitants pour 1 décès.	
	Villes.	Campagnes.
France....................	31.51	42.21
Hollande..................	35.55	43.03
Belgique	34.35	44.31
Suède....................	28.95	46.86

	Habitants pour 1 décès.	
	Villes.	Campagnes.
Danemark................	37.41	49.77
Wurtemberg...............	30.06	33.31
Saxe....................	31.10	34.70
Hanovre.................	38.52	41.17
Prusse	27.97	34.46
Angleterre..............	37.44	54.34

L'avantage au profit des campagnes, en ce qui concerne
la mortalité, est considérable, et il se produit indistincte-
ment dans tous les pays, mais surtout dans les Etats du
nord de l'Europe (Hollande, Belgique, Angleterre, Suède
et Danemark), où la situation économique des classes
rurales paraît être particulièrement satisfaisante.

Cette moindre mortalité des campagnes se produit
même aux plus jeunes âges, c'est-à-dire qu'à nombre
égal de naissances, les campagnes conservent mieux leurs
enfants que les villes. C'est ce qui résulte du tableau ci-
après, également emprunté à M. le docteur Vappœus :

Mortalité des enfants de 0 à 5 ans.

	Pour 100 vivants	
	Villes.	Campagnes.
France..................	35.69	28.56
Hollande...............	36.25	28 90
Suède..................	38.86	24.50
Danemark..............	29.66	22.68
Schleswig.............	27.42	23.42
Holstein..............	29.92	25.29
Saxe..................	39.88	36.22
Hanovre	28.70	26.47
Prusse	36.02	29.47

Vie moyenne et probable.

Aux documents que nous venons d'emprunter à M. le professeur Vappœus, joignons quelques observations, personnelles ou empruntées à divers savants, sur la durée de la vie moyenne et probable, dans les villes et les campagnes.

Nous avons établi qu'en France, la durée de la vie moyenne est plus élevée, à tous les âges, dans les campagnes. Un calcul analogue nous a conduit à la même démonstration en ce qui concerne la Belgique, la Hollande et la Suède. Mais le tableau qui en contient les éléments est trop considérable, pour pouvoir être reproduit ici.

M. Neison (*Contributions to vital statistics,* — Londres, 1857) a déterminé la vie probable, aux âges de 10 à 70 ans, des membres d'un grand nombre de sociétés de secours mutuels, selon qu'ils habitent les villes, les campagnes et les grandes villes. Voici les résultats de ses calculs :

Ages.	Villes.	Campagnes.	Grandes villes.	Excédant au profit des campagnes par rapport aux	
				Villes.	Grandes villes.
	Ans.	Ans.	Ans.	Ans.	Ans.
10.......	53.25	50.53	47.91	2.72	5.34
20.......	45.35	42.27	40.81	3.00	5.34
30.......	38.40	34.57	32.86	3.83	5.54
40.......	30.97	27.15	26.08	3.81	4.88
50.......	23.47	19.97	19.92	3.49	3.54
60.......	16.65	13.76	13.76	2.89	2.88
70.......	10.71	8.70	8.76	2.20	2.14

Rappelons enfin, à ce sujet, qu'un statisticien très ancien, Süssmilch, évaluait, vers le milieu du dernier siècle, le taux mortuaire à 1 sur 40, dans les communes rurales, à 1 sur 32, dans les petites villes, à 1 sur 28, dans les grandes, à 1 sur 25, dans les très grandes. (*Die gottliche ordnung,* 3° édition, Berlin 1775. Voir notamment le chap. 2, ayant pour titre : *De l'ordre divin dans les décès, et du rapport de ces décès aux vivants, dans les villes et les campagnes. pendant les années communes et ordinaires.* Page 65).

Cette plus grande aptitude physique, cette plus forte virilité des populations rurales a été, au surplus, reconnue de tous les temps. « *Fortissimi viri et milites strenuissimi ex agricolis gignuntur*, » dit Porcius Cato, (*Re rusticâ*, chap, 1). Et il ajoutait : « *Minimè mala cogitantes* », leur attribuant, en outre, le don précieux du bon sens.

Sully, combattant la pensée d'introduire l'industrie de la soie dans les campagnes, écrivait à Henri IV : « On a remarqué de tout temps que les meilleurs soldats se tirent de ces familles de laboureurs et d'artisans nerveux ; substituez-y des hommes qui ne connaissent qu'un travail que des enfants peuvent faire, vous ne les trouverez plus propres pour l'art militaire, qui demande une constitution faite, entretenue par un travail propre à nourrir toutes les forces du corps... » (*Mém. de Max. de Béthune, duc de Sully.*—Londres 1747).

Les documents qui précèdent peuvent se résumer ainsi qu'il suit :

1° On se marie à un âge moins avancé dans les campapagnes que dans les villes ;

2° Par suite, les naissances légitimes y sont plus nombreuses, et les naissances naturelles plus rares ;

3° Le rapport sexuel (garçons pour 100 filles à la naissance) est plus caractérisé dans les campagnes ;

4° Enfin, la mortalité y est moindre à tous les âges. Cette plus grande longévité serait plus sensible encore, si, d'une part, les villes n'envoyaient en nourrice dans les campagnes beaucoup de nouveau-nés d'une viabilité douteuse ; et si, de l'autre, beaucoup d'adultes des deux sexes, (qui ne donnent, comme on sait, qu'un petit nombre relatif de décès), ne quittaient les champs, pour se rendre dans les centres industriels.

Cette supériorité de vitalité dans les populations rurales, s'explique d'abord par une constitution héréditaire plus robuste, puis, par une grande simplicité, une plus grande frugalité dans l'alimentation, par l'absence d'excès de toute nature, par la régularité des habitudes, par l'allaitement des enfants avec le lait maternel; mais surtout, et avant tout, par le travail en plein air.

Combien cette situation serait-elle plus favorable encore, si les améliorations suivantes pouvaient être introduites dans l'hygiène des campagnes. Nous prendrons la France, par exemple.

D'après les statistiques officielles, il existait encore, en 1860, sur notre sol, 400,000 hectares de marais, source d'infection pour les localités voisines. Dans cette superficie n'est pas comprise celle: 1° des étangs mal entretenus, insuffisamment alimentés, et qui prennent, en été, le caractère de véritables marais; 2° des innombrables *mares*, que les habitants des campagnes entretiennent dans les cours, ou dans l'extrême voisinage des habitations, soit pour abreuver le bétail, soit pour le lavage du linge, et qui ne contiennent le plus souvent que de l'eau de pluie. Ces mares sont, pendant la saison chaude, un foyer d'émanations fétides.

On peut évaluer à plusieurs millions d'hectares la quantité de terres imperméables non drainées, où les fièvres intermittentes règnent pendant une notable partie de l'année, et où les épidémies de toute nature sévissent avec plus d'intensité que partout ailleurs.

Nous signalerons encore, dans les campagnes, les causes d'insalubrité ci-après: la mauvaise construction des habitations, surtout en ce qui concerne les moyens de ventilation; l'entassement des membres de la famille dans des pièces étroites, souvent humides, et qui, quelquefois, abritent en même temps des animaux; l'absence des soins de propreté le plus indispensables; les dépôts de fumier et de débris de toute nature aux portes ou sous les fenêtres de l'habitation; l'insuffisance de l'alimentation résultant, dans un grand nombre de cas, non de la nécessité, mais d'économies excessives; la qualité trop souvent défectueuse des eaux; les imprudences commises dans le régime habituel (exposition prolongée au soleil, passage subit d'un air chaud à un air froid, etc., etc).

Notons encore l'appel toujours tardif du médecin en cas de maladies; de coupables lésineries dans l'achat des médicaments; des fautes graves dans la manière de les administrer; l'oubli, sous l'influence souvent d'une tendresse aveugle, des prescriptions de l'homme de l'art, sur le régime à faire suivre au malade.

Signalons aussi l'absence, presque générale dans les campagnes, d'un service médical gratuit à domicile pour les indigents, ainsi que l'insuffisance de l'assistance hospitalière, la circonscription du plus grand nombre des hôpitaux (tous placés dans les villes), ne comprenant, par la volonté des fondateurs ou par défaut de ressources, qu'un très petit nombre de communes rurales.

Enfin, il importe de mentionner les travaux souvent excessifs du paysan, combinés avec une alimentation insuffisante, ainsi que la part, de plus en plus considérable, par suite de la rareté croissante de la main-d'œuvre, des femmes à ces travaux, auxquels répugne leur délicate organisation.

On sait d'ailleurs, combien sont tardives et limitées les ressources de la charité publique et privée dans les campagnes en cas de disette ou d'épidémie.

TITRE III.

DES CAUSES DE L'ÉMIGRATION RURALE.

CHAPITRE Ier.

CAUSES DE L'ÉMIGRATION AVEC RETOUR, PÉRIODIQUE OU NON, AU PAYS NATAL.

Distinguons d'abord deux sortes d'émigrations rurales : l'une avec retour périodique au lieu d'origine, à la fin de l'année ou d'une saison, d'une campagne industrielle ; l'autre définitive, soit dans la pensée de l'émigrant, soit par la force des circonstances. En France, il est une région dans laquelle se recrute particulièrement la première ; elle comprend les départements des montagnes du centre : le Cantal, la Creuse, la Lozère, la Haute-Loire et l'Aveyron.

On sait que la Creuse fournit des maçons à la presque totalité de la France ; mais ce qu'on sait moins, c'est que ce département voit émigrer, chaque année, un grand nombre d'autres ouvriers du bâtiment. L'émigration paraît y être traditionnelle. Les chroniques locales attestent que, dès le XVe siècle, l'infertilité du sol et l'absence de toute industrie obligeaient les habitants de la Marche à aller chercher au dehors des moyens d'existence. D'abord dirigée vers l'Espagne et sur le Midi de la France, où elle se rendait au moment des récoltes, l'émigration prit plus tard sa route vers le Nord et sembla se vouer à l'industrie du bâtiment, à laquelle elle a toujours fourni depuis un nombre d'ouvriers considérable. Jusqu'au commencement de ce siècle, elle n'avait rien d'excessif et ne causait aucun préjudice au pays. Loin de là, à une époque où le numéraire était rare dans les campagnes, elle fournissait au cultivateur le moyen d'acquitter l'impôt avec une certaine facilité. La terre, d'ailleurs, ne manquait pas de bras, ou du moins l'insuffisance de la main d'œuvre agricole ne se faisait point encore sentir. A peine si, en 1840, le nombre des émigrants s'élevait à 15,000. Il n'en est plus de même aujourd'hui : l'émigration a pris des proportions telles que tout ce qui est valide, que tout ce que n'a pas pris le recrutement, se hâte de quitter le pays, et que l'agriculture est à peu près abandonnée aux femmes, aux enfants, aux vieillards et aux infirmes. En 1851, M. Delamarre, préfet de la Creuse, recueillait des renseignements qui lui permettaient d'établir la statistique ci-après des émigrants de son département.

	Guéret.	Aubusson.	Bourganeuf.	Bussac.	Totaux.
Maçons	9.171	9.461	3.308	2.604	24.544
Terrassiers	126	189	99	487	901
Paveurs	367	30	—	20	417
Charpentiers	1.413	54	30	187	1.684
Tailleurs et scieurs de pierre	1.195	1.461	242	404	3.302
Tuiliers	—	1.245	12	6	1.263
Couvreurs	128	122	21	346	617
Peintres en bâtiments	3	338	9	—	350
Peigneurs de chanvre ou de laine	41	349	11	7	408
Scieurs de long	11	1.620	15	2	1.648
Totaux	12.455	14.869	3.147	4.063	35.134

Ce n'est pas sans étonnement qu'on voit, sur une population de 285,680 habitants, 35,134 s'éloigner des objets de leur affection pendant neuf mois de l'année. Or, comme la population mâle de la Creuse était, à cette époque, de

138,300 ; que, dans ce chiffre , on ne comptait que 71,793 hommes de l'âge de 15 à 50 ans, âge auquel commence et finit l'émigration, il en résulte que 49 hommes sur 100 émigraient.

Les documents ci-après, dont les éléments ont également été recueillis par l'autorité départementale, font connaître, pour l'année 1860, les professions des émigrants, les bénéfices que l'émigration procure, mais aussi les pertes qu'elle fait subir au pays.

En 1860, le département de la Creuse comptait 278,889 habitants. Cette même année, 29,276 ou 10,41 p. % avaient émigré, et 4,176 émigrants de 1859 n'étaient pas encore, à la date de ce recensement spécial, de retour dans leurs foyers.

Les 29,276 émigrants de 1860 se répartissaient par profession ainsi qu'il suit :

Maçons	20.812
Terrassiers	713
Paveurs	213
Tailleurs de pierres	2.406
Charpentiers	1.279
Tuiliers	1.361
Couvreurs	115
Peintres en bâtiment	281
Peigneurs de chanvre	286
Scieurs de long	753
Professions diverses	1.057
Total égal	29.276

On calculait que chacun de ces émigrants rapporterait en moyenne un petit capital de 221 francs, soit en tout une somme de 6,469,996 francs.

Le document auquel nous empruntons ce tableau, fait connaître que les émigrants se dirigent sur tous les grands chantiers de la France; quelques-uns vont même jusqu'en Suisse et en Espagne. Mais les départements qu'ils fréquentent en plus grand nombre sont : la Seine, le Rhône, la Loire, Seine-et-Marne, Seine-et-Oise, le Loiret, le Cher, l'Yonne, la Côte-d'Or, l'Aube, la Nièvre, Saône-et-Loire, le Doubs et le Jura.

L'émigration est également considérable dans le Cantal. D'après un renseignement communiqué à l'auteur du *Dictionnaire des Communes de France* (1864), chaque année, à la fin des travaux de la campagne, c'est-à-dire en automne, 10,000 émigrants environ quittent le Cantal et vont porter leur industrie soit à l'intérieur de la France, soit à l'étranger et surtout en Espagne (Catalogne). Après une absence plus ou moins longue, ils reviennent, apportant leurs économies qu'on évalue en masse à 1,500,000 francs par an. Toutefois, depuis 1848, l'émigration en général se modifie et tend à prendre une marche ascendante et moins régulière. Certains émigrants, entraînés par un esprit d'initiative très-honorable d'ailleurs en principe, recherchent les grands centres de population, et d'ouvriers qu'ils étaient, deviennent commerçants. Ceux-là se marient, font fortune et s'établissent sans esprit de retour. Plusieurs, au lieu de revenir au printemps dans leur famille pour partager les travaux agricoles, prolongent leur absence au delà de sa durée ordinaire. De là, la nécessité de recourir, et à des prix très-élevés, à la main d'œuvre étrangère. La plus grande partie, qui jadis plaçait en acquisitions ou améliorations d'immeubles le gain provenant du travail au dehors, dédaigne aujourd'hui la terre trop peu productive et se laisse prendre aux appâts des gros intérêts, des dividendes élevés, oubliant cet axiôme économique que la solidité du gage est en raison inverse du taux du produit. Beaucoup aujourd'hui placent leurs économies en actions, obligations françaises ou étrangères, d'une valeur trop souvent douteuse.

Le même mouvement extérieur se produit dans les Hautes et Basses-Alpes. Dans le premier de ces départements, près de 4,500 personnes émigrent annuellement à l'intérieur. Dans le second, un nombre à peu près égal d'habitants vont exercer au dehors les plus modestes industries, dont les profits, lentement amassés, leur permettent de revenir au pays et d'acquérir une parcelle de terre sur laquelle s'établit assez habituellement nne nombreuse famille. Dans la vallée de Fours, notamment, cette émigration se renouvelle périodiquement à l'approche de l'hiver. Il ne reste alors dans les hameaux que la partie la moins valide de la population.

Les causes de ces émigrations sont connues : le pays ne peut fournir à sa population adulte des moyens d'existence suffisants. Le sol, essentiellement granitique, y est peu favorable à la culture céréale. L'industrie n'y a aucune importance ; ça et là, elle pourrait utiliser dans les vallées quelques forces hydrauliques d'une certaine importance ; mais, pour écouler ses produits, il lui faudrait des voies de communication rapides et à bon marché qui lui font encore en tout ou partie défaut. Quant an commerce, il y est à peu près nul et se borne généralement à la vente en détail d'objets fabriqués au dehors et de première nécessité. Il faut, d'ailleurs, tenir compte ici des traditions. Elles exercent partout, mais surtout dans les pays de montagnes, une très-grande influence. L'amour du gain, le désir fort naturel d'améliorer une situation économique plus que médiocre, ne sont peut-être pas, en outre, les mobiles uniques de l'émigration des races vigoureuses qui peuplent ces montagnes. L'amour de l'inconnu, l'esprit d'aventure, le charme des voyages lointains ne sauraient y être complètement étrangers

Les émigrations rurales dont nous venons de parler n'ont pas toutes des villes pour destination. Beaucoup des ouvriers d'art qui quittent ainsi périodiquement leurs foyers, vont exercer leur modeste industrie dans les bourgs et villages, où leur honnêteté, leur habileté relative et leurs prétentions modestes les font accueillir avec faveur, parce que leur concurrence tempère les exigences excessives de la main d'œuvre locale.

Remarquons enfin que, temporaire dans l'intention des émigrants, un certain nombre de ces absences devient définitif, soit par un établissement au dehors, soit par la mort.

En principe, il est peu d'habitants des campagnes qui quittent définitivement et sans esprit de retour le sol natal. La plupart, en allant chercher au dehors, ou des moyens d'existence, ou une amélioration de leur sort, entretiennent la secrète pensée de revoir un jour le toit qui les a vus naître et d'y rentrer avec la considération que donne une aisance honnêtement et laborieusement conquise. Combien réalisent ce doux rêve ? c'est ce que la statistique ne nous apprendra jamais ; mais on peut affirmer hardiment qu'il serait facile de les compter, une fausse honte, un faux amour-propre détournant ceux que la fortune n'a pas favorisés, (et c'est le plus grand nombre), de la salutaire pensée de retourner au village, et beaucoup s'étant rendus impropres, par un séjour prolongé dans les villes, aux travaux agricoles, ou y ayant contracté le dégoût de ces travaux.

CHAPITRE II.

CAUSES DE L'ÉMIGRATION DÉFINITIVE OU NON.

Les causes de cette émigration se divisent en plusieurs catégories. Les unes sont accidentelles, les autres permanentes. Beaucoup sont spéciales, locales ; beaucoup sont générales. C'est à ces quatre points de vue que nous allons les examiner.

CAUSES ACCIDENTELLES.

Ces causes se subdivisent, à leur tour, en générales et locales. La cherté (exceptionnelle par sa durée et son intensité) qui a sévi, en France, de 1853 à 1858, et a déterminé des émigrations considérables à l'intérieur (1), ainsi qu'un accroissement assez sensible de l'émigration extérieure, peut donner une idée des premières. Il est certain (et nous l'avons établi dans la première partie de ce travail, avec les documents officiels) que, dans cette période, le progrès des agglomérations urbaines a été très-sensible, et que la proportion de leur accroissement s'est

(1) On lit ce qui suit dans une lettre du président de la Commission de Statistique du canton de Malzieu (Lozère), du 20 novembre 1856.

« D'après le dénombrement de 1856, le nombre des habitants du canton de Malzieu est de 4,911. Dès 1855, une portion de ces habitants, pressée par la faim, a émigré dans le Gard, l'Hérault, le Cantal et principalement dans les usines d'Alais. Un très-petit nombre est revenu cette année (1856), et il a suffi pour que la récolte ait pu être enlevée sans le secours de bras étrangers. Après sept mois de séjour, poussé par le même besoin, besoin encore plus impérieux qu'en 1855, cette même portion des habitants est repartie pour les mêmes lieux avec de nombreuses recrues. »

affaiblie à partir de la période d'abondance. Les résultats du recensement de la population de 1861 attestent, en effet, le retour dans leur foyer d'un grand nombre de journaliers agricoles dont celui de 1856 avait signalé l'absence.

Il n'est pas douteux, par exemple, que, si l'oïdium eût persisté et déterminé l'abandon partiel ou total de la culture viticole, une grande partie de la population qu'elle fait vivre eût dû aller chercher ailleurs, et très-probablement dans l'industrie, les moyens d'existence qu'elle aurait ainsi perdus.

Il est certain que la maladie du ver-à-soie, en réduisant des deux tiers une industrie qui occupait une notable partie de la population agricole de nos départements du Midi, y a déterminé une forte émigration rurale, et que si le remède était enfin trouvé, une grande partie des émigrés reviendrait au pays d'origine, qu'ils n'ont très-probablement quitté qu'avec un vif sentiment de regret (1).

La longue persistance de la maladie de la pomme de terre, telle que, pendant quelques années, le précieux tubercule n'a pu être cultivé que dans les terrains sablonneux, a aggravé, dans quelques parties de la France, les conditions de la culture au point de déterminer un certain nombre de fermiers et métayers à quitter leur exploitation, pour chercher des moyens d'existence dans les villes.

On peut croire que si la période de bas prix, qui s'est prolongée de 1862 à 1866 en ce qui concerne les céréales, n'eût pas fait place au renchérissement de 1867, provo-

(1) « La non réussite, depuis plusieurs années, de la récolte des cocons, qui constituait une des principales ressources de la population agricole et même d'une partie de la population ouvrière, a déterminé d'assez fortes émigrations. » (Observations du préfet de Vaucluse sur les résultats du recensement de 1861 dans son département.)

qué par la médiocrité de la récolte de 1866, on devait voir les cultures qui exigent le moins de main d'œuvre, comme les cultures fourragères, se substituer aux assolements actuels, et un grand nombre de journaliers agricoles émigrer par le fait de cette substitution.

Si la guerre d'Orient eût continué, si la lutte s'était généralisée en Europe, et, par suite, si les recrutements extraordinaires de 1854-55 avaient pris une sorte de permanence, il est évident que la dépopulation rurale eût fait des progrès que le retour de la paix a heureusement arrêtés.

Voilà pour les causes générales accidentelles.

Quant aux causes locales du même caractère, elles sont si nombreuses et si diverses, que nous ne saurions avoir la prétention de les énumérer. Nous nous bornerons à citer, comme exemple, les faits suivants que nous avons extraits d'une communication de M. le président de la Commission de statistique du canton de Saint-Valery-en-Caux: « Depuis une dixaine d'années, un millier d'individus ont quitté notre canton. Le chef-lieu en a fourni environ la moitié, et cette moitié comprend un très-grand nombre de familles de marins. Leur attachement pour le pays était très-grand ; mais les mauvaises pêches, l'absence de l'esprit d'association et d'autres circonstances ont amené la décadence, dans notre port, de cette vigoureuse population.... Mais j'estime que ce mouvement a cessé. La création de parcs à huitres, l'importance toujours croissante de notre établissement de bains de mer, me paraissent de nature à accroître les ressources des habitants et à les retenir dans le pays.... En ce qui concerne nos populations rurales, l'émigration a eu lieu surtout parmi les tisserands et les journaliers agricoles.... Pendant ces dernières années, l'industrie de la *rouennerie*, qui occupe nos tisserands, ayant subi d'assez rudes épreuves, il en est résulté de fréquents chômages et une baisse de salaire qui ont décidé un grand nombre d'ouvriers à quitter le canton... Le surplus de l'émigration se compose de journaliers agricoles, puis de domestiques, enfin d'individus exerçant dans les campagnes des professions manuelles (23 novembre 1858). » Ainsi, la décadence, accidentelle ou permanente, de la pêche côtière, par l'épuisement de la mer, ou la libre entrée du poisson étranger, la concurrence faite à des industries rurales par de grands établissements marchant à la vapeur, ou l'abandon, soit définitif soit momentané, de produits fabriqués à la campagne, ont déterminé, en Normandie, des émigrations qui se sont probablement produites, sous l'influence de circonstances analogues, dans d'autres parties de la France.

CAUSES PERMANENTES.

Ce sont les plus importantes, puisque leur action est continue et qu'il n'y a pas lieu d'espérer que les circonstances qui les ont produites se modifient de longtemps. Nous les diviserons en trois catégories principales : 1º *Causes économiques* ; 2º *Causes morales* ; 3º *Causes diverses.*

CAUSES ÉCONOMIQUES.

§ 1ᵉʳ. — *Concentration de l'industrie dans les villes.*

Une des causes économiques les plus importantes et les plus anciennes de l'émigration rurale est sans contredit le développement de l'industrie, et surtout de la grande industrie dans les villes. M. le président Troplong, dans son discours au Comité agricole de Cormeilles (Eure), a parfaitement mis en relief, au point de vue historique, cette influence sur le mouvement de l'émigration rurale : « Sachez d'abord, Messieurs, que cette plainte (la dépopulation des campagnes) n'est pas nouvelle, elle sent la redite ; nos aïeux l'avaient mise à l'ordre du jour dès avant 1789. Alors on répétait, en effet, comme quelquefois aujourd'hui, que les provinces se dépeuplaient sensiblement ; qu'elles s'appauvrissaient de jour en jour ; que les délices de la capitale faisaient de Paris un gouffre affreux où allaient s'engloutir, avec les richesses des provinces, la *population* et les mœurs.

« Je cité textuellement, Messieurs, et c'est dans les cahiers des Etats généraux (*Recueil des cahiers de la province de Normandie*, par M. Hippeau, p. 55) que j'ai vu ces sombres peintures.

«.... Tant que le commerce et l'industrie française ont végété dans une chétive existence, les nombreuses familles pressées dans les campagnes n'éprouvaient aucune tentation qui les appelât dans les villes, alors mal bâties, sales et sans police. — Elles vivaient sédentaires dans leur labeur pour ainsi dire, attachées à la glèbe qui les avait vues naître. Mais, lorsque Louis XIV et Colbert, sans négliger l'agriculture, eurent animé le commerce et l'industrie par leurs créations, il se fit peu à peu un certain déplacement dans la population. Il fallait des ouvriers pour ce nouvel et inépuisable filon qui s'ouvrait au travail. La campagne fut appelée à les fournir, et ce n'est pas par ce côté qu'elle éprouva les sonffrances partielles dont Vauban et La Bruyère nous ont transmis le souvenir. Au contraire, les forces laborieuses d'un pays, loin de se nuire par leur rivalité, se vivifient par leurs mutuels efforts. Ce déplacement a continué lentement de Louis XIV à 1789, de 1789 à 1865. Il a suivi sa marche irrésistible. Il était dans les conditions d'un équilibre naturel et nécessaire tendant à s'établir, etc., etc. »

Mais, par ce fait que l'industrie tendait à se concentrer dans les villes, et qu'elle prenait, par l'emploi des machines, le caractère manufacturier, les fabrications locales, source de bien-être pour les populations rurales, pendant l'hiver. devaient inévitablemént disparaître.

Or, les mémoires des intendants prouvent que la plupart des provinces avaient des industries particulières dont le produit accroissait, pendant le chômage des travaux agricoles, les ressources des cultivateurs. Ainsi, la confection des étoffes de toile ou de lin donnait des salaires à un grand nombre de villages de la Picardie. La Bretagne a eu, du XIVe au XVIe siècle, une industrie considérable, celle des toiles de Rennes, de Noyol, de Vitré, qui occupait dans les campagnes un grand nombre de bras, et s'étendait même d'un côté, dans le Maine ; de l'autre, jusque dans les évêchés de Laon et de Tréguier.

Les laines étaient peignées et cardées dans toute l'étendue de la Picardie, de la Normandie, de la Champagne et du Languedoc.

« Presque toute l'industrie du Dauphiné, dit M. Darreste de la Chavanne (*Histoire des classes agricoles en France*, 1858), la draperie, le filage des laines et des soies, la couture des gants, avait son siége dans les campagnes. On calculait, au commencement du XVIIIe siècle, que la fabrication de la dentelle produisait, aux paysans du diocèse du Puy, de 2 à 3 millions par an. (*Etats du Languedoc*, par le baron Trouve). Ceux du diocèse de Mende possédaient chacun un métier à tisser des étoffes de laine et vivaient des ressources que leur procurait le tissage durant les six mois d'hiver des Cévennes. Ils ne fabriquaient, d'ailleurs, que des *cadis* ou étoffes grossières, et leurs gains étaient des plus modiques. La laine leur était fournie par des marchands de Nîmes. C'était précisément le bas prix de la main-d'œuvre (deux sous les fileuses, huit sous les meilleures tisserandes) qui les garantissait contre toute concurrence.

« On jugeait même, au dernier siècle, que la propagation trop considérable des travaux industriels dans les
campagnes avait des effets fâcheux, entre autres, celui
d'enlever trop de bras à l'agriculture. Ainsi, l'établissement de quelques manufactures nouvelles fut défendu
dans une partie des campagnes de Flandre, sur les récla-
mations, il est vrai, de villes fermées, qui alléguaient
leur privilége pour repousser une concurrence. Un arrêt
du Conseil, du 28 juin 1723, porte que toutes les manufactures de toiles et d'étoffes de fil et coton de la Normandie, à l'exception de celles de Rouen et de Darnetal,
cesseraient tout travail depuis le 1ᵉʳ juillet jusqu'au 15
septembre (durée des travaux agricoles) de chaque année.
A. Young n'en déplore pas moins, soixante ans plus tard, la
multiplication des manufactures dans le pays de Caux. Il
pensait aussi que, dans la Bretagne, la fabrication des
toiles détournerait souvent les paysans d'autres travaux
moins immédiatement lucratifs et plus importants peut-
être pour eux. »

Le plus grand nombre de ces travaux industriels a disparu aujourd'hui, sauf un petit nombre de fabrications
comme celles de la vannerie et de la sabotterie. L'industrie dentelière elle-même, qui occupait autrefois beaucoup de bras dans les campagnes, tend à se concentrer
dans les villes. Seules, les distilleries annexées aux fermes
occupent un nombre de bras croissant. Il faut également
faire une exception pour quelques industries spéciales,
comme l'horlogerie aux environs de Besançon.

Quant à la concentration, dans les villes ou leur banlieue,
de l'industrie, surtout de la grande industrie, de celle qui
emploie les moteurs à feu et les machines, elle s'explique
aisément. Là seulement, en effet, nos manufacturiers
trouvent les ouvriers habiles, et les industries accessoires,
et les établissements de crédit, et la facilité d'expédition,

et les débouchés immédiats, et les conseils de la science, qui leur sont nécessaires pour produire dans les meilleures conditions possibles.

Maintenant encore, où se recrute le personnel sans cesse croissant de ces usines qui se multiplient, malgré les crises commerciales, malgré le développement considérable de la concurrence avant la réforme douanière de 1860, et malgré la concurrence étrangère qu'elle a suscitée ? Évidemment dans les campagnes. Les machines ont surtout accru la part, dans l'œuvre industrielle, de cette branche de la main-d'œuvre que les Anglais désignent sous le nom de *unskilled labour*, c'est-à-dire qui n'exige ni apprentissage prolongé, ni connaissances spéciales, mais seulement, et encore dans des proportions modestes, une certaine aptitude physique et intellectuelle. A ce point de vue, les immigrants ruraux ont pu s'employer facilement dans nos grands ateliers, où ils trouvent des salaires élevés pour un labeur facile et peu fatigant.

Les progrès de notre industrie, démontrés, d'ailleurs, par le chiffre toujours croissant de nos échanges extérieurs, sont tels qu'un de nos manufacturiers les plus éminents, M. Minerel, de Roubaix, s'exprimait ainsi à la tribune du Sénat, dans la séance du 10 février 1866 :

« .... Malgré la nouvelle puissance du travail (résultant du nombre et de la puissance des machines), les bras de l'homme sont devenus rares. S'ils manquent dans les champs, ils manquent aussi dans les ateliers, et leur rareté a naturellement amené un salaire plus élevé.

« Ainsi, on payait l'ouvrier des champs 1 franc dans le Midi, il y a vingt ans à peine ; on le paie aujourd'hui 1 franc 50. Dans le Nord, c'était 1 franc 75 ; aujourd'hui c'est 2 francs 50. On parle même de nouvelles augmentations.

« Dans nos fabriques, l'ouvrière gagne 2 francs 50, et l'homme 5 francs. Celui qui travaille plus de son intelligence que de ses bras, voit son salaire s'élever à 10 fr. »

Après avoir parlé des exigences croissantes de l'ouvrier et des concessions correspondantes des patrons, l'orateur ajoute :

« Pourquoi ces concessions ? C'est que l'ouvrier ne craint plus aujourd'hui que l'ouvrage lui manque. Pour un atelier qui se ferme devant lui, dix vont s'ouvrir. C'est que, par exemple, dans l'arrondissement de Lille, le plus industrieux, le plus manufacturier de France peut-être, il est aujourd'hui sans exemple qu'une fabrique ait son personnel complet d'ouvriers. Je puis affirmer que , dans la ville de Roubaix, plus du sixième des machines à produit est en repos depuis six mois, parce que le personnel des travailleurs, quoique chèrement payé, est tout-à-fait insuffisant. »

Disons, à ce sujet, combien peu est fondé le reproche fait au gouvernement impérial par quelques écrivains, d'avoir indirectement provoqué l'émigration rurale en prodiguant les encouragements, les faveurs, à l'industrie, et en négligeant les intérêts de l'agriculture.

A l'époque où la protection contre la concurrence étrangère paraissait être le moyen le plus sûr de développer le travail national sous toutes ses formes, des droits très-élevés frappaient les produits agricoles les plus importants de l'étranger, et notamment les céréales et le bétail. Jusqu'en 1860, date de la suppression de la législation dite de l'*échelle mobile*, les droits sur les céréales étaient prohibitifs, lorsque le prix du blé descendait à un certain taux. Quant au bétail, il n'a été dégrevé qu'en 1853, et en présence de l'impossibilité bien constatée de la production indigène de satisfaire aux besoins de la consommation. Nous avons, d'ailleurs, à peine besoin de rappeler que c'est tout d'abord à l'égard de l'industrie manufacturière qu'a été prise, en 1860, la grande mesure de la suppression des prohibitions et de l'abaissement des droits protecteurs. Le gouvernement a donc au moins tenu la balance égale entre les deux intérêts. Mais il est plus vrai de dire que l'industrie n'a jamais été, en France, l'objet d'encouragements aussi importants que l'agriculture. Citons notamment : l'organisation sur une grande échelle de l'enseignement agricole ; les subventions aux comices ; les concours régionaux ; les concours d'animaux reproducteurs et de boucherie ; les expositions agricoles générales et spéciales ; les haras, les dépôts d'étalons, les primes aux juments poulinières, les prix de courses, la création des écoles de dressage, etc. Parmi les mesures plus générales et non moins efficaces, nous mentionnerons : l'amélioration incessante, sous la direction et même avec le concours de l'État, de la grande et petite vicinalité ; l'ouverture, sur les ressources du budget général, des route agricoles dans certains départements ; la plantation des dunes dans d'autres (Landes et Gironde) ; l'application (récente encore, il est vrai) des lois relatives au reboisement ou au regazonnement des montagnes et à la mise en valeur des biens communaux ; le redresssement et l'aménagement des cours d'eau ; le dessèchement progressif des marais ; la stipulation de tarifs de faveur pour le transport, sur les chemins de fer et les canaux, des engrais, amendements et matériaux de construction ; l'organisation, sous les auspices de l'État, du Crédit foncier ; les prêts de l'État pour le drainage ; les indemnités et remises d'impôts en cas de sinistre ; l'amélioration de l'outillage agricole par la réduction des droits sur les fers ; la modération des droits sur les engrais étrangers ; la création de bureaux d'essai et d'analyse des diverses natures du sol ; l'amélioration incessante de la police rurale ; la multiplication des colonies et asiles agricoles ; la création d'une représentation locale et supérieure (Comices, Chambres d'agriculture, Conseil supérieur) ; l'établissement d'une Statistique agricole périodique par des commissions cantonales spéciales ; la publicité donnée par le Gouvernement à toutes les découvertes propres à exercer une utile influence sur une branche quelconque de l'industrie agricole ; enfin , les nombreuses distinctions honorifiques accordées aux agronomes les plus méritants.

Après de pareils témoignages de sollicitude, et on pourrait presque dire de prédilection, voyons ce qu'a fait l'État pour l'industrie. Il a créé quelques écoles d'arts et métiers, organisé une représentation locale et centrale des intérêts commerciaux et industriels, fondé des expositions internationales, favorisé l'établissement de bourses de commerce, encouragé (mais quelquefois aussi découragé par une législation trop sévère) l'esprit d'association. Si, par des subventions en travaux ou en argent et des garanties d'intérêt, il a favorisé l'établissement de notre réseau de chemins de fer ; si, par le rachat des canaux et l'abaissement des droits sur ces *chemins qui marchent*, il a facilité et rendu moins coûteux les transports de toute nature, il ne faut pas perdre de vue que ces moyens de transports appartiennent aussi bien à l'agriculture qu'à l'industrie.

Le seul sacrifice spécial, direct et véritablement important qu'il ait fait à l'industrie, a consisté à supprimer les droits à l'importation des matières premières. Mais ce sacrifice était le préliminaire indispensable de la levée des prohibitions et de la modération des tarifs douaniers. Mentionnons encore, pour ne rien omettre de la vérité, les prêts à l'industrie en 1830 et en 1860.

L'émigration rurale est donc étrangère aux prétendues faveurs excessives accordées officiellement à l'industrie.

dont le rapide développement, dans ces vingt dernières années, est uniquement dû à ses propres forces, à son énergique vitalité et à sa vigoureuse initiative, secondées par le développement de l'aisance générale en France et à l'étranger, c'est-à-dire par l'accroissement des consommateurs de ses produits à l'intérieur et au dehors.

Au surplus, il existe, en tout lieu, entre ces deux grandes branches de la richesse publique, des relations si intimes, disons mieux, une solidarité si complète, que la prospérité de l'une détermine nécessairement celle de l'autre. L'expérience nous apprend, en effet, que les pays les plus manufacturiers sout en même temps les plus agricoles (Angleterre, Belgique, Suisse, Saxe, Allemagne rhénane), et cette coïncidence n'a rien de fortuit ; elle résulte expressément de ce fait que l'agriculture fournissant à l'industrie ses matières premières , lenr prix s'élève d'autant plus qu'elles lui sont demandées en quantités plus considérables.

§ 2. — *Amélioration des voies de communication.*

L'amélioration des voies de communication est aussi une des causes principales du déplacement des populations rurales, parce qu'elle a eu pour conséquence des rapports plus fréquents entre les villes et les campagnes. Quand le trajet était long, pénible, dangereux même pour les hommes et les attelages, ces rapports étaient rares, surtout en hiver, et n'avaient guère pour motifs que des cas d'absolue nécessité.

Le mouvement des campagnes sur les villes doit donc remonter aux premiers progrès sérieux, d'abord de la grande viabilité, comprenant les routes de l'État et des départements, puis de la grande, de la moyenne et de la petite vicinalité. Ce n'est, en effet, que lorsque les chemins vicinaux de toute classe ont été raccordés aux artères principales, qu'il a pu s'établir des relations suivies entre les deux populations. A ce point de vue, il est permis de croire qu'elle remontent aux premières années qui ont suivi la mise à exécution de la loi de 1836 sur les chemins vicinaux. Toutefois, au début, ces relations se sont bornées à des échanges de produits, à un approvisionnement plus abondant, plus régulier des villes voisines, et l'émigration n'a pu se produire que dans la limite étroite des besoins de la domesticité au sein de ces villes.

Ce sont les chemins de fer qui ont véritablement donné l'impulsion : d'une part, en réduisant les distances ; de l'autre, en abaissant les frais de transport.

Mais, tout d'abord, ils ont exercé, pendant la période de construction, sur la situation économique des communes rurales qu'occupaient leurs chantiers, une influence dont il importe de tenir compte quand on veut se faire une idée exacte des mobiles de l'émigration dans leur ordre successif. Nous voulons parler du chiffre élevé des salaires qu'ils ont donnés aux terrassiers recrutés dans la localité. Ces salaires, généralement supérieurs du double au moins à ceux de la culture, ont fait naître, chez les ouvriers qui les recevaient, des goûts, des habitudes de bien-être auxquels le retour à la vie rurale ne leur aurait pas permis de donner satisfaction. Ils ont dû ainsi quitter définitivement le village pour aller chercher, dans les villes ou sur d'autres chantiers, les moyens que l'industrie agricole, surtout avec son chômage prolongé de l'hiver, ne pouvait plus leur fournir, de continuer leur nouvelle existence. Maintenant, il est certain que ce déplacement a été favorisé par la rapidité et le bon marché des transports, et que, grâce à ces facilités de locomotion, les émigrants ont pu se rendre même dans les centres industriels et commerciaux, ce qui leur eût été difficile avant l'établissement des chemins de fer.

D'un autre côté, l'exploitation de la voie ferrée (service de la traction) exige un personnel considérable, que les documents officiels portent à 105,000 individus en ce moment, et qui atteindra un chiffre bien plus élevé lorsque les longueurs définitivement concédées auront été ouvertes à la circulation. Or, ce personnel, composé de sujets jeunes, forts et vigoureux, est presque entièrement recruté dans les campagnes.

Il en est de même de celui qu'emploie la confection, l'entretien et la surveillance de l'ensemble de nos autres voies de communication, dont le réseau, surtout pour les voies vicinales, s'étend sans relâche.

En changeant les anciennes voies du commerce, en lui ouvrant de nouvelles directions, et notamment en amenant la suppression du roulage, des relais de poste, et, par conséquent, de nombreux établissements destinés aux voyageurs, les chemins de fer ont porté un coup irrémédiable à beaucoup de localités rurales, dont la population adulte a dû aller chercher ailleurs les ressources que cessait de leur fournir l'industrie locale.

§ 3. — *Émigration de la bourgeoisie rurale et absentéisme.*

Si les nouvelles voies de communication ont facilité l'émigration rurale, il faut dire que ce n'est peut-être pas tout d'abord sur la population ouvrière, mais sur la classe des possesseurs du sol qu'elle a porté. Ce sont les propriétaires en effet qui, le plus souvent, ont donné l'exemple de l'abandon de la vie rurale. La plupart, alléchés par la supériorité relative du revenu des valeurs mobilières, par les chances d'accroissement de ce revenu pour quelques-unes, par sa fixité pour d'autres, par l'exonération de l'impôt pour un grand nombre, enfin par leur facile disponibilité pour toutes, leur ont donné la préférence sur la propriété rurale, qu'ils ont aliénée.

Ce n'est pas seulement contre les valeurs mobilières qu'ils ont échangé leurs immeubles ruraux, mais encore contre les propriétés urbaines ou bâties, qui, surtout dans les grandes villes, donnent un revenu supérieur, avec de plus grandes facilités de jouissance et des garanties de payement plus efficaces.

Ajoutons que, pour beaucoup de propriétaires ruraux appartenant à la bourgeoisie, les placements en valeurs mobilières ou en propriétés urbaines ont été le résultat d'une gestion onéreuse de leurs terres. Il est certain que, dans les régions de la France où, par suite de la pénurie des capitaux mobiliers, les fermiers sont rares, le propriétaire est obligé de cultiver ou par colons ou par maîtres-valets. Dans le premier cas, l'infidélité presque inévitable de son associé lui enlève une partie de sa part dans le produit commun ; dans le second, la cherté de la main d'œuvre diminue très-sensiblement ce produit.

Entraîné souvent, en outre, par l'exemple de ses voisins, il se croit obligé de faire des améliorations agricoles, qui l'obèrent et l'obligent à emprunter. Une fois entré dans cette voie, il marche rapidement à sa ruine, surtout si, pour se soustraire, dans l'intérêt de son crédit, à une inscription hypothécaire, il emprunte, en compte courant et à gros intérêts, aux banquiers de la localité.

Sa ruine est souvent accélérée par la nécessité que lui impose sa position sociale de *tenir maison*, de recevoir ses voisins, et enfin de donner à ses enfants une éducation libérale toujours très-coûteuse.

Heureux ceux qui, comprenant en temps utile qu'ils suivent une pente fatale, s'arrêtent, liquident, en vendant, une situation déjà plus ou moins engagée, et récupèrent par un placement d'une autre nature, à la fois plus productif et non moins sûr, le revenu ou plutôt la portion de leur capital qu'ils ont perdu !

Quant aux propriétaires qui ont voulu conserver leurs immeubles ruraux, très-souvent parce qu'ils avaient un caractère patrimonial, la majeure partie a pris l'habitude, depuis l'ouverture des chemins de fer, d'aller passer au moins la moitié de l'année dans les villes, pour ne revenir à la campagne que pendant la belle saison. Or, il est facile de comprendre les effets de cet *absentéisme*. Le revenu net de la propriété étant dépensé dans les villes est presque entièrement perdu pour la consommation et la main-d'œuvre locales. La culture en reçoit un contre-coup sensible, puisque l'exploitation du sol est abandonnée, sans direction, sans surveillauce, sans encouragement, à des fermiers, métayers ou maîtres-valets. Qui ne sait, à ce sujet, que le concours effectif, réel, incessant du propriétaire à l'exploitation agricole, est une des causes principales de la prospérité de l'agriculture en Angleterre.

L'émigration des propriétaires a en un autre inconvénient d'une certaine gravité : il a fait cesser cet heureux voisinage, cet utile rapprochement des possesseurs du sol et des salariés, dont la bonne intelligence est si essentielle au maintien de l'ordre et qui est un des grands charmes de la vie rurale en Angleterre. La décadence morale de nos populations agricoles est certainement due à l'absence des saines et fécondes influences qu'exerçaient sur elles les grandes familles autrefois attachées au sol. A de rares exceptions près, ces familles (qui auraient pu s'approprier la célèbre devise *ense et aratio*) donnaient l'exemple des vertus les plus sévères, tempérées par un sentiment de profonde bienveillance. Secours en cas de disette, bons conseils dans les circonstances difficiles de la vie, sages avis sur l'administration de leurs intérêts ordinaires et courants, les ouvriers agricoles trouvaient, auprès d'elles, l'assistance sous toutes ses formes. De là, des relations de bienfaiteur et d'obligé qui unissaient étroitement les diverses classes de la société rurale et se manifestaient, chez les salariés, par des témoignages de respect et de juste déférence pour les membres de l'aristocratie territoriale.

Aujourd'hui cet utile contrepoids aux sentiments d'envie et de convoitise, résultat de l'ignorance, de l'affaiblissement du sentiment religieux, de la propagation des idées démocratiques et socialistes, a disparu à peu près complètement dans nos campagnes. Abandonnés par les fils des hommes qui exerçaient autrefois sur eux un si utile patronage, nos paysans n'ont plus qu'une seule aspiration, c'est de s'approprier le plus tôt possible la terre que détient encore la bourgeoisie, et peut-être faut-il chercher, dans une juste appréciation du rôle difficile que lui a faite sa nouvelle situation vis-à-vis des populations rurales, une des causes de l'empressement avec lequel celle-ci déserte la propriété agricole pour se retirer dans les villes. Elle sent, en effet, que non-seulement elle a perdu son autorité, mais encore qu'elle est un obstacle à l'ambition de ces populations de posséder promptement et exclusivement le sol qu'elles cultivent.

Nous verrons plus loin (*Causes diverses*), que d'autres considérations ont motivé et continuent à motiver l'émigration de la bourgeoisie rurale.

§ 4. *Travaux publics.*

En même temps que les villes se développaient par le fait de l'accroissement rapide de lenr population, la nécessité se faisait sentir, d'une part, de pourvoir à leur assainissement; de l'autre, de mettre le nombre des maisons en rapport avec celui des habitants. De là, les grands travaux d'édilité entrepris à peu près simultanément dans tous les centres d'agglomération de quelque importance, et qui ont provoqué l'émigration de cette portion intéressante de la population rurale à laquelle appartiennent les ouvriers d'art ou du bâtiment (maçons, tailleurs de pierre, menuisiers, charrons, scieurs de long, vitriers, etc., etc.).

On a vivement critiqué ces travaux, précisément parce qu'ils avaient pour résultat d'amener dans les villes une surabondance de population peu disposée à retourner, plus tard, au lieu d'origine, et qui, dans ce cas, en même temps que la sécurité des personnes et des propriétés pourrait souffrir de sa présence, aurait pour conséquence inévitable d'imposer à la charité publique et privée des sacrifices considérables.

Cette critique a surtout été dirigée contre les grandes entreprises de la ville de Paris qui, depuis quinze ans, occupent tant de bras et ont accru l'*élément ouvrier* dans des proportions jugées inquiétantes pour le moment où ces entreprises toucheront à leur fin.

Pour nous, nous croyons devoir faire ici, au point de vue du blâme ou de l'éloge, une distinction importante.

Nous applaudissons sans réserve aux travaux publics qui ont pour objet de grandes améliorations hygiéniques, comme les percements et dégagements destinés à donner aux habitants plus d'air et de lumière, l'établissement de superficies plantées destinées à purifier l'atmosphère, la création d'un système complet d'égouts, un large approvisionnement d'eaux pures, etc. Ce sont là de grandes et incontestables améliorations, ayant, au plus haut degré, le caractère d'utilité publique, et auxquelles la sanction de l'opinion, d'une opinion impartiale et éclairée, ne saurait manquer. Nous réservons nos objections pour les constructions d'édifices publics, de monuments, pour les ouvertures de rues et de places qui n'ont d'autre objet que l'embellissement et la décoration des villes. Mais il n'est qu'équitable de le reconnaître, ce sont surtout les travaux de la première catégorie que le gouvernement autorise et quelquefois encourage par des subventions. Seulemeut, il est à regretter que les campagnes aient déjà ressenti, sous la forme d'une hausse très-sensible du prix de la main-d'œuvre, cet appel incessant dans les villes des ouvriers d'art.

Voici ce qu'écrivait à ce sujet, le 1ᵉʳ décembre 1861, le président de la Commission de statistique d'un des cantons de l'arrondissement de Dax (Landes) : « Les gens de métier sont aujourd'hui mis aux enchères par les grandes entreprises, par les grands travaux publics, qui prennent, tous les jours, plus d'extension dans le voisinage de notre canton. Une lutte de tarifs progressifs de salaires s'est élevée entre les entrepreneurs, directeurs ou régisseurs de travaux, tarifs que le modeste propriétaire rural ne peut plus accepter et qui font que nous ne trouvons plus, même *à chauds deniers*, ni terrassiers, ni manœuvres, ni domestiques de ferme, ni maçons, ni charpentiers, etc. »

Il est une circonstance qui contribue à raréfier la main-d'œuvre, c'est que les travaux publics et privés se font simultanément sur une échelle immense et avec une rapidité inconnue jusque-là, l'Etat, les départements, les communes, les compagnies, les particuliers se hâtant d'arriver au terme de leurs entreprises, pour mettre le plus tôt possible en valeur le capital énorme qu'elles absorbent. Et cette concurrence se produit précisément au moment où l'agriculture, pressée d'organiser la lutte contre les céréales de l'étranger, appelées dans nos ports par la suppression de l'échelle mobile, aurait besoin d'accroître la production et de réduire ainsi son prix de revient. Or, ce résultat ne peut être atteint que par des améliorations exigeant, au moins au début, une main-d'œuvre considérable. La situation est aggravée, à ce point de vue, par la nécessité d'employer des hommes dans le cas où le bras d'une femme eût suffi, et de payer ainsi des salaires plus élevés. Il n'est pas douteux, en effet, que les besoins de la domesticité déterminent un très-fort courant d'immigration dans les villes des filles de la campagnes, et ce fait se comprend quand on songe qu'elles n'ont besoin, pour trouver immédiatement un placement lucratif, d'aucune industrie, d'aucune aptitude spéciale, la force musculaire étant, dans le plus grand nombre des cas, la seule condition exigée d'elles.

Quant aux industries urbaines consacrées à l'habillement des femmes, elles n'exercent aucune attraction sur les campagnes, la population sédentaire des villes leur fournissant à peu près toutes leurs ouvrières. Mais il en est autrement des nombreuses blanchisseries établies dans les villes ou à leurs portes; elles recrutent dans les campagnes la plus grande partie de leur personnel.

§ 5. *Modifications dans les systèmes de culture.*

Il est des causes de l'émigration rurale qu'il faut chercher dans les modifications dont le mode d'exploitation du sol a été l'objet.

Mentionnons d'abord la substitution graduelle, par suite d'une plus grande abondance de capitaux dans les campagnes, du fermier au métayer ou colon, et la situation difficile qu'elle fait à ces derniers. « ... Ces cultivateurs, écrivait récemment un propriétaire du département du centre, n'ayant qu'un misérable mobilier, rarement du bétail, sauf peut-être une vache maigre et quelques moutons, sans économies pour la plupart, mariés généralement, ne peuvent acheter ou louer une maison et devenir simples journaliers. Habitués d'ailleurs à travailler comme demi-propriétaires, ils ne veulent pas descendre au rang de manœuvres. Le plus grand nombre va chercher fortune dans les villes. »

L'abolition du droit de parcours et de vaine pâture, l'amodiation des communaux, le gazonnement et le reboisement des montagnes sont, sans doute, d'excellentes mesures destinées à exercer un jour une heureuse influence sur la production agricole ; mais il est incontestable qu'elles causent un grave préjudice au prolétariat rural. Une foule de journaliers, propriétaires d'une chaumière et d'un petit champ, entretenaient autrefois une ou deux vaches et quelques moutons qu'ils envoyaient paître dans les communaux ou sur les terres voisines, après l'enlèvement des premières herbes. C'était une atténuation, au profit du pauvre, de l'inévitable rigueur du droit de propriété. Là où cette faveur cesse de lui être accordée, ses moyens d'existence sont tellement réduits, que le séjour de la campagne lui devient impossible.

La destruction de nos forêts, si rapide depuis quelques années et particulièrement depuis la loi qui a élevé le chiffre de la superficie qui peut être défrichée sans l'autorisation du Gouvernement, n'a pas seulement, d'après les observateurs les plus compétents, les plus graves inconvénients pour notre agriculture, en modifiant dans un sens regrettable les conditions climatériques de notre pays ; elle a déterminé, sur un grand nombre de points, la suppression de la modeste et utile profession de toute une catégorie de travailleurs agricoles, les bûcherons. Voilà encore une saine et robuste population à peu près entièrement perdue pour la vie des champs. Vainement dirait-on que les défrichements, en accroissant la superficie arable, ont dû déterminer une extension du travail agricole et, par conséquent, une distribution plus abondante de salaires. Ce n'est pas, en effet, par l'insuffisance des terres que la production céréale en France pourrait

cesser d'être en rapport avec les besoins de la consommation, mais bien par absence d'une culture améliorante
et progressive.

§ 6. *Changements dans les cultures.*

La hausse des salaires a été telle, sur certains points de
la France, qu'on a vu les propriétaires placés dans la
nécessité de substituer les cultures fourragères, qui exigent
peu de travail, aux cultures céréales. D'autres ont entrepris cette substitution dans un esprit de spéculation,
l'industrie de l'élève ou de l'engraissement des animaux
de boucherie donnant, avec les prix actuels, un plus
grand bénéfice que la production du blé. Cette évolution
agricole, qui pourrait s'étendre rapidement, si le prix des
céréales venait, par une nouvelle baisse prolongée, à être
inférieur aux prix de revient, n'a pu rester sans influence
sur le sort des journaliers agricoles ; beaucoup ont dû
chercher dans l'émigration les ressources que le sol
cessait de leur fournir.

§ 7. *Morcellement de la propriété.*

On s'est demandé si le morcellement de la propriété
n'est pas un agent actif de l'émigration rurale. Selon le
point de vue auquel se sont placés ceux qui ont soulevé la
question, la solution a été affirmative ou négative. Il est
certain que, si le sol s'*émiettait* en France, comme on l'a
prétendu sans le démontrer, c'est-à-dire au point de rendre
impossible son exploitation régulière, force serait au cultivateur de déserter les champs. Mais une hypothèse aussi
extrême est absolument irréalisable ; elle est démentie,
au surplus, par l'observation. Nous ne nions pas cependant qu'il puisse arriver que, par suite de la division de

l'immeuble paternel en un trop grand nombre de lots pour que chacun d'eux puisse être cultivé séparément, quelques-uns des copartageants soient obligés de vendre leur part, et que, placés entre l'alternative d'émigrer pour les villes ou d'accepter la situation de journaliers, ils optent pour l'émigration. Mais c'est peut-être le seul cas dans lequel le morcellement peut favoriser l'abandon de la profession agricole. Dans les circonstances les plus ordinaires, c'est-à-dire lorsqu'une propriété d'une certaine importance se vend en détail, son morcellement détermine un accroissement de la main d'œuvre, les petites exploitations exigeant, pour soutenir la concurrence des grandes, une culture des plus intensives. On sait, d'ailleurs, que le journalier devenu propriétaire s'attache inébranlablement au sol.

§ 8. *Crises agricoles.*

L'industrie proprement dite a ses crises, ses souffrances, ses épreuves. Tantôt c'est la fermeture d'un débouché extérieur par une guerre, par la concurrence victorieuse de l'étranger, par une vicissitude de la mode, par une aggravation des droits de douane ; tantôt c'est un renchérissement considérable de la matière première ou une mauvaise récolte qui, en privant la population agricole de la plus grande partie de son revenu, la force à suspendre ses consommations industrielles habituelles. Tantôt, c'est une stagnation commerciale résultant d'appréhensions politiques, de craintes de guerre, d'incertitudes sur l'avenir du pays, sur le maintien de l'ordre et des institutions. Tantôt enfin, ce sont des spéculations sur une grande échelle, spéculations supérieures aux ressources de ceux qui les entreprennent, fondées le plus souvent sur une fausse appréciation des besoins présents ou futurs de la communauté commerciale, et dont un retrait subit du crédit prolongé par lequel elles se soutenaient, détermine la liquidation désastreuse. Sans doute, toutes ces causes de crise ne sauraient être entièrement conjurées par la prévoyance, par la prudence humaines, plusieurs étant presque des cas de force majeure. Cependant on peut affirmer que le plus grand nombre peut être prévenu, ou du moins que leurs effets peuvent être sensiblement atténués par une sage mesure dans les entreprises, par une étude attentive de la situation commerciale du pays et de l'étranger, de tous les faits, de tous les symptômes, de tous les phénomènes qui signalent un excès de production.

Dans l'industrie agricole, il n'en est pas ainsi. Toutes les ressources de la sagesse, de la prévoyance humaine sont impuissantes contre ces brusques et redoutables variations atmosphériques qui détruisent de fond en comble une récolte (grêle, gelée, inondations, cyclones, etc., etc.), ou contre ces sécheresses prolongées qui brûlent les plantes jusqu'aux racines, contre ces pluies persistantes qui décomposent le sol et la dépouillent de ses propriétés fécondantes; enfin, contre ces maladies mystérieuses, contre ces invasions cryptogamiques d'origine inconnue qui désorganisent le tissu des graminées et en provoquent le dépérissement rapide.

Dans les pays où la propriété et la culture sont concentrées dans un petit nombre de mains, les pertes résultant des sinistres agricoles sont aisément supportées par ceux qu'elle atteignent, parce qn'ils ont ou d'importantes réserves du produit détruit, ou des capitaux qui leur permettent d'attendre une année meilleure. Quelqufois même, ces sinistres sont, pour eux, une source de fortune, la hausse des prix qu'ils déterminent étant supérieure au préjudice réellement éprouvé, et les réserves des années antérieures se vendant dans des conditions exceptionnellement favorables. En France, au contraire, comme dans les autres pays de propriété ou de culture très-morcelée, de pareils désastres sont irréparables pour la plus grande partie des possesseurs du sol. Or, il n'est pas douteux que ces cruelles déceptions du cultivateur, assez fréquentes dans ces vingt dernières années, ne soient pour lui une cause de découragement, et qu'avec les facultés de communications actuelles, elles ne provoquent un mouvement d'émigration vers les villes.

§ 9. *Courte durée des baux; — mobilité de la propriété rurale.*

Parmi les causes économiques de la désertion des campagnes, on a encore cité la courte durée des baux, les exigences croissantes des propriétaires, enfin les mutations fréquentes dont les immeubles ruraux sont l'objet. On a mis en regard de cette situation ce fait connu que, dans les pays où la propriété est le plus concentrée, comme par exemple en Angleterre, la ferme reste pendant des siècles dans la même famille. Aussi, cette famille s'attache-t-elle profondément à un sol sur lequel elle a eu le temps de réaliser des améliorations dont elle a bénéficié souvent beaucoup plus que le propriétaire. Nous croyons qu'il y a quelque chose de fondé dans cette opinion. Nous considérons comme possible cette désaffection du fermier ou du métayer français pour une terre dont il n'a que la jouissance très-précaire, l'exploitation pouvant lui être enlevée soit par un caprice d'un nouveau maître qu'il ne connaît pas, soit par de nouvelles prétentions de l'ancien. Il y a là, pour lui, une cause réelle de découragement qui, seule ou combinée avec d'autres, pourrait le décider à quitter la culture. Mais, il faut le dire aussi, la faute de cette situation n'est pas exclusivement au propriétaire ; l'inexactitude, le mauvais vouloir dans l'exécution du bail ne sont que trop fréquents chez le fermier ou le colon. Il est rare notamment que, dans sa dernière année de jouissance, le premier ne pressure pas le sol pour lui faire rendre, avec le moins d'engrais et de main d'œuvre possible, tout ce qu'il peut donner. Aussi, la terre revient-elle souvent épuisée au propriétaire, surtout si, par absence ou autrement, il a été hors d'état de surveiller l'exécution des engagements du cultivateur. Mentionnons encore les difficultés qui s'élèvent si fréquemment entre eux en fin de bail, sur l'état de cheptel, sur la nature et la quantité des approvisionnements que le dernier doit laisser dans la ferme. On peut même assurer que, si la bourgeoisie déserte généralement la propriéte rurale, elle y est surtout déterminée par les embarras de toute nature que lui suscitent les exploitants.

§ 10. *Injustices envers les aides agricoles.*

Pour ne rien omettre des causes morales de l'émigration rurale, nous signalerons encore le reproche adressé à un grand nombre de propriétaires-cultivateurs ou de fermiers de résister aux légitimes exigences des aides agricoles, de rester sourds, par exemple, aux demandes d'amélioration de salaires que justifie la rareté de la main d'œuvre, et de leur refuser jusqu'aux égards que commande leur modeste situation. « Si les cultivateurs, écrivait en 1860, le président de la Commission de statistique de Tregy (Oise), eussent mieux apprécié la nécessité des aides agricoles, ils eussent certainement cherché à se les attacher par de bons procédés et des salaires en rapport avec les besoins que les circonstances avaient fait naître. Placé au centre d'un pays presque agricole, j'ai pu constater de mes propres yeux que les ouvriers des fermes sont, en général, mal rétribués. mal nourris et plus mal menés encore. »

§ 11.— *Renchérissement de la vie matérielle dans les campagnes.*

Le renchérissement général de la vie matérielle par suite des besoins extraordinaires de l'alimentation dans des centres de population qui s'accroissent sans relâche, est une cause de souffrance pour le journalier, dont le salaire est l'unique moyen d'existence. On sait, en effet, que ce salaire est suspendu pendant la plus grande partie de l'hiver, et que si l'ouvrier n'a pas fait d'économies pendant la période des travaux le plus rétribués, il est condamné aux plus pénibles privations, précisément dans la saison rigoureuse. Sans doute, la main d'œuvre s'est sensiblement élevée dans les campagnes; mais s'est-elle élevée dans le même rapport que le prix des objets nécessaires à la vie? C'est une question que les documents officiels ne permettent pas de résoudre définitivement. (Voir le xiiᵉ volume de la 2ᵉ série de la Statistique générale de France, intitulée : *Pri xet Salaires*, ainsi que la fin du titre IV, chap. 1ᵉʳ de ce livre).

§ 12. — *Emploi des machines.*

Si la rareté de la main-d'œuvre par suite de l'émigration a déterminé, depuis quelques années, l'application, sur une assez grande échelle, des machines aux travaux agricoles, il faut dire que le remède a accéléré le progrès du mal. En face de cette concurrence imprévue, les journaliers se sont émus. Ils se sont crus plus menacés qu'ils ne l'étaient en réalité et ont fui devant ces nouveaux engins de travail, ignorant que l'usage des machines peut bien amener des interruptions momentanées de la main-d'œuvre, mais qu'il provoque, tôt ou tard, un redoublement d'activité et de production, et, comme conséquence nécessaire, un plus grand emploi des forces humaines.

§ 13. — *Insuffisance de l'assistance publique dans les campagnes.*

On a prétendu que l'absence d'une organisation régulière de l'assistance publique dans les campagnes est une cause d'émigration. Cette opinion a été notamment très-vivement formulée dans le paragraphe ci-après du *Rapport à l'Empereur* sur l'état de l'instruction primaire en 1863 :

« ..... On se plaint que la population valide déserte les campagnes pour encombrer les villes. Mais comment ne viendrait-elle pas dans ces cités qu'on lui fait splendides et où tout est réuni pour les plaisirs des yeux et de l'esprit ? L'ouvrier y trouve un travail plus lucratif et moins rude, le bureau de bienfaisance, la société de secours mutuels, l'hôpital, l'hospice, souvent des **exemptions** d'impôts directs (pour les loyers d'un certain prix), et, pour ses enfants, la crèche, puis la salle d'asile, puis l'école gratuite. »

Quelle est l'importance de cette cause de l'attraction exercée par les villes sur l'ouvrier agricole?

Cet ouvrier s'est-il, *à priori*, rendu un compte exact des différences qui caractérisent, au point de vue de l'assistance publique, la ville et le village ! A-t-il eu l'occasion de le constater personnellement par sa propre expérience? Evidemment non. Et d'abord, heureusement pour lui, il est rarement malade, et ses indispositions, grâce à sa vigueur, à sa forte santé, aux conditions hygiéniques relativement favorables dans lesquelles il vit habituellement, sont de courte durée. Peut-être même n'ont-elles un prompt et heureux dénouement que précisément parce qu'il n'a pas été transporté à l'hôpital, parce qu'il a continué à respirer l'air pur des champs. On regrette qu'uu service médical gratuit pour les communes rurales n'ait pas encore été institué dans tous nos dèpartements ; mais, outre qu'il n'est peut-être pas rigoureusement nécessaire, les médecins des campagnes donnant assez volontiers des soins gratuits aux malades indigents, il ne nous est pas démontré qu'il déterminerait une amélioration sensible de la santé publique, un service de cette nature devant toujours être incomplet, insuffisant, et, par suite, inefficace. Il ne serait véritablement utile dans les campagnes que pour les accidents ; mais heureusement qu'ils sont très rares et que les praticiens des localités ne refusent jamais leurs soins aux victimes. Il ne faut pas perdre de vue, d'ailleurs, que les hôpitanx ouvrent toujours leurs portes aux cas de cette nature et que les malades qui peuvent supporter le transport y sont admis sans difficulté. Nous ne croyons donc pas que le cultivateur ait pu être vivement frappé de l'infériorité des campagnes en ce qui concerne l'assistance médicale.

L'hospice, c'est-à-dire l'asile pour les vieillards et les infirmes indigents, n'y existe pas ; cela est vrai. Mais le père de famille, quand l'heure du repos a sonné pour lui, trouve toujours sa place au foyer et à la table des enfants, et si, chose triste à dire, cette place ne lui est pas partout donnée avec l'empressement et la libéralité auxquels il aurait droit, il est au moins pourvu à ses besoins les plus impérieux, et dans une mesure généralement satisfaisante. Et d'ailleurs, les villes n'ont pas le privilége de voir tous leurs vieillards, tous leurs infirmes nécessiteux admis à l'hospice. Les ressources de ces établissements sont généralement trop bornées pour qu'ils ne soient pas obligés de restreindre le plus possible le nombre des admissions, et leur insuffisance, sous ce rapport, est depuis longtemps constatée Nous ne voyons pas encore là une cause d'infériorité bien sensible des campagnes par rapport aux villes.

Mais, dit-on, elles n'ont pas le bureau de bienfaisance, c'est-à-dire l'assistance en argent et en nature (comestibles, vêtement, chauffage, etc., etc.) Sans doute, mais parce que ce mode d'assistance n'y répond pas aux exigences réelles de la situation. La misère proprement dite est rare dans les campagnes et n'y constitue qu'un accident. D'un autre côté, quand elle y sévit réellement, comme à la suite d'une insuffisance prolongée ou d'une perte complète de récoltes, les communes, sous l'incitation de l'autorité supérieure, affectent habituellement à la création d'ateliers de charité, des crédits extraordinaires au produit desquels vient presque toujours s'ajouter l'allocation du département et même de l'Etat. Ces secours, donnés sous la forme d'une rémunération et non d'une aumône, comme dans les villes, sont, d'ailleurs, bien autrement efficaces, car nul n'ignore que l'extrême division (obligée) des ressources des bureaux de bienfaisance y réduit à une somme très-minime la part afférente à chaque assisté. Ici, d'ailleurs, se place encore cette observation que le villageois ignore plus ou moins complétement l'existence des institutions charitables des villes (à l'exception toutefois de l'hôpital), et cette ignorance est partagée même par un grand nombre de citadins. Il n'a donc pu être frappé des prétendus avantages qu'elles offrent, à ce point de vue, sur les communes rurales, et ces avantages ne sauraient, par conséquent, être considérés comme un des mobiles de son émigration.

§ 14. — *Accroissement de la domesticité dans les villes.*

Le besoin considérable de domestiques des deux sexes, mais surtout du sexe féminin, a été une des conséquences du progrès des agglomérations urbaines. Il s'est formé, en effet, dans les villes, une foule de ménages à revenus très-variés, mais en général, à revenus modestes : ménages de petits rentiers, de petits fonctionnaires, de petits marchands, etc., etc., n'ayant qu'un seul domestique (généralement une femme), chargé de tous les soins de la maison. En même temps, d'opulentes familles, venues de toutes les parties de la France et de l'étranger, ont recruté, dans une proportion considérable, cette domesticité de luxe qui comprend les cochers, les palefreniers, les sommeliers, les cuisiniers, les valets et les femmes de chambres,. De leur côté, le commerce, les administrations publiques et privées ont également vu s'accroître le nombre de leurs salariés de toute nature.

A tous ces appels, à tous ces besoins, il ne pouvait être satisfait avec les ressources propres aux villes ; de là, un mouvement considérable d'émigration rurale portant sur les jeunes gens des deux sexes, certains de trouver immédiatement à s'employer aux conditions les plus avantageuses. La *demande,* (pour emprunter le langage de l'économie politique) a même été tellement supérieure à *l'offre,* que les salaires des gens à gage se sont très-sensiblement accrus, et qu'aujourd'hui la domesticité, avec les dépenses accessoires qu'elle entraîne, est une des plus lourdes charges du séjour des villes. On sait, d'allleurs, que nos campagnes elles-mêmes n'ont pu suffire aux exigences de la situation, et que l'étranger a dû fournir son appoint. Il est certain que nous comptons, en ce moment, en France, un grand nombre de domestiques originaires de la Belgique, de la Suisse et des bords du Rhin.

Cette émigration spéciale, a porté surtout sur les femmes, qui jouent un grand rôle dans le travail agricole. Remarquons, en effet, que la domesticité ne comprend pas seulement les serviteurs attachés à la personne, à la maison, à l'écurie, mais encore les nourrices sur lieu. Or, il est incontestable que, par suite du progrès de l'aisance publique, leur nombre s'accroît très-sensiblement dans les villes.

CAUSES MORALES DE L'ÉMIGRATION RURALE.

§ 1. — *Développement de l'instruction primaire.*

Nous n'hésitons pas à placer au premier rang des causes de cette catégorie, le developpement de l'instruction dans les campagnes. C'est une observation générale que, même l'enfant qui n'a reçu que les éléments de l'instruction primaire, se sent pris de dédain pour la profession agricole et aspire à une autre carrière, à une carrière libérale surtout. Et peut-être faut-il voir dans ce fait regrettable une des raisons qui détournent un certain nombre de parents de la pensée d'envoyer leurs fils aux écoles. La faute en est en partie à l'instituteur qui, lui-même, rêve le plus souvent une situation plus élevée que celle qu'il occupe, et notamment le séjour des villes. Si ce maître, profitant de son influence sur l'esprit de ses élèves, savait leur donner une juste idée des avantages de la profession agricole, des conditions favorables, pour la moralité et la santé, dans lesquelles elle s'exerce ; s'il leur démontrait que l'industrie agricole est, pour celui qui la pratique avec intelligence et esprit de suite, une source de revenus élevés ; s'il leur apprenait que les plus grands noms de la plus vieille aristocratie française sont aujourd'hui associés à tous les progrès, à toutes les améliorations agricoles ; s'il les entretenait des encouragements que l'Etat accorde à la culture, des témoignages de haute estime qu'il donne aux propriétaires des plus belles exploitations rurales ; s'il les faisait assister par la pensée aux luttes du concours, aux couronnes publiquement décernées, aux vives et pures joies du triomphe, certainement il combattrait efficacement, chez eux, la tendance à quitter une condition dont ils ignorent la véritable et incontestable grandeur.

On pouvait comprendre, chez l'enfant sorti de l'école primaire, cette répugnance pour la vie agricole à une époque où la plus grande partie du sol appartenait à la bourgeoisie, et où le *paysan* ne travaillait que pour le compte d'un maître. L'enfant pouvait voir, dans cette hnmble situation, une sorte de vasselage, une sorte d'infériorité sociale bien propre à blesser chez lui ce sentiment de la dignité humaine que l'instruction développe toujours. Mais aujourd'hui que la propriété rurale a passé, pour plus de deux tiers peut-être, entre les mains du cultivateur ; aujourd'hui que le suffrage universel lui a révélé l'importance de son rôle dans la société politique, il n'a rien à envier aux autres conditions, et ses enfants peuvent, le front haut et fier, conduire la charrue à ses côtés.

Maintenant, nous reconnaissons qu'il est difficile de soustraire l'enfant dont l'instruction primaire a ouvert l'intelligence, à l'influence des livres et des journaux qui tombent sous sa main. Et notamment à l'époque où le colportage, entièrement libre, inondait les campagnes de publications destinées à faire les plus grossiers appels ou aux instincts anti-sociaux ou à l'esprit de sensualité, il est certain que cette intelligence ne s'éclairait que d'une sombre et triste lumière. Et encore aujourd'hui, il est impossible que sa curiosité ne soit pas vivement éveillée par le récit, que lui apportent les journaux, des fêtes, des spectacles, des plaisirs de toute nature dont les grandes villes sont le théâtre, et qu'il ne trouve pas, dans ces lectures, une incitation à déserter le village.

La ligne de démarcation qui s'établit, en quelque sorte par la force des choses, entre les parents complétement illettrés et ceux de leurs enfants qui ont reçu l'enseignement de l'école primaire, est presque toujours une cause de désunion dans les familles. Il en résulte, en effet, des désaccords fréquents, provoqués presque toujours par le sentiment, chez les enfants, de leur supériorité intellectuelle, et qui ne peuvent avoir de terme que par la séparation. Que de départs pour les villes, que d'abandons définitifs de la vie rurale, qui n'ont eu d'autre cause que ces dissentiments !

Souvent, par un amour-propre mal entendu, de simples cultivateurs, auxquels on a signalé, chez un de leurs enfants, une aptitude générale ou spéciale, se décident aux plus grands sacrifices pour lui faire donner l'instruction destinée à développer, à faire éclore cette aptitude. L'enfant ainsi élevé est nécessairement perdu pour les campagnes. S'il n'a pas atteint le but que lui assignait l'ambition paternelle, si la carrière libérale ou autre qu'il a recherchée lui a fait défaut, on peut être certain qu'il ne reviendra pas au village y étaler sa déconvenue et prendre une profession qui ne lui inspire plus qu'une vive antipathie. Il restera dans les villes pour y solliciter des emplois qui lui seront refusés le plus souvent, et il ne sera pas rare qu'après avoir ruiné ses parents, il ne finisse par tomber lui-même dans une profonde misère qu'auront presque toujours précédée de graves désordres. On sait, au surplus, que c'est dans les rangs de ces jeunes hommes déclassés que se recrutent les plus dangereux ennemis de l'ordre et de la société.

Maintenant, pour l'observateur attentif, il n'est pas douteux que le nombre de ces tristes mécomptes de la vanité des parents s'accroît sensiblement, et que l'émigration rurale par cette voie fait sans relâche de nouvelles recrues. Ces pertes sont d'autant plus sensibles pour les campagnes. qu'elles portent précisément sur les sujets les plus distingués, sur les. hommes qui donnaient les plus brillantes espérances et qui auraient pu imprimer à la culture la plus salutaire impulsion. « Aujourd'hui, disait, dans l'enquête ouverte à ce sujet en 1859-60, le président de la commission de statistique du canton d'Ardres (Pas-de-Calais), aujourd'hui l'agriculteur élève ses enfants avec la pensée qu'ils doivent sortir de sa modeste position, et si l'un d'eux fait preuve d'intelligence, il fera, pour son instruction, des sacrifices énormes, rêvant pour lui une position élevée, à la fois lucrative et brillante. »

« Une autre cause, écrivait, le 2 janvier 1860, le président de la commission de Fréjus (Var), de l'abandon des campagnes, c'est le développement de l'instruction et la facilité qu'y trouvent les populations rurales de satisfaire à cette ambition générale dont les conséquences sont si désastreuses pour la société! Le fait n'est que trop certain aujourd'hui, que celui qui sait lire et écrire ne veut plus conduire la charrue. En outre, par un déplorable esprit de vertige et d'erreur, l'éducation n'étant pas toujours religieuse, le sens moral s'est affaibli dans nos campagnes. Les doctrines qui flattent les plus mauvaises passions ont envahi les masses et il en est résulté, entre autres désordres, un grand relâchement des liens de famille, le dégoût du modeste foyer paternel et de la condition des ancêtres. L'enfant a perdu le respect de l'autorité paternelle et aspire, dès qu'il le peut, à une complète indépendance. Aussi n'est-il pas rare de voir ici de vieux parents expier, dans l'abandon et le dénùment, l'absence de principes religieux chez leurs enfants. »

« Ce n'est pas seulement, disait un autre témoin entendu dans l'enquête, le développement de l'instruction primaire qui conduit indirectement à l'abandon des campagnes ; c'est encore et surtout l'instruction supérieure. Les jeunes bacheliers ès-lettres ou ès-sciences recherchent tous les professions libérales et ne reviennent plus au village. D'un autre côté, qu'y viendraient-ils faire? Trouveraient-ils, dans le modeste domaine des parents, l'étendue et les capitaux nécessaires pour une exploitation exigeant une certaine intelligence spéciale, des connaissances techniques étendues?... On s'étonne que nos écoles d'agriculture voient venir à elles si peu d'élèves; c'est que l'agriculture n'est pas une carrière. Le nombre des grands propriétaires cultivant par maîtres-valets est très-minime. Les diplômés de nos écoles ne trouvent donc que difficilement à se placer. »

Ajoutons que le désir, fort légitime d'ailleurs, de surveiller, de diriger l'instruction de leurs enfants, détermine beaucoup de familles aisées à se rendre dans les villes, parce que là seulement elles peuvent trouver l'enseignement supérieur ou spécial dont ces enfants ont besoin. Provisoires dans leur pensée, ces émigrations deviennent très-souvent définitives.

§ 2. — *De l'affaiblissement du sens moral dans les campagnes.*

Nous avons cité l'opinion d'un magistrat du Var, sur l'affaiblissement du sens moral dans les campagnes considéré comme une des causes de l'*exodus* rural. Cette opinion est confirmée par d'autres observateurs : « Nous sera-t-il permis, écrivait dans le journal *la Constitution* (de l'Yonne) M. le Dʳ Duché, membre du Conseil général et maire de la commune d'Ouenne, puisque nous sommes en famille, de faire un reproche à l'habitant des campagnes. Il nous pardonnera notre franchise; elle vient du cœur. Eh bien ! il se démoralise ; il se laisse aller plus que jamais aux déviations de la débauche, aux excès aussi nuisibles à sa santé qu'à ses économies. Il devient trop *homme de ville*, sans avoir subi l'influence des grandes cités : il a perdu cette simplicité de mœurs, cette sobriété d'habitudes qui jadis le caractérisait ; en un mot, il s'est *trop civilisé*, dans la mauvaise acception du terme. Il y a là une dégénérescence notoire, et cet affaissement ne retentit pas seulement sur ses facultés morales, il dégrade ses forces physiques; le travail lui devient plus pénible ; il ne peut plus faire ce que faisaient ses pères ; de là, nouvelle incitation à quitter les rudes labeurs de la charrue pour courir à des occupations qui flatteront davantage sa mollesse et ses aspirations au repos. »

Ce qu'omet de dire M. le Dʳ Duché, c'est que, par suite de l'immoralité qu'il signale, beaucoup d'ouvriers agricoles, qui ont fait des dettes, dettes de jeu et de cabaret, ou qui, par leurs méfaits de toute sorte, sont devenus l'objet des sévérités de l'opinion, se réfugient dans les villes pour échapper à leurs créanciers ou à la mésestime publique.

Écoutons encore le rapporteur d'une pétition au Sénat sur une des causes morales de l'abandon des campagnes :

« L'auteur d'une pétition relative au déclassement des populations rurales et à la diminution des bras voués à la culture des champs, le sieur Sclafer, propriétaire à Salle-Bœuf (Gironde), a cru trouver un remède à ce mal alarmant. En scrutant les causes diverses de la dépopulation des campagnes, il lui a semblé qu'il y en avait une profonde dans l'affaiblissement de l'autorité paternelle, et voici comment il explique sa pensée.

« Sous l'empire des anciennes mœnrs et des anciennes lois de la monarchie, la famille rurale était constituée patriarcalement ; elle formait une petite colonie agricole, dont le père était la tête, dont les enfants étaient les bras. La culture se faisait en commun. Arrivés à l'âge d'homme, les enfants se mariaient et introduisaient dans la colonie de nouveaux moyens de travail et de nouvelles richesses. La terre passait ainsi du père aux enfants, la plupart du temps indivise, et la population restait fixée dans les campagnes.

« Aujourd'hui que voit-on ? Le jeune paysan atteint à peine l'adolescence, qu'il se dégoûte de son état ; il veut être indépendant de l'autorité paternelle; il quitte la charrue pour aller courir les aventures dans d'autres professions où il gagnera pour lui-même et sera ainsi son maître.

« Le père, abandonné à ses seules forces, laisse dépérir son exploitation, ou meurt à la peine. Les enfants reviennent pour recueillir une part du petit champ qu'ils ont refusé d'agrandir, du pécule qu'ils n'ont pas voulu augmenter ; mais ils ont perdu les habitudes du noble métier de laboureur; ils cultivent mal ou plutôt ils vendent leur lopin de terre pour en aller dépenser le prix dans les villes. Voilà l'état de choses que nous signale le pétitionnaire, qu'il exagère sans doute, mais qui, réduit dans de plus justes limites, est encore un mal pour nos campagnes. » (Séance du 25 mai 1866.)

Les plaintes de plus en plus générales des propriétaires cultivateurs sur la facilité avec laquelle les domestiques violent leurs engagements pour passer au service d'un maître qui leur offre un gage plus élevé ou pour émigrer dans les villes, plaintes dont un grand nombre de Conseils genéraux se sont rendus l'organe, en demandant l'application aux serviteurs ruraux de la mesure du livret obligatoire, sont encore un indice d'un relâchement graduel de la moralité publique dans les campagnes. Il ne faut pas se le dissimuler, ce relâchement est dù en grande partie à l'affaiblissement du sentiment religieux, le seul frein (et le plus efficace de tous, d'ailleurs, même pour les classes les plus éclairées) des populations dont l'instruction n'a pas développé l'intelligence. Presque tous les membres du clergé rural ont constaté, et déjà depuis longtemps, une moindre fréquentation des églises et des sacrements, qu'ils attribuent aux rapports presque journaliers du paysan avec les villes. En allant, grâce aux facilités de communication actuelles, y prendre sa part des distractions, des plaisirs dont elles ont le monopole, il n'y compromet pas seulement, en effet, sa santé et ses économies, il y perd encore ses croyances religieuses. C'est qu'il n'est peut-être pas un seul lieu de réunions publiques, même dans les simples chefs-lieux de canton (auberge, cabaret, café), qui n'ait son orateur, orateur fort écouté, fort applaudi, et dont tout le succès consiste à professer la plus triste incrédulité, à railler les choses les plus saintes et à enlever ainsi à ceux qui l'écoutent cette grande et suprême consolation, cette force morale si puissante contre les épreuves de la vie, la foi! Ce sentiment anti-religieux des villes est peut-être un fait très-ancien; mais il s'est particulièrement développé sous l'influence des prédications démocratiques de la période 1830-1848, du mouvement démagogique et socialiste de 1848 à 1851, enfin des doctrines panthéistes et rationalistes qui se donnent si libre carrière en ce moment.

Le progrès de l'immoralité dans les campagnes, par suite

d'un contact plus fréquent avec les villes, s'est surtout manifesté chez les femmes. Les faits de séduction sont devenus beaucoup plus nombreux, et il n'est pas douteux que bon nombre des filles-mères qui accouchent dans les hôpitaux généraux ou spéciaux des villes, sont originaires de la campagne. Beaucoup, d'ailleurs, faute dè ressources qui leur permettent d'émigrer, sont oblgées d'attendre leur délivrance au lieu même où la séduction s'est accomplie. C'est ce qu'indiquent les statistiques officielles, en signalent, au moins en France, un nombre croissant de naissances naturelles dans les populations rurales. Mais le juste désir d'échapper aux difficultés morales ou matérielles de leur situation les oblige à quitter tôt ou tard leur village, et on peut assurer qu'après les besoins de la domesticité dans les villes, c'est le désir de se soustraire aux conséquences d'une faute, qui détermine le plus grand nombre d'émigrations féminines. D'après une enquête faite par Parent-Duchatel, et dont il a consigné les résultats dans son célèbre livre de la *Prostitution*, c'est parmi les jeunes femmes de cette catégorie que se recrutent surtout les maisons de tolérance de Paris.

§ 3. — *Contagion de l'exemple.*

Dans l'émigration pour les villes, comme dans la grande émigration ou l'émigration pour l'étranger, la contagion de l'exemple joue un rôle considérable.

Un médecin de Lausanne, qui a laissé un nom estimé dans la science, Tissot, écrivait, il y a cent ans, sur les maladies populaires, un livre spécialement destiné aux habitants de la campagne. La maladie qui le préoccupe tout d'abord, c'est la dépopulation rurale dont la Suisse souffrait dès cette époque. Cette dépopulation qu'il déplore et qui semble, au premier aspect, étrangère à son sujet, il l'attribue d'abord à la mauvaise hygiène et aux mauvaises méthodes de traitement des maladies, puis à l'*émigration* et à la diminution des naissances. Après avoir parlé de l'émigration militaire, dont il fait ressortir les fâcheuses conséquences, il aborde ce qu'il appelle l'émigration *commerçante*. Il s'agit, dans sa pensée, de ceux qui désertent les campagnes pour aller chercher fortune au sein des villes, soit dans la domesticité, soit dans le commerce ou l'industrie. « .... Malheureusement, dit-il, c'est une épidémie dont les ravages vont croissant par une raison très-simple, c'est que le succès d'un seul en détermine cent à courir les mêmes hasards, et que peut-être quatre-vingt-dix-huit échoueront. On est frappé du bien ; on ignore le mal. Je suppose qu'il soit parti, il y a dix ans, cent personnes pour aller ce qu'on appelle chercher fortune ; au bout de six mois, ils étaient tous oubliés, excepté de leurs parents. Qu'il en soit revenu un, cette année, avec quelques biens au-dessus de sa pacotille, tout le pays en est instruit et s'en occupe ; une foule de jeunes gens sont séduits et partent, parce que personne ne pense que, des quatre-vingt-dix-neuf autres qui étaient partis avec lui, la moitié a péri, une partie est misérable, et le reste est de retour sans avoir gagné autre chose que l'incapacité de s'occuper utilement dans son pays et dans sa première vocation. Le petit nombre qui réussit est publié ; la foule qui échoue reste dans un profond oubli. »

Quoique anciennes et s'appliquant particulièrement à la Suisse, ces observations semblent écrites d'hier et pour les populations agricoles de notre pays. Le succès d'un seul décide encore aujourd'hui une foule d'émigrations. Seulement, l'exemple est d'autant plus entraînant de nos jours, qu'il est incontestable que presque tous les émigrants des deux sexes trouvent facilement à s'occuper dans les villes et souvent aux conditions les plus avantageuses. Il arrive fréquemment, en outre, que les émigrants qui ont ainsi *réussi*, facilitent l'émigration des parents ou amis restés au village, en leur faisant l'avance des frais de transport.

CAUSES DIVERSÉS.

§ 1. — *Dissentiments politiques.*

Nous avons indiqué les considérations économiques qui ont déterminé et détermineront longtemps encore l'émigration d'un grand nombre de propriétaires ruraux appartenant à la bourgeoisie. Des motifs purement politiques sont venus s'y joindre, qui tendent à accélérer le mouvement.

La propriété rurale conférait, avant 1848, des avantages politiques considérables. C'était, avant tout, le privilége de l'électorat et de l'éligibilité. Au nombre des conséquences diverses de l'influence attachée à ce privilége, il faut compter le monopole des fonctions municipales, le gouvernement choisissant autant que possible, à cette époque, au grand profit des intérêts généraux et locaux qu'ils représentent, les maires et adjoints dans les rangs de la bourgeoisie terrienne.

Depuis 1848, c'est-à-dire depuis le suffrage universel, cette situation a plus ou moins complètement changé sous l'influence des doctrines radicales qui se sont fait jour à cette époque. Le paysan appelé pour la première fois à la vie politique, n'a pas dissimulé plus longtemps l'hostilité secrète, mais très-réelle, qu'il nourrissait depuis longtemps contre la bourgeoisie des campagnes. Elle s'est manifestée surtout à l'occasion des élections municipales. Dans un grand nombre de communes rurales, par une sorte d'accord instinctif résultant de l'identité des situations, le propriétaire non cultivateur a été exclu par le suffrage universel du Conseil municipal. Ce n'est pas tout : l'autorité locale, ainsi remise en des mains ennemies, n'a pas tardé à s'exercer au préjudice des classes éclairées, auxquelles n'ont été ménagés ni les embarras, ni les avanies, ni les persécutions de détail. Ainsi fatiguée, harcelée, souvent abreuvée de dégoût, la bourgeoisie, mécontente d'ailleurs d'avoir perdu son ancienne prépondérance, s'est décidée à quitter un terrain sur lequel elle ne luttait plus qu'à armes inégales.

En dehors de cette lutte avec les nouveaux représentants des administrations locales, la bourgeoisie a eu un autre motif de renoncer à la propriété rurale ; ce sont les vifs dissentiments qu'a fait naître, non pas seulement entre elle et le cultivateur, mais encore entre ses propres membres, l'exercice des nouveaux droits politiques. Il est, en effet, bien peu de communes rurales où les élections de toute nature n'aient pas partagé la population en plusieurs camps, animés des sentiments les plus exclusifs, les plus absolus. Or, l'existence de ces partis politiques a profondément divisé les familles, et la rupture qui s'en est suivie de relations souvent intimes et anciennes, en dépouillant la vie de campagne d'un de ses principaux charmes, a pesé d'un grand poids sur les résolutions qui ont fait un grand nombre d'exilés volontaires.

§ 2. — *Effets du recrutement.*

Ce mouvement est encore activé par le recrutement, qui atteint plus profondément les campagnes que les villes. Il est certain qu'à nombre égal de jeunes gens inscrits sur les listes de tirage, elles fournissent plus d'hommes valides, et que, par conséquent, les villes conservent une plus grande partie de leurs adultes. C'est, en outre, dans les villes que les cas d'exemptions légales se produisent le plus fréquemment. Enfin, on y compte le plus grand nombre d'exonérations (1). Les pertes annuelles de l'agriculture par le recrutement sont des plus sensibles, parce qu'elles portent sur les plus jeunes, les plus saines, les plus vigoureuses générations.

Sans doute, la loi qui a organisé la réserve a atténué l'étendue du sacrifice en laissant dans ses foyers la moitié du contingent ; mais cette moitié, faisant partie de l'armée, peut être appelée, au premier besoin, sous le drapeau, et les hommes placés dans cette situation ne peuvent ni se marier, ni contracter, dans les fermes, des engagements à longs termes.

Maintenant, ce serait une grave erreur de croire qu'après leur libération, les militaires originaires des campagnes s'empressent d'y retourner. Le plus grand nombre a perdu, pendant la vie de garnison, le goût des travaux agricoles et contracté, au contraire, celui des plaisirs, des séductions de toute nature que présentent les villes. Ils y restent donc, et avec d'autant plus de raison, qu'ils sont très-recherchés, comme salariés, par les administrations publiques et privées.

Ajoutons qu'aux termes d'engagements pris récemment par les chefs des divers départements ministériels, et sanctionnés par un décret impérial, un grand nombre d'emplois civils ont été expressément réservés aux militaires libérés du service.

La mesure est juste, car il convient que le pays acquitte par tous les moyens à sa disposition sa dette de reconnaissance vis-à-vis des défenseurs de son indépendance.

(1) Ceci était écrit et imprimé avant la nouvelle loi sur l'armée.

Mais il est certain que son application détournera de la vie des champs un assez grand nombre dc libérés, qui auraient été tentés d'y retourner.

§ 3. — *Condamnés d'origine rurale.*

Si les militaires recrutés dans la population rurale ont une tendance très-marquée, et encouragée, d'ailleurs, par l'État, à s'établir dans les villes, on peut dire que les condamnés sortis des campagnes sont entièrement perdus pour elles. Bien peu, en effet, oseraient revenir au village, où ils seraient exposés aux sévérités de l'opinion, beaucoup plus intolérante, comme on sait, dans les petites que dans les grandes localités, et où nul d'ailleurs, n'oserait les occuper.

§ 4. — *Répression du vagabondage.*

Il est une cause d'émigration que, pour éviter de trop nombreuses subdivisions, nous avons classée parmi les causes diverses, et qui, peut-être, se rattache plutôt aux causes morales ; nous voulons parler de l'effet de la répression énergique, dans ces dernières années, du vagabondage et de la mendicité au sein des campagnes. Il est très-probable que les mesures prises à ce sujet ont dû déterminer un mouvement marqué sur les villes. Vagabonds et mendiants (et presque toujours les deux termes désignent la même catégorie d'individus) étaient autrefois et sont encore aujourd'hui, sur un grand nombre de points, le fléau des campagnes. Non seulement ils prélevaient, souvent par la voie de la menace, une véritable dîme sur le cultivateur, mais encore ils signalaient leur passage dans les communes rurales par de nombreuses déprédations, et plus d'un crime resté inconnu doit leur être attribué. Poursuivis, traqués, ils ont dû, les uns (les mendiants infirmes), entrer dans les dépôts de mendicité; les autres, ou se fixer au sol et changer de vie, ou émigrer pour les viles. Il n'est pas douteux que le plus grand nombre ait pris ce dernier parti.

CHAPITRE IV.

DES CAUSES DE LA RARETÉ DES BRAS DANS LES CAMPAGNES, AUTRES QUE L'ÉMIGRATION.

Ce serait n'envisager qu'un des aspects de la question, que d'attribuer le renchérissement de la main d'œuvre rurale exclusivement à l'émigration. Il a d'autres causes de diverse nature, mais presque toutes de l'ordre économique, que nous allons énumérer rapidement.

§ 1. — *Diminution de la fécondité des mariages.*

Les campagnes françaises voient s'accomplir, depuis le commencement de ce siècle, un fait d'une grande portée : c'est une diminution sensible de la fécondité des mariages.

Cette diminution est mise en lumière par les documents officiels; au besoin elle est constatée par l'observation directe et personnelle. Il est facile de vérifier, en effet, que les nombreuses familles agricoles ont disparu. Bien que, dès l'âge le plus tendre, l'enfant rende des services à l'exploitation rurale, tandis que, dans les villes, il est, pour les parents, une charge sans compensation, le paysan, n'examinant l'accroissement de sa famille qu'au point de vue des *profits et pertes* (triste symptôme de la disparition complète du sentiment religieux), diminue volontairement sa fécondité.

Nous avons eu quelquefois l'occasion d'interroger des cultivateurs sur ce changement considérable survenu dans l'importance numérique de la famille agricole, et les motifs qu'ils nous ont donnés peuvent se résumer comme il suit :

1° Le prix de la vie matérielle a sensiblement augmenté, tandis que celui du blé ne s'est que faiblement accru. Les frais d'entretien des enfants sont donc de plus en plus élevés ;

2° Lorsque l'enfant a atteint l'âge d'homme, et que son travail pourrait dédommager ses parents des sacrifices qu'il leur a coûtés, le recrutement le prend, ou il quitte les champs pour aller chercher fortune dans les villes ;

3° Lorsque les enfants sont nombreux, l'exploitation, au décès des parents, se morcelle au point de devenir impossible, et ces derniers ont été ainsi impuissants à conserver à la famille le petit domaine formé au prix de tant de soins, de labeurs et de privations ;

4° Si la famille est nombreuse, surtout si elle comprend des mineurs, les frais de partage absorbent l'héritage paternel, et la misère est le lot inévitable des enfants.

Beaucoup, allant plus loin dans leurs confidences, ne craignent pas d'avouer qu'ils sont obligés de tenir compte de ce fait que de nombreuses grossesses, en affaiblissant la *mère*, diminuent son aptitude au travail, et que, d'un autre côté, les frais d'accouchement, de layette, de baptême (rien n'est oublié dans ce compte impitoyable), finissent par atteindre de gros chiffres....

Maintenant, d'après les documents officiels, si le nombre moyen d'enfants par mariage est encore légèrement plus élevé dans les campagnes que dans les villes, il n'y dépasse pas 3.33.

On sait que c'est dans les départements de l'ancienne Normandie que le ralentissement du mouvement de la population est le plus sensible, puisque, depuis un tiers de siècle, chaque dénombrement nouveau y constate une diminution des habitants, et chaque relevé annuel de l'état civil, un excédant de décès sur les naissances. Un riche cultivateur du pays, consulté, en 1831, par le préfet de l'Eure sur les causes de ce phénomène, répondait ce qui suit :

« L'économie est portée à un tel point, que les familles s'observent afin de n'avoir que peu d'enfants. De 1780 à 1810, il y avait beaucoup plus d'enfants dans les familles ; il n'était pas rare d'en compter depuis quatre jusqu'à dix... Partout le peuple travaille et *aspire* à l'aisance (1). »

§ 2. — *Concurrence de l'industrie et de la culture dans les campagnes.*

Nous avons signalé, dans une autre partie de ce travail, la suppression graduelle des industries rurales comme une des causes de l'émigration des campagnes. Le fait contraire tend à se produire de nos jours, mais sous une forme nouvelle. Ce n'est pas le travail manuel qui tend à revenir dans les campagnes, sous la forme du fuseau, de la quenouille, du rouet ou même de la machine à tisser, mais bien le travail manufacturier, le travail avec les moteurs à feu et l'outillage perfectionné. L'usine émigre, en effet, des villes pour les campagnes les plus rapprochées.

Ce déplacement, fort lent encore, a eu deux causes :

(1) Voir, sur les causes du ralentissement de la fécondité de nos mariages, mon étude sur la *Population de la France, comparée à celle des autres pays de l'Europe.*

(*Journal de la Société de Statistique.* Paris, année 1867).

1° la construction des chemins de fer qui supprime les distances et permet au fabricant de jouir des avantages de la ville sans en avoir les inconvénients ; 2° le renchérissement continu de la main d'œuvre et des locations dans les grandes agglomérations ; 3° la possibilité d'employer, avec une notable économie, comme moteur, les cours d'eau des vallées ; 4° le désir de soustraire aux droits d'octroi les matières premières de la production ; 5° enfin, les exigences toujours croissantes de l'hygiène publique dans les villes, par suite desquelles les établissements insalubres ou seulement incommodes cessent d'y être autorisés.

Cette émigration de la grande industrie, qui s'est déjà accomplie sur une vaste échelle en Saxe, est sensible dans deux de nos départements : la Haute-Saône et les Vosges. Une notable partie de l'industrie sidérurgique et cotonnière vosgienne est aujourd'hui installée dans les vallées, où elle rencontre des moteurs hydrauliques d'une grande puissance et à niveau à peu près constant.

Les ouvriers, fournis en majorité par les villages voisins, sont habituellement logés autour de l'usine dans de petites mais commodes habitations, construites par le propriétaire. A ces habitations sont généralement attenants des jardins que l'ouvrier cultive à ses heures de loisir et surtout le dimanche, neutralisant ainsi, par les saines influences de la vie des champs, les influences délétères du travail en commun. Heureuse tranformation, si elle n'apportait pas dans les campagnes les tristes et à peu près inévitables conséquences morales de ce travail : les unions illicites et les naissances naturelles !

Le personnel de ces usines se recrutant, comme nous venons de le dire, dans la population agricole, est nécessairement enlevé aux travaux de la culture.

§ 3. — *Améliorations agricoles.*

Les procédés de culture s'améliorent en France. Le progrès est lent, mais il est continu ; l'accroissement des rendements à superficie égale en fait foi. De six fois la semence, d'après l'enquête agricole de 1840, ils s'élevaient en 1862 (enquête des commissions de statistique cantonales), à sept. Ce chiffre s'applique à la France entière ; mais il est plus ou moins sensiblement dépassé dans un grand nombre de départements, et surtout dans les départements les plus industriels.

Le mouvement progressif de l'agriculture est, en outre, attesté par l'accroissement des grands animaux de ferme, par la diminution graduelle des jachères et le développement correspondant des prairies artificielles ; enfin, par l'extension du mouvement commercial auquel donnent lieu nos produits agricoles.

Or, toute amélioration agricole exige un supplément de main d'œuvre, et, dans le plus grand nombre des cas, il ne peut être fourni par les machines.

Il en résulte qu'en admettant un instant l'absence de toute émigration, la rareté relative des bras s'expliquerait en partie par le nouvel appel que leur fait la culture progressive.

Les cultures industrielles, qui réclament un travail manuel considérable, sont également en voie d'accroissement.

Il en est de même des superficies vitifères, dont les documents officiels signalent l'extension continue.

Enfin, les mêmes documents constatent le rapide développement des cultures maraichères, conséquence nécessaire du progrès des agglomérations urbaines. Or, on sait que ces cultures ne donnent tous les produits dont elles sont susceptibles que par une forte application de main d'œuvre.

Les constructions se multiplient dans les campagnes, surtout les constructions de luxe auxquelles on donne le nom de châteaux. Ces châteaux sont presque toujours environnés de parcs et de jardins, dont l'établissement est inséparables de grand travaux de terrassement. Un nombre considérables d'ouvrier agricoles, employés à ces travaux, sont ainsi soustraits à ceux des champs.

« Peut-être les bras n'ont-ils pas diminué, dit la Commission de Statistique de Luxeuil (Haute-Saône), mais les améliorations agricoles, les cultures perfectionnées, les procédés nouveaux, une exploitation de plus en plus intensive, en réclament un plus grand nombre.

« Supposez de grands travaux de drainage, d'irrigation, de dessèchement, de marnage, de chaulage, de constructions nouvelles, de réparations aux anciennes, de nivellement de terrains, d'établissement de jardins et de parcs, d'ouverture de chemins nouveaux, d'embellissements de toute nature aux résidences rurales ; supposez ces travaux se multipliant, s'accumulant dans une courte période, et vous aurez certainement une disette de main d'œuvre très-réelle. Mais elle s'explique par la simultanéité des entreprises des particuliers, auxquelles se seront jointes celles des communes, des compagnies, des départements et de l'État. »

§ 4. — *Morcellement et extension des superficies cultivées.*

Le morcellement, en détruisant de grandes exploitations qui employaient de nombreux attelages, quelquefois des machines, et en les subdivisant en petits domaines où le travail manuel remplace celui des animaux de ferme, détermine évidemment de nouveaux besoins de main d'œuvre. Que l'on suppose une ferme de cent hectares occupant dix attelages de bœufs et six laboureurs ou valets de ferme. Elle est mise en vente par petits lots, et divisée entre cent acquéreurs. Il est évident que si chacun de ces acquéreurs n'a pas d'autre propriété que l'hectare de terre qu'il vient d'acheter, il devra le cultiver à la main. Il en résulte que l'exploitation de ces cent hectares ainsi divisés, exigera le travail assidu peut-être de cent personnes.

Signalons, comme ayant des conséquences de même nature, l'extension des superficies mises en culture. Le fait de cette extension résulte des autorisations croissantes de défricher, accordées aux propriétaires forestiers, et de l'usage qui en a été fait. Il résulte encore des ventes de bois domaniaux ou communaux, qui ont eu, dans ces vingt dernières années, une assez grande importance ; des ventes ou de l'amodiatien de vastes communaux; de la mise en valeur de terres vaines et vagues jusque-là jugées improductives et qu'il a été possible d'améliorer assez sensiblement par voie d'amendement ou autrement, pour en tirer des récoltes céréales ou industrielles.

Or, cette extension des superficies cultivées s'est faite au profit du petit cultivateur, très-souvent du journalier, qui a dû tout d'abord appliquer à sa terre, fruit d'économies lentement et péniblement amassées, le travail de ses bras vainement sollicité par les propriétaires voisins.

Des changements dans le mode d'utilisation du sol comme, par exemple, la substitution, dans le Midi, de la vigne, d'un entretien si coûteux, aux céréales d'une culture moins dispendieuse, ont dû également raréfier les bras et accroître les exigences des salariés agricoles.

La Commission de statistique du canton de Grenade (Haute-Garonne), s'exprimait ainsi, en 1860, sur la question de l'émigration rurale :

« ..... Il n'existe pas d'émigration prononcée dans notre canton. Si les bras manquent dans quelques localités, ou sous l'influence de certaines circonstances, c'est le résultat de la division croissante des propriétés et de la multiplication des travaux par suite du progrès agricole. »

La Commission de l'enquête agricole de 1866, dans l'arrondissement de Nantes, a également contesté le fait de l'émigration rurale. Elle explique la rareté croissante de la main-d'œuvre par le fait de la mise dans le commerce d'une étendue considérable de communaux, de bois à défricher, de terres vaines et vagues dépendant des anciennes seigneuries et qui ont été adjugées par une récente décision administrative aux descendants des vassaux de ces seigneurs. De là, un accroissement du nombre des exploitations rurales appartenant à la classe des journaliers, et une diminution sensible du nombre de ces derniers.

TITRE IV.

CONSÉQUENCES DE L'ÉMIGRATION RURALE.

Elles nous paraissent comporter trois divisions principales : 1° conséquences économiques ; 2° morales ; 3° hygiéniques ; 4° diverses (politiques, militaires, etc.)

CHAPITRE Ier.

CONSÉQUENCES ÉCONOMIQUES.

§ 1. — *En ce qui concerne l'agriculture.*

Ces conséquences sont nombreuses. Nous n'examinerons que les plus importantes.

Rareté de la main-d'œuvre. — La rareté des bras, ou, ce qui est équivalent, la hausse des salaires, doit élever le prix de revient des produits agricoles, et là où le prix de ces produits est resté stationnaire, le bénéfice de l'exploitant a diminué nécessairement. Là, au contraire, où ce prix (et c'est le fait général en France) s'est élevé, la rente du sol a pu, selon l'importance de la plus-value des produits, ou augmenter ou rester la même. Dans les deux cas, l'exploitant n'a aucune raison de se plaindre, puisque la compensation est supérieure ou égale à l'accroissement de cette partie de ses frais de revient.

En même temps, l'ouvrier agricole a vu sa situation matérielle s'améliorer, résultat également favorable pour le maître et le salarié, puisque ce dernier, mieux nourri, mieux logé, placé, en un mot, dans des conditions hygiéniques plus favorables, donne, à durée égale, ou une plus grande somme de travail, ou un travail mieux fait. Ce n'est pas tout : soustrait aux dangereuses incitations du besoin, de la misère, le journalier se moralise et entretient avec l'exploitant, de meilleures relations que par le passé.

Ainsi, la hausse des salaires ne saurait avoir d'effet préjudiciable pour la culture que dans les parties de l'Empire encore privées de voies de communication perfectionnées. Le cultivateur est réduit, en effet, pour la vente de ses produits, aux débouchés les plus voisins; il ne peut, par conséquent, bénéficier des avantages résultant de la possibilité d'utiliser les marchés les plus éloignés.

Plaçons-nous un instant dans cette situation et recherchons les effets sur la production d'une plus forte rétribution du travail en présence d'un revenu stationnaire.

Voici, sur ce point, quelques témoignages émanés des Commissions cantonales de statistique (1), en réponse à un questionnaire du gouvernement sur les circonstances qui retardent ou accélèrent le progrès agricole.

Il importe tout d'abord de faire remarquer que, toutes choses égales d'ailleurs, l'effet de la hausse des salaires est plns ou moins sensible pour le cultivateur, selon que le prix du blé, son principal produit en France, est plus ou moins élevé. Il est évident que si ce prix est largement rémunérateur, l'excédant de dépense résultant d'une main-d'œuvre plns chère, pourra être complétement couvert.

« Le taux élevé de la main-d'œuvre et le prix modique des céréales, écrit le président de la Commission de Saâles (Vosges) sont tels aujourd'hui, que le cultivateur trouve un intérêt direct à *augmenter ses cultures fourragères, qui exigent moins de main-d'œuvre.*

« ..... Par suite de la rareté des bras et de la hausse des salaires, les cultivateurs se sont décidés à restreindre leurs cultures et à diminuer leur personnel. Il en est résulté

(1) Ces Commissions, organisées, au chef-lieu de chaque canton, par un décret du 1er juiilet 1852, et placées généralement sous la présidence du Juge-de-paix, sont chargées de réunir et d'adresser au Ministre de l'agriculture les éléments d'une statistique agricole *annuelle* relativement assez restreinte, et d'une enquête *décennale* très-étendue. On leur doit déjà les enquêtes décennales de 1852 et 1862.

que *les fonds légers et de mince produit sont restés en jachère.* (Président de la Commission de Sault-Vaucluse).

« ..... Les grands cultivateurs ne trouvant plus d'ouvriers en nombre suffisant pour tous les travaux des champs et particulièrement pour la moisson, se trouvent *forcés de vendre une partie de leur récolte sur pied.* Ces portions de récoltes sont achetées par de petits cultivateurs, qui les enlèvent avec l'aide de leurs femmes et de leurs enfants, et trouvent un certain bénéfice dans l'opération. (Canton d'Houdaud, Pas-de-Calais).

« ..... La main-d'œuvre pour les façons à donner à la vigne est devenue si élevée, et, d'un autre côté, les vins du Midi font, sur le marché de Paris, une si rude concurrence aux nôtres, que, tandis que la valeur de nos produits diminue, leur prix de revient augmente dans des proportions inquiétantes. De là, la nécessité, pour beaucoup de propriétaires non cultivateurs, de vendre leurs vignes au paysan. Le mouvement est commencé, et on peut assurer qu'avant un quart de siècle, toute la propriété vinicole, chez nous, aura passé entre les mains du paysan, et cela au grand préjudice de la qualité de nos vins, le paysan préférant les cépages grossiers mais féconds, aux cépages fins mais peu productifs (canton de Sens, Yonne). »

L'observation suivante ne manque pas d'intérêt :

« ..... La hausse des salaires ne dépend pas, comme on pourrait le croire, du prix plus ou moins élevé du blé. Il est remarquable que, plus le prix diminue, plus les prétentions des ouvriers augmentent, par suite de la facilité qu'ils ont de se nourrir, Or, dans les temps de cherté, leurs prétentions sont motivées par le haut prix de la nourriture. Il en résulte que beaucoup d'améliorations projetées par nos propriétaires sont indéfiniment ajournées. Cet ajournement ne s'applique pas seulement aux travaux de la terre, mais encore aux travaux du bâtiment. Beaucoup de personnes hésitant à se faire construire des habitations plus commodes, ou même à réparer les anciennes et à entretenir les bâtiments d'exploitation, en présence d'un accroissement continu de la main-d'œuvre pour les ouvriers d'art aussi bien que pour les ouvriers agricoles. (Canton de Nieul, Haute-Loire).

« .,,,. Cette émigration a pris de si grandes proportions, que les propriétaires ont beaucoup de peine à trouver des domestiques mâles et qu'ils se voient obligés de restreindre leurs cultures. Déjà, dans quelques communes, *le nombre d'hectares ensemencés annuellement a diminué d'une manière assez sensible*. (Canton de Buziat, Corrèze).

« ..... On calcule que le manque de bras pour les travaux agricoles a fait hausser, en quelques années, le taux des salaires de 33 pour 0/0. Aussi, la propriété n'ose-t-elle plus rien entreprendre. (Canton de Solliès-Pont, Var).

« ..... Si les choses continuent, les exploitations agricoles deviendront improductives, le prix de la terre baissera, et dès lors, les capitaux, qui ont déjà une si forte tendance à se porter vers le commerce et l'industrie ou à s'employer dans les valeurs mobilières, déserteront complètement l'agriculture. Déjà le crédit agricole local est vivement ébranlé, etc., etc. (Canton de Mareuil, Dordogne). »

Ainsi, nécessité de réduire les superficies cultivées en commençant par les fonds légers, c'est-à-dire les moins productifs, ou de substituer les cultures fourragères aux cultures céréales; — nécessité, pour les propriétaires de vignes (au moins dans la Basse-Bourgogne), de les vendre au paysan qui peut seul aujourd'hui les cultiver sans perte; — ajournement indéfini des améliorations agricoles; — paralysie de l'industrie du bâtiment dans les campagnes, et, ce qui serait beaucoup plus grave, si au moins l'exagération n'était probable, diminution du prix de la terre et ébranlement du crédit agricole; — tels seraient les effets de la hausse des salaires.

La majorité attribue cette hausse à l'émigration rurale; mais, en la supposant fondée, elle pourrait bien avoir aussi pour causes toutes les autres circonstances propres à raréfier la main-d'œuvre et que nous avons signalées, comme : les besoins d'une culture de plus en plus intensive; la part de plus en plus grande du cultivateur dans la propriété; l'accroissement du prix de la vie matérielle pour l'ouvrier agricole; la diffusion dans les campagnes, en dehors de quelques industries manuelles (horlogerie, soierie, ganterie, dentellerie, etc.), qui ont survécu, de grandes industries (de filatures notamment), chassées des villes par la cherté des locaux, par les droits d'octroi sur les matières premières, par les exigences de l'hygiène publique, etc., etc.

Des conséquences agricoles de la hausse des salaires, il en est qui n'ont peut-être pas tous les inconvénients que signalent les Commissions de Statistique. Telle serait, par exemple, la substitution, dans les localités où cette hausse a atteint le taux le plus élevé, des cultures fourragères, si favorables à l'accroissement du bétail, aux cultures céréales, qui occupent, en France, une superficie trop considérable par rapport à la quantité d'engrais dont notre agriculture dispose. Ne serait-ce pas notamment un grand avantage pour l'agriculture, si ces fonds *légers*, c'est-à-dire peu productifs dont parle la Commission de Sault, étaient convertis en prairies naturelles ou artificielles? Cette conversion ne serait-elle pas préférable à la jachère, bonne tout au plus pour la dépaissance du mouton? Il serait étrange que la force des choses, que la nécessité vînt imposer aux cultivateurs un progrès réclamé depuis si longtemps par la science.

On a beaucoup parlé des machines. Certes, leur emploi à l'agriculture est des plus désirables, car elles ont, sur le travail matériel, le triple avantage de la célérité, de la régularité, et, en définitive, du bon marché. Esclaves plutôt que serviteurs du maître, elles fonctionnent en outre à toute heure du jour et de la nuit, et lui permettent de profiter, par la rapidité de l'exécution, des bonnes chances du marché. Mais elles ont aussi leurs inconvénients, quelquefois même leurs dangers. Et d'abord leur prix, encore très-élevé, ne les rend guère accessibles qu'à la grande propriété. Ce n'est, d'ailleurs, que sur cette propriété qu'elles trouvent l'espace qui leur est nécessaire pour se mouvoir librement, pour donner tout leur effet utile. La moyenne propriété n'a généralement pas les capitaux nécessaires pour se procurer un outillage aussi cher, et le fractionnement, le parcellement de ses cultures se prête peu au jeu des machines, au moins des machines à labourer, à moissonner, etc. Quant à la petite propriété, comme elle cultive avec les bras de la famille, d'une part, elle n'en a pas besoin ; de l'autre, elle ne pourrait ni se les procurer, ni les utiliser.

Non seulement les machines sont d'un prix élevé, mais elles ont besoin de réparations plus ou moins fréquentes, selon l'intensité du travail qui leur est demandé et la solidité de leur construction. Or, les forgerons des campagnes ne sont pas encore en mesure de faire ces réparations. Il faut donc les renvoyer au fabricant et acquitter les frais d'un double transport, très-onéreux pour les grandes distances. Souvent, la machine qui a paru faire un bon service, et qui même l'a fait en réalité, mais sur un espace très-limité et avec l'aide d'un personnel intelligent et expérimenté, une fois soumise, dans la ferme, à une épreuve sérieuse, se heurte à des difficultés imprévues résultant soit de la configuration et de la nature du sol, soit de l'inhabileté des servants, et passe à l'état d'engin, de pièce de curiosité, que son maître abandonne dans un angle obscur de la remise.

Les machines exigent, d'ailleurs, une main-d'œuvre humaine qu'il n'est pas toujours facile de former, et dont les exigences peuvent devenir, pour le propriétaire, une source d'embarras.

Leur emploi est donc, nécessairement et peut-être pour longtemps, limité à la catégorie de celles dont le prix est modeste, dont le jeu est simple, facile, dont les réparations sont peu coûteuses ; mais il va sans dire que ce sont les moins efficaces, les moins capables de remplacer, dans une mesure suffisante, le travail des bras.

On s'explique la diffusion rapide des machines en Angleterre, où la culture se fait sur de grandes surfaces ; où elle ne comprend guère que les fourrages naturels et artificiels, les céréales et les légumineuses; où le fermier a les capitaux nécessaires pour se les procurer; où leur prix est, d'ailleurs, beaucoup moins élevé qu'en France, en même temps qu'une plus grande habileté et peut-être une plus grande conscience a présidé à leur exécution ; où les réparations trouvent, dans l'industrie locale, des ressources assurées. Mais, en France, le morcellement de la propriété et des cultures, la médiocrité des fortunes parmi les possesseurs du sol, une défiance instinctive du progrès sous toutes ses formes, l'absence générale de toute initiative, opposent de sérieux obstacles à leur adoption.

Cependant, les enquêtes agricoles attestent le fait rassurant de leur propagation, ainsi que d'une amélioration incessante dans l'ensemble de l'outillage agricole. Leur introduction dans les campagnes est due surtout aux Sociétés d'agriculture qui en font l'acquisition et les donnent en location aux cultivateurs. Ceci est vrai surtout pour les machines à battre et à vanner. D'un autre côté,

la viticulture, qui exige, comme on sait, la main-d'œuvre
la plus considérable, s'est décidée à employer la charrue ;
mais elle n'est guère en usage jusqu'à ce jour, que dans
le Midi où l'espacement des ceps en facilite l'usage. Les
particuliers s'associent également pour l'achat et l'usage
en commun de quelques machines ; mais cette association doit susciter des difficultés de toute nature.

Voici, en définitive, les documents mis en lumière par
les dernières publications officielles sur l'emploi des instruments et machines agricoles en France. (Enquête
agricole de 1862, publiée en 1868, par le Ministère de
l'Agriculture et du Commerce) :

1° Charrues ordinaires......................	2,411,785
Id. perfectionnées...................	794,736
Total pour les charrues........	3,206,521
2° Scarificateurs, fouilleuses, houes à che- val, herses (1,002,302) , semoirs , extirpateurs, blutoirs, coupe-racines.	1,156,967
3° Machines à faner, à faucher, à moissonner (8,907), à battre ; à vapeur (2,849), à manége (97,884)	124,731
Total général........	4,488,219

Effets des agglomérations sur l'emploi du sol. — L'émigration rurale et, comme conséquence, la concentration des populations, la formation de fortes agglomérations, détermine des changements assez importants
dans l'emploi du sol. Les villes, en étendant leur péri-
mètre, absorbent des surfaces de plus en plus considérables, qui sont définitivement enlevées à la culture, soit
pour recevoir des constructions, soit pour être converties
en places et rues. Elles ont besoin, en outre, de promenades, de lieux de plaisir et de distraction , de jardins

publics (botaniques, zoologiques ou autres). De là, de nouvelles appropriations de terrains également perdus pour l'agriculture. Ce n'est pas tout : les grandes agglomérations exigent des communications faciles, d'abord avec les localités les plus voisines, puis avec l'ensemble du pays ; de là l'ouverture de voies vicinales de toute catégorie, puis de routes et de chemins de fer. Or, ce réseau absorbe des superficies notables, nécessairement empruntées au domaine agricole.

Le même fait se produit à la suite de la construction des nombreuses villas, maisons de campagne, châteaux, que nous voyons s'élever comme par enchantement dans un rayon étendu autour des grandes villes, et notamment sur le parcours des voies de fer, villas, maisons et châteaux, entourés de jardins d'agrément et de parcs d'une certaine étendue. Il est évident que ces constructions enlèvent à la production céréale ou fourragère des espaces dont l'importance s'accroît chaque jour.

Elle tend également à disparaître dans le voisinage des villes pour faire place progressivement à la culture maraichère, dont le revenu élevé peut seul compenser la forte plus-value des terrains contigus à leur enceinte.

Cette plus-value s'étendant par degrés aux exploitations les plus voisines, le taux du fermage, en d'autres termes, la rente du sol s'élève dans la même mesure, et il pourrait en résulter un enchérissement notable des denrées alimentaires, si le rayon d'approvisionnement des villes n'était incessamment étendu par l'action des chemins de fer, qui rapprochent, surtout par l'application des tarifs différentiels, les provinces les plus éloignées des principaux centres de consommation.

Effets sur la consommation de certains produits agricoles. — Si le progrès des populations urbaines par l'émigration rurale détermine une hausse de salaires ruraux, il exerce, sur la production agricole, une influence favorable, ces populations, généralement plus aisées que celles des campagnes, consommant davantage et se nourrissant de denrées alimentaires d'une plus grande valeur, telles que le pain de froment, la viande et le vin. De là, une demande croissante de ces denrées et une hausse des prix qui est le plus vif aiguillon des améliorations agricoles.

Ces consommations seraient plus considérables encore, si elles n'étaient restreintes par les taxes d'octroi. Facilement supportées quand elles sont légères, et s'étendent à un grand nombre d'objets à la fois, ces taxes grèvent lourdement le produit atteint, lorsque, d'une part, il s'y joint, comme pour les boissons, un droit au profit de l'Etat, et que, de l'autre, leur quotité est très-élevée par rapport à la valeur de ce produit. A ce point de vue, l'octroi de la ville de Paris, par exemple, peut être considéré comme réellement restrictif des consommations agricoles, et le rayon d'approvisionnement de cette ville s'étendant aujourd'hui sur la France entière, son octroi est une véritable taxe sur l'agriculture du pays.

Mais, d'un autre côté, la suppression des droits d'entrée dans les villes, en même temps qu'elle les priverait de ressources indispensables et difficiles à remplacer, aurait pour résultat, en réduisant le prix des denrées alimentaires, de constituer un appât de plus pour l'émigration rurale. Il y a là un double intérêt à concilier dont doit se préoccuper l'administration, lorsqu'elle autorise de nouvelles taxes d'octroi ou est appelée à réviser les anciennes.

Si les populations urbaines se nourrissent mieux que les habitants des campagnes, elles sont également mieux vêtues et plus confortablement logées. De là une vive impulsion donnée à des industries dont l'agriculture fournit la matière première.

L'observation apprend, au surplus, qu'il existe, entre

l'industrie et l'agriculture, de si étroites relations, fondées précisément sur le fait de leur dépendance mutuelle, que leurs destinées sont indissolublement unies. Elle apprend aussi que c'est généralement dans les pays qui ont la population urbaine la plus considérable, que ces deux grandes forces productives se développent le plus rapidement (Angleterre, Belgique, Saxe, Prusse rhénane, etc.)

« La proximité de Marseille, écrivait, en 1860, le président de la Commission de Statistique de Roquevaire, ses usines, ses manufactures, nous enlèvent une partie de la population agricole. Mais, d'autre part, le voisinage de cette grande ville favorise notablement notre agriculture, par suite des facilités qu'elle nous offre pour l'écoulement de nos produits et des prix avantageux que nous y trouvons. »

Si les agglomérations urbaines constituent le plus souvent des centres industriels (et, en réalité, l'industrie est la cause principale de leur formation), elles offrent cet avantage à l'agriculture de lui fournir, à bon marché, les vêtements, l'outillage, les engrais artificiels, les fumiers d'écurie, les boues et détritus (1). Peut-être un jour, lorsque le problème de l'utilisation des engrais humains aura été résolu, les villes fourniront-elles aux campagnes des sources inépuisables de richesses, absolument perdues aujourd'hui pour la culture. C'est surtout l'accroissement de la ville de Paris depuis 1853, qui a servi de thèse, d'argument aux adversaires de l'émigration rurale et des agglomérations urbaines. Ils ont prétendu que cette capi-

---

(1) N'est-ce pas grâce aux puissantes fumures qu'elle tire des grandes villes que l'agriculture est généralement si florissante dans leur voisinage ? Comment s'expliquer autrement ces rendements de 30 à 40 hectolitres par hectare dans le département du Nord, le plus aggloméré de l'Empire, après la Seine, ainsi que dans les plaines qui confinent à Paris ?

tale absorbe, à elle seule, la plus grande partie des bras que perdent les campagnes, et se sont appesantis sur l'influence funeste que son agrandissement incessant (ville et banlieue) exerce ainsi sur l'agriculture.

Cette double appréciation ne nous paraît pas fondée.

L'immigration parisienne comprend cinq catégories principales : 1° les propriétaires ruraux qui ont vendu ou affermé leurs immeubles, et viennent habiter Paris, soit accidentellement (pour l'éducation de leurs enfants, par exemple), soit définitivement; 2° les jeunes gens qui désirent se créer, dans les fonctions publiques, dans l'industrie ou le commerce, dans les sciences ou les lettres, des moyens d'existence qu'ils ne trouveraient probablement pas ailleurs : 3° les ouvriers d'art attirés par le vaste développement de l'industrie du bâtiment; 4° les domestiques des deux sexes; 5° les déclassés de toute région que des fautes graves ont obligés à se soustraire aux sévérités de l'opinion dans la commune natale.

De ces nouveaux habitants de Paris, quels sont ceux qui viennent directement des campagnes ? Le plus petit nombre assurément, les domestiques eux-mêmes ne se hasardant guère à s'y placer qu'après un assez long apprentissage dans les villes de la province. Les ouvriers d'art sont presque tous originaires de ces villes, où ils sont remplacés, il est vrai, par ceux des campagnes. Quant aux jeunes gens venant chercher à Paris les moyens d'utiliser une éducation libérale qui les a dissuadés de continuer la modeste profession paternelle, ils appartiennent généralement au commerce ou à la petite bourgeoisie urbaine.

Non, Paris ne s'agrandit pas, au moins immédiatement, aux dépens des campagnes.

Maintenant, Paris ne rend-il aucun service à l'agriculture? Mais où donc s'approvisionnent ses deux millions de consommateurs ? Qui leur fournit les énormes quantités de substances alimentaires qu'ils absorbent ? Ce ne sont plus, comme autrefois, quelques départements privilégiés, investis d'une sorte de monopole par le fait de leur proximité de la grande ville; c'est la France agricole tout entière qui leur expédie, par les voies rapides, les produits les plus variés, mais surtout les plus fins, les plus délicats. Et, à ce dernier point de vue, Paris donne une véritable impulsion à toutes les branches de la culture, en provoquant, par l'appât d'un prix élevé, une incessante amélioration de leurs méthodes, de leurs procédés.

Mais Paris offre à l'agriculture un avantage d'une autre nature, et qui n'est pas suffisamment connu ou apprécié. Il est devenu un vaste entrepôt de denrées alimentaires, entrepôt auquel viennent puiser non seulement les provinces, mais encore l'étranger. Le cultivateur peut y expédier avec confiance ses produits, certain qu'il est d'abord de les vendre, puis de les vendre au prix le plus rémunérateur possible. Il exerce ainsi, sur tous les marchés de la province, l'office d'une immense pompe aspirante. Chaque jour, les chemins de fer lui apportent, par quantités colossales, les viandes abattues ou sur pied, les boissons, les fruits, les légumes, les produits de la ferme de toute nature, que d'habiles spéculateurs sont allés chercher non seulement sur ces marchés, mais jusque chez le cultivateur lui-même, ainsi exonéré des fatigues, des frais, des soucis d'un déplacement. Chaque jour également, on peut voir, au lever du soleil, de lourds fourgons se rendant aux halles centrales, s'y remplissant rapidement, puis gagnant les gares de chemin de fer de toute la vitesse des chevaux, pour se déverser dans des wagons qui en emportent le contenu en Angleterre, en Belgique et jusqu'en Allemagne. Paris fait donc un grand commerce d'objets de consommation alimentaire. Ce «ommerce favorise peut-être la hausse des prix. ; mais si le consommateur local s'en plaint, le producteur s'en réjouit.

Il en résulte que, lors même que sa population se recruterait en partie dans les campagnes, il leur offrirait, sous la forme d'une plus-value croissante de leurs récoltes, une large compensation.

Les agglomérations favorisent, à d'autres points de vue, le progrès agricole. N'est-ce pas dans leur sein, en effet, que se fondent les grands établissements financiers destinés à faire des avances à la propriété rurale ? N'est-ce pas dans les grandes villes que se rencontrent les capitaux nécessaires pour la formation des Compagnies d'assurance contre l'incendie, contre les sinistres agricoles (grêle, mortalité du bétail, etc.) ? Les écoles vétérinaires ne se trouvent-elles pas dans les villes ? Les sociétés agricoles n'y ont-elles pas leur siége ? Les grands travaux de chimie agricole n'y voient-ils pas le jour ?

Il ne faudrait pas croire, d'ailleurs, que les fortunes mobilières acquises dans les grandes villes restent à tout jamais étrangères à l'agriculture. Beaucoup d'enrichis dans le commerce et l'industrie aspirent à la propriété rurale, qui, plus que la propriété urbaine dont le possesseur est souvent inconnu, donne la considération, la notoriété et l'influence politique. « L'insalubrité du pays, lisons-nous dans un rapport du président de la Commission de Statistique de Maximieux (Ain), n'a pas empêché de riches capitalistes lyonnais d'y fonder de très-beaux établissements agricoles. Ils s'y livrent avec ardeur à l'amélioration du sol et n'épargnent aucun sacrifice. Presque tous ont réussi, etc., etc. »

En résumé, si les intérêts agricoles doivent souffrir de l'émigration rurale, surtout dans un pays aussi morcelé que la France, où les machines ne peuvent que difficilement remplacer les bras, il convient de ne pas nier systématiquement les profits qu'ils tirent des agglomérations urbaines. Et, en définitive, les recherches les plus exactes, les plus dignes de foi, établissent que l'agriculture française n'a cessé de progresser et précisément à partir de l'époque où des circonstances diverses ont déterminé un développement exceptionnel des villes, c'est-à-dire à partir de 1852.

On en jugera par une courte analyse des documents officiels les plus récents sur la matière (*Statistique agricole de* 1862).

En 1852, le froment occupait une superficie de 6,985,000 hectares (5,587,000 , en 1840); en 1862, de 7,457,000. Les départements annexés n'ont apporté qu'un très-faible contingent à cet accroissement. La production en froment, de 95,264,000 hectol. en 1852, s'est élevée à 109,457,000 en 1862 (14.90 pour 0/0 de plus). On constate, en outre, que le total de la production céréale s'est accru , de 1840 à 1862, de 38 , lorsque la superficie n'a grandi que de 7 pour 0/0. Le rendement par hectare de toutes les céréales réunies a augmenté de 2.17 hectolitres. Il était , pour le froment, de 13,64 en 1852, bonne année moyenne, et de 14.67 en 1862, également bonne année moyenne. L'ensemble des céréales a donné un rendement en paille plus élevé de 20.13 pour 0/0 en 1862 qu'en 1852. Le rapport du rendement à la semence, qui, pour les céréales réunies, avait été de 7.36 en 1852, a monté à 8.45 en 1862.

La superficie plantée en farineux, mais surtout en pommes de terre, s'est également accrue ; il en a été de même du rendement par hectare.

En 1852, la betterave à sucre occupait une superficie de 111,360, et, en 1862, de 136,492 ; c'est un accroissement de 22.58 pour 0/0. La récolte totale de 32,248,846 quintaux métriques, a monté, en 1862, à 44,267,585 ; soit 37.27

de plus; le rendement par hectare, de 290 à 324 quintaux métriques.

Parmi les graines oléagineuses, le colza est en voie de progrès constant aux points de vue de la superficie et de la production.

La production du chanvre a diminué (64,173,200 en 1852 et 57,433,903 kil. de filasse) ; mais celle du lin s'est accrue (33,649,900 et 52,311,040).

Parmi les autres cultures industrielles en voie de progrès, citons le tabac, la garance et le houblon.

La production fourragère, un des témoignages les plus certains du progrès agricole, s'est notablement accrue. Si la superficie des prés naturels est restée à peu près la même en 1852 et 1862 (5,057,000 et 5,021,000 hectares), il n'en a pas été de même de celle des prairies artificielles (2.563,000 et 2,773,000). Quant à la production, elle s'est accrue, pour les prés et prairies, dans les rapports respectifs de 23.83 et de 22.52 pour 0/0. On remarque la diminution des landes, pâtis et bruyères, due à des défrichements et mises en culture.

Les jachères mortes ont également diminué dans une assez forte proportion : 6,763,281 hectolitres en 1840 ; 5,705,007 en 1852, et 5,147,862 en 1862.

La plus exigeante comme main d'œuvre de toutes les cultures, la vigne, a vu sa superficie s'accroître à peu près sans relâche depuis le commencement du siècle. De 1852 à 1862 seulement, elle a gagné 129,900 hectares (de 2,190,909 à 2,320,809 hectares). Le rendement moyen par hectare s'est également accru dans ces dernières années, c'est-à-dire depuis la disparition, à peu près complète aujourd'hui, de l'oïdium.

Enfin le nombre, le poids moyen, le rendement moyen en viande et l'aptitude à l'engraissement des gros animaux de ferme ont réalisé un progrès très-sensible. Seuls, les animaux de race ovine paraissent avoir diminué, ce qui s'expliquerait facilement par la vente ou l'amodiation des communaux, la suppression graduelle des jachères, la mise en valeur des landes, pâtis et bruyères, le regazonnement des montagnes et les mesures défensives qui en ont été la conséquence.

Voici quelques données numériques :

	1852.	1862.
Chevaux	2,866,054	2,914,412
Race bovine (moins les veaux)	10,093,737	10,955,273
Race ovine (moins les agneaux)	24,562,036	24,453,550
Race porcine	5,246,403	6,037,543

L'accroissement du poids moyen des animaux de ferme de 1840 à 1862 est indiqué par le tableau ci-après :

	Accroissement p. 100 en kil. du poids.	
	Brut.	Net.
Bœuf	10	8
Vache	35	27
Veau	35	34
Mouton	33	29
Agneau	40	37
Porc	30	20

Le poids net moyen des bœufs amenés aux marchés de Sceaux et de Poissy, de 298 kil. en 1812-20, a monté progressivement à 357 kil, en 1862. Ce poids, pour les animaux consommés dans les villes chefs-lieux d'arrondissements, s'est accru comme il suit de 1816 à 1862 :

	Bœufs.	Vaches.	Veaux.
1816	288	180	36
1862	316	209	43

Nous manquons de renseignements sur les progrès survenus dans l'aptitude à l'engraissement des animaux de boucherie ; mais il est certain que cette aptitude est devenue de plus en plus grande ; en d'autres termes, que ces animaux mieux nourris, objets de soins plus intelligents que par le passé, passent plus rapidement à l'état adulte, et peuvent être livrés plus tôt à la boucherie Le même troupeau donne ainsi un revenu plus considérable.

Nous avons donné plus haut, d'après la même enquête agricole, le détail de l'outillage agricole en 1862. Ajoutons à ces renseignements que, de 1852 à 1862, le nombre des charrues perfectionnées se serait accru de près de 24 pour 0/0. Les machines à battre paraissent surtout s'être propagées très-rapidement, et nous soupçonnerions même le document officiel d'exagération sur ce point. En effet, de 1852 à 1862, leur nombre se serait élevé de 59,980 à 100,733.

Dans quelle mesure s'est opérée la hausse des salaires agricoles? La statistique officielle de 1862 nous permet de répondre à cette question pour le journalier non nourri :

1850	Fr. 1 42
1851	1 54
1855	1 61
1862	1 85

C'est, en douze ans, une augmentation de 43 centimes ou de 30 pour 0/0. Elle est considérable sans doute ; mais il y a lieu de rechercher si elle n'est pas compensée par la hausse du prix des denrées agricoles. Le document officiel que nous venons d'analyser nous fournit de précieuses données sur ce point.

Céréales. — Le prix du froment ne s'est accru avec une sorte de régularité que dans les cinq périodes décennales finissant au 31 décembre 1863, ainsi qu'il résulte du taux des mercuriales résumé dans le tableau ci-après. (Prix par hectolitre) :

1797-1800....	F. 18 27	1831-1840....	F. 18 94
1801-1810....	19 87	1841-1850....	19 75
1811-1820....	24 69	1851-1860....	22 11
1821-1830....	18 38	1861-1863....	22 52

De 1821-1830 à 1861-1863, l'accroissement a été de F. 4 14 par hectolitre ou de 22.50 pour 0/0.

Pailles. — Le prix du quintal métrique de F. 2 53 en 1852, s'est élevé à F. 3 53 en 1862.

En réunissant les valeurs produites par le grain et la paille de toutes les céréales réunies, on trouve que la valeur de la production céréale, de F. 209 par hectare en 1852, a monté à F. 312 en 1862.

Pommes de terre. —

	Superficie. Hect.	Production totale. Hectol.	Valeur. Million de francs.
1840.....	921,971	96,234,935	202.1
1862.....	1,234,807	142,684,306	488.3

D'après ces données, de l'une à l'autre année, et malgré la maladie, qui n'a cessé de sévir, avec des alternatives diverses depuis 1845, la valeur, de F. 2.10 l'hect. en 1840, s'est élevée à Fr. 3.42 en 1862. D'un autre côté, la production par hectare s'est accrue de 104 à 115 hectolitres.

Betterave à sucre. — Les rapports ci-après indiquent une augmentation continue dans le rendement et le prix de cette racine.

	Rendement moyen à l'hectare. en kil.	Prix moyen. du kil.
1840.........	273	1 85
1852.........	290	1 77
1862.........	324	1 90

Autres plantes industrielles. — Le prix moyen de l'hectolitre de colza a monté de F. 22 45 en 1840 à F. 28 01 en 1862 ; celui de la graine de lin, de F. 21 05 à F. 25 36. Le rendement par hectare s'est également accru.

	Quantité de graine produite par litre de semence (en hectol.)	
	1840.	1862.
Colza................	1.19	2.57
Lin..................	0.03	0.04

La valeur à l'hectare n'a également cessé de s'accroître pour les textiles ; elle était de F. 329 en 1840 et de F. 558 en 1862 pour le chanvre (filasse) ; de F. 433 et F. 625 en 1862 pour le lin.

La production du tabac ne s'est pas seulement étendue ; la valeur moyenne de cette production par hectare a presque doublé (de F. 683 à F. 1,213.

Fourrages. — Le rendement par hectare et le prix moyen par quintal métrique des fourrages naturels et artificiels, ont haussé ainsi qu'il suit :

	Rendement.			Prix.		
	1840	1852	1862	1840	1852	1862
Prés naturels......	25.06	25.52	31.88	—	4.35	6.26
Prairies artificielles.	29.97	33.00	37.38	4.31	4.25	5.69

Viticulture. — Le rendement en hectolitres par hectare de 10.3 en 1851-1857, a monté à 20 de 1857 à 1865. Les prix ont suivi le mouvement ci-après de 1806 à 1867 (cinq périodes de dix ans et la dernière de sept ans).

Périodes.	Prix par hectol.
1806-20...........	33.29
1821-30..........	36.27
1831-40..........	33.55
1841-50..........	34.55
1851-60..........	49.27
1861-67..........	40.68

Si l'on additionne, d'après les trois enquêtes (1840, 1852 et 1862) 1° la valeur totale ; 2° la valeur par hectare des principaux produits agricoles, on trouve les résultats ci-après (valeurs totales en millions de francs) :

	1840.		1852.		1862.	
	Valeur totale.	Valeur à l'hec.	Valeur totale.	Valeur à l'hec.	Valeur totale.	Valeur à l'hec.
Céréales (1).....	2,116	146	2,614	170	3,866	245
Pommes de terre.	202	219	299	240	488	390
Betteraves......	29	500	57	513	84	617
Colza...........	51	295	60	333	90	448
Chanvre........	86	488	63	424	72	720
Lin.............	57	571	43	437	88	838
Prés naturels....	463	110	606	120	1,002	200
Prairies artificiel.	204	129	360	140	587	212
Vignes..........	419	234	500	228	1,387	598

Bétail. — Quand on rapproche le prix moyen des animaux de ferme, d'après les évaluations de la douane,

(1) Le grain seulement, et non compris l'épeautre et le millet.

de 1826 jusqu'à 1862, on est frappé de leur énorme plus-value. Elle est surtout sensible de 1852 à 1862. Voici quelques chiffres.

		1852.	1862.
Race chevaline.	Chevaux	600	765
	Juments	650	775
	Poulains	250	410
	Mulets	350	510
	Anes	60	170
Race bovine.	Bœufs	220	430
	Vaches	250	300
	Génisses	40	153
	Veaux	35	62
Race ovine.	Moutons	23	38
	Agneaux	9	15
	Porcs	30	100

Disons, pour expliquer le mouvement subit de hausse survenu surtout dans le prix des animaux de boucherie, qu'il succédait à une baisse générale sur tous les animaux, les chevaux exceptés. Mais cette crise n'a duré que de 1847 à 1852, et immédiatement après, les développements immenses pris par la consommation pendant une période prolongée de prospérité et de paix intérieure, ont déterminé une élévation sans précédent dans les prix.

En résumé, si les salaires agricoles se sont notablement élevés, le cultivateur a trouvé, dans la plus-value de ses produits, une large compensation à cet accroissement de ses frais d'exploitation. Il en avait trouvé une seconde dans l'abaissement du prix de l'outillage agricole, même avant la réforme douanière.

Quant au journalier, si le prix des substances alimentaires s'est accru pour lui, peut-être dans la même proportion que son salaire, le prix de son logement n'a pas varié, et, d'un autre côté, il a payé moins cher ses vêtements, son mobilier et ses instruments de travail, le prix des produits industriels ayant assez notablement diminué dans ces dernières années. En somme, si sa situation économique ne s'est pas sensiblement améliorée, on peut dire hardiment qu'elle n'a pas empiré.

§ 2. *Conséquences relatives au bien-être de l'ouvrier.*

Les grandes agglomérations sont-elles favorables au bien-être de l'ouvrier? Une réponse absolue et définitive n'est pas possible, parce que le problème est complexe. Au point de vue sanitaire, il nous paraît résolu, comme nous l'avons prouvé ailleurs, et comme de nouveanx documents nous permettront de l'affirmer plus loin. Mais, au point de vue de l'alimentation, du logement, du vêtement, des aisances, des commodités de la vie de toute nature, mais surtout de l'assistance à tous les degrés et sous toutes les formes, on ne peut pas contester que le séjour des villes offre aux ouvriers des avantages qu'ils ne sauraient trouver dans les campagnes.

D'abord, l'alimentation y est généralement plus substantielle, l'ouvrier y consommant plus de viande et de vin. Il est vrai que, n'ayant pas les grands avantages hygiéniques du travail en plein air, il a besoin, pour lutter efficacement contre les influences débilitantes du milieu dans lequel il vit, d'aliments plus réparateurs. Toute la question est de savoir si la hausse incontestable des salaires dans les villes lui permet d'y faire face aux exigences sans cesse croissantes de la vie matérielle, le prix des denrées alimentaires s'y élevant à peu près sans relâche.

Nous avons fait cette recherche pour Paris, et sans reproduire ici les éléments, très divers et un peu compliqués, de nos calculs, nous sommes arrivés à cette conclusion qu'il n'existe pas, entre la hausse des salaires (tels qu'ils ont été constatés, à diverses époques, par la Chambre de commerce de Paris et par la préfecture de police), et celle du prix des denrées alimentaires (viande, pain, légumes, œufs, beurre, poissons, fruits, vin, sucre, café, thé, riz, etc.) un écart très sensible, les salaires s'étant accrus, dans les vingt dernières années, de 30 pour cent environ, et les prix de 33 à 35 p. cent. Mais il est certain que, dans les grandes villes, l'élévation presque continue du taux des loyers apporte, dans le budget de l'ouvrier, de sérieuses perturbations, atténuées cependant, il faut le reconnaître, par l'exonération de la taxe personnelle et mobilière, que ces villes rachètent, pour les loyers inférieurs à une certaine somme, par un prélèvement sur leur octroi.

Il ne paraît pas, au surplus, qu'au moins à Paris, il se soit produit, dans les salaires, une insuffisance manifeste, puisque le rapport des indigents inscrits (c'est-à-dire officiellement reconnus pour tels et recevant l'assistance des bureaux de bienfaisance) à la population ne s'est pas accru.

Mais c'est moins la hausse des salaires qui importe à l'ouvrier que la continuité du travail. Ce sont les chômages, en effet, qui éprouvent le plus cruellement le travailleur de l'industrie, parce que, d'une part, ces chômages ne peuvent être prévus, et que, de l'autre, celui qu'elles frappent n'a pu, par des économies suffisantes, se mettre en mesure d'en conjurer l'effet.

Dans les campagnes, le chômage existe bien aussi ; mais il est prévu, il est régulier ; le journalier sait que les travaux agricoles sont suspendus pendant la saison rigoureuse et il a fait des réserves en conséquence.

Dans les villes, il apparaît brusquement, à l'improviste. C'est tantôt un caprice de la mode, tantôt la fermeture

imprévue d'un débouché, soit par la concurrence victorieuse de l'étranger, soit par une aggravation de tarifs
douaniers, soit par une guerre, soit enfin, par une cherté
qui interrompt certaines consommations de luxe, etc.
Le fléau sévit-il, que devient l'ouvrier des villes? Lorsqu'il a épuisé (en supposant qu'il en ait fait) ses modestes
épargnes, il tombe inévitablement à la charge de la charité
publique. Si l'interruption du travail se prolonge, sa situation devient déplorable, car les ressources de l'assistance
publique et privée sont nécessairement limitées. Dans ce
cas, il doit ou émigrer, pour chercher ailleurs, au besoin
dans les campagnes, des moyens d'existence, ou les demander à celles des industries étrangères à sa profession qui
manquent de bras. Telle a été la nécessité à laquelle ont
été réduits les ouvriers cotonniers pendant la disette prolongée de la matière première de leur industrie.

Les sociétés de secours mutuels, si utiles, si précieuses
dans les cas de maladies ou d'accidents, ne peuvent absolument rien pour l'ouvrier, lorsque le travail est suspendu
par une circonstance autre qu'une inaptitude physique
momentanée. Quelques-unes ont voulu venir en aide à
leurs membres dans les chômages proprement dits ;
elles n'ont pas tardé à épuiser leurs ressources et à se
liquider.

Si l'alimentation de l'ouvrier urbain est plus substantielle (vin, viande, pain de froment, etc., etc.) que celle
du journalier agricole, elle est aussi plus variée, et, par
conséquent, plus hygiénique. Il n'est pas douteux que les
marchés des villes offrent, à ce point de vue, des ressources inconnues dans les campagnes.

Nous avons mentionné la cherté des loyers dans les
villes ; elle est incontestable ; mais, surtout depuis l'application de la loi de 1850 sur les logements insalubres, l'ouvrier y est mieux logé que le journalier, dont la maison,

quand il est propriétaire, est encore le plus généralement dans d'assez mauvaises conditions hygiéniques.

La cherté des loyers est d'ailleurs compensée, pour le premier, par le bon marché comparatif du vêtement, de l'ameublement et des fournitures de ménage. Il est vrai que ces trois natures de dépenses sont très minimes pour le second.

En cas de maladie ou d'accident, l'ouvrier des villes y trouve, par l'assistance privée, par la société de secours mutuels, par la charité publique en ce qui concerne le traitement hospitalier ou à domicile, et par le secours en argent ou en nature (bureau de bienfaisance), des ressources qui font plus ou moins complètement défaut au travailleur des campagnes. Il peut aussi, sur ses vieux jours, être admis dans les asiles consacrés aux vieillards, aux infirmes et incurables, asiles que ne possèdent pas les communes rurales. Depuis quelques années, l'Administration a bien tenté d'introduire, à défaut de l'assistance hospitalière, la médecine gratuite dans ces communes ; mais les résultats sont encore peu sensibles et l'institution laisse encore beaucoup à désirer dans les quarante départements où elle fonctionne. Quant aux sociétés de secours mutuels, elles sont restées, jusqu'à ce jour, exclusivement urbaines. La pensée d'un hospice cantonal, conçue par quelques amis des populations rurales, a été réalisée sur quelques points, à l'aide de souscriptions des propriétaires aisés de la circonscription ; mais nous avons lieu de croire que l'essai n'a pas répondu aux espérances des fondateurs.

L'ouvrier industriel a d'autres avantages. Les écoles des villes, mieux dotées que celles des campagnes, peuvent accorder gratuitement le bienfait de l'instruction primaire à un plus grand nombre relatif d'enfants indigents. L'enseignement y est donné, en outre, dans de meilleures conditions pédagogiques. Enfin, il est plus varié, beaucoup de grandes cités ayant fondé des écoles spéciales de dessin, de musique, etc.

D'autres ont créé des crèches pour les nouveau-nés, des asiles où les jeunes enfants se préparent à l'admission aux écoles, et des ouvroirs, véritables écoles professionnelles où les jeunes filles apprennent les travaux du ménage. Or, vainement chercherait-on ces utiles institutions en dehors de leur enceinte. Quelques-unes ont mis, au prix les plus réduits, à la disposition de l'ouvrier des établissements d'utilité publique, comme des lavoirs, des bains, etc. Plusieurs ont fondé des boulangeries, des boucheries municipales dont les produits sont livrés à l'ouvrier presque au prix de revient.

Dans les temps de cherté, le plus grand nombre s'impose des sacrifices extraordinaires pour que les denrées alimentaires de première nécessité ne dépassent pas un certain prix.

En un mot, les villes, les grandes villes surtout, font de très louables efforts pour alléger, au profit des populations ouvrières, les charges de la vie matérielle, et les moraliser par l'instruction.

Mais elles présentent des séductions, des tentations qui font courir, à la santé, à la moralité de ces populations, de véritables dangers, dangers que ne connaissent pas ou à un bien moindre degré, les habitants des campagnes. Les plus graves sont les abus alcooliques et la prostitution. Sans doute le cabaret a envahi les communes rurales, entraînant à sa suite les conséquences ordinaires, c'est-à-dire les consommations inutiles et ruineuses, les pertes de temps, le jeu, les mauvaises relations ; mais il n'est pas, comme dans les villes, en quelque sorte sous la main, sur le passage de l'ouvrier. L'opinion y exerce, en outre (ce qui se comprend, dans des localités dont tous les habitants se connaissent), une certaine action préventive qui n'existe pas pour l'ouvrier des grandes agglomérations.

Ce dernier court un autre péril, c'est celui des unions illicites et des naissances naturelles, avec le triste cortége de privations, de souffrances morales et matérielles, tant pour les enfants que pour les parents, qui les accompagnent inévitablement.

En résumé, autant qu'il soit possible de se former une opinion sur ce point, la situation économique de l'ouvrier est-elle meilleure dans les villes que dans les campagnes? S'il fallait décider la question uniquement d'après les relevés de ce que nous appellerons le paupérisme officiel, la négative ne saurait être douteuse un instant. C'est ainsi qu'à Paris, par exemple, ou compte 1 indigent inscrit sur 17 à 18 habitants, et le rapport doit être bien plus élevé dans les villes purement industrielles, Lyon, Lille, Roubaix, Mulhouse, Rouen, etc. Mais comme il n'existe pas d'assistance publique dans les campagnes, où la charité est presque entièrement privée; que, par suite, les documents manquent sur le nombre des assistés, la statistique ne saurait être, ici, utilement invoquée. Dans les campagnes, la misère se produit surtout sous la forme de la mendicité et du vagabondage. Par les temps de cherté, alors que la récolte a été de beaucoup inférieure aux besoins, ces deux fléaux prennent nécessairement une très grande intensité, les secours de la commune étant nuls ou insignifiants. On voit alors les villes assiégées par de nuées de misérables, les uns, les plus honnètes, demandant du travail, les autres trouvant plus facile de solliciter, de porte en porte, le pain de la charité. C'est ainsi que, pendant la longue cherté de la période 1853-1857, il s'est fait un mouvement considérable d'émigration des campagnes sur les villes, et surtout sur les villes industrielles, mouvement attesté, comme nous l'avons dit ailleurs, par la comparaison des résultats des recensements de 1856 et 1861, et qui s'est très sensiblement ralenti depuis.

Les ressources de l'assistance privée étant très limitées partout, mais surtout dans les communes rurales, c'est l'État, lorsque éclatent les crises alimentaires, qui est obligé de venir en aide à leurs populations affamées, sous la forme de crédits mis à la disposition des communes, pour leur faciliter les moyens d'ouvrir des chantiers de travaux publics, et des établissements charitables dont les libéralités s'étendent ainsi à un plus grand nombre d'indigents.

A plusieurs reprises, l'État, à l'occasion de l'emploi de ces crédits, ou même dans des circonstances ordinaires, a voulu connaître le nombre des mendiants et des vagabonds dans les campagnes. Mais ces tentatives d'enquête sont toujours restées infructueuses, probablement par la faute des agents qu'il en chargeait (les maires), peut-être aussi par le fait des difficultés qu'elle rencontrait, le domicile du plus grand nombre de ces misérables ne pouvant être exactement constaté, et, d'un autre côté, de fréquents doubles emplois étant inévitables quand ce recensement n'est pas fait à jour fixe.

En comparant la situation économique des ouvriers des cités et des campagnes, nous avons eu surtout les yeux sur la France. Mais il est d'autres pays, plus industriels que le nôtre, où la misère, soit ordinaire et permanente, soit extraordinaire (chômages prolongés, chertés, etc., etc.), se produit sous des formes beaucoup plus accusées que dans nos grandes villes.

Prenons la ville de Londres pour exemple. Voici ce que nous lisons, à ce sujet, dans une correspondance adressée de cette ville au *Moniteur*, le 26 mars 1867 :

« L'intérêt que porte le public sérieux à la question de

la réforme électorale ne diminue en rien celui qui s'attache à la solution des questions économiques et sociales, au premier rang desquelles il faut placer celle de la diminution, si ce n'est de l'extinction, du *paupérisme dans les villes*.

« Malgré les efforts les plus louables, les plus prolongés, la charité privée et l'assistance officielle semblent devenir impuissantes, et le mal ne fait que s'accroître dans certains quartiers de la cité. Avant-hier, à Mansion-House, le lord-maire a fait part à la commission de secours qu'il préside, que les faubourgs de Poplar et de Mile-End, contiennent encore 36,000 personnes vivant d'aumônes, indépendamment de 16,000 qui n'en ont point reçu et auxquelles il serait indispensable d'en accorder..... La taxe des pauvres a pris des proportions inouïes et s'élève, pour certaines paroisses, Saint-Georges en Southwark, par exemple, jusqu'à 16 p. 0/0 du revenu. Et pourtant la misère augmente, et la population indigente a dépassé, en 1867, de 20 p. 0/0 celle de 1865, qui l'emportait elle-même sur celle des années précédentes.

« Un rapport de M. Goschen, membre du Parlement pour la ville de Londres, publié dans les *Blue-Books* de la Chambre, et un autre rapport adressé au ministre de l'intérieur par sir Richard Mayne, chef de la police métropolitaine, renferment les plus douloureux renseignements, qui concordent avec ceux de M. Edwin Chadwick, secrétaire de la Cité. Il résulte de ces documents que, dans les bas quartiers, le nombre des crimes est de 153 p. 0/0 plus élevé que dans les districts suburbains, et que la proportion entre ces crimes et la population y est trois fois plus élevée. Cet argument n'est pas sans valeur contre les partisans des grandes agglomérations urbaines. Celui que la reine a nommé le bienfaiteur des pauvres, le généreux M. Peabody, a bien compris le danger de ces agglomérations, et il a eu le soin de prescrire la construction de villages où seraient groupés les pauvres qu'il a arrachés à l'atmosphère empoisonnée de certains districts. Les commissaires chargés de surveiller l'emploi des libéralités du riche Américain ont choisi, jusqu'à présent, et dans un rayon de dix milles, à partir de Royal Exchange, cinq localités où se trouvaient des terrains d'un prix raisonnable : Islington, Spitalfields, Schadwell, Chelsea et Bermondsey.

« Il y a déjà 900 personnes installées dans les constructions faites à Spitaldfields et Islington, près de 200 familles à Schadwell, et les bâtiments bientôt achevés recevront avant peu 2,000 personnes. La santé est si parfaite parmi les nouveaux colons, que, pendant la dernière épidémie cholérique, il ne s'est manifesté qu'un seul cas dans la colonie, tant les travaux agricoles et l'air pur des champs ont exercé une heureuse influence.

« L'exemple de M. Peabody sera suivi, nous l'espérons, et l'idée de transporter les pauvres des villes dans les comtés, où l'on compte tant de milliers d'acres incultes, deviendra pratique. Plusieurs personnages l'ont déjà adoptée, et, parmi eux, il nous suffira de citer le nom du marquis Townshend, président de l'association des ouvriers des docks dans le quartier populeux de Lime-House, et un des membres de la Chambre des pairs qui travaillent le plus à l'amélioration de la situation matérielle et morale des classes ouvrières. Ce serait, d'ailleurs, une erreur de croire qu'en Angleterre du moins, le séjour des champs est un obstacle au développement intellectuel. C'est l'assertion contraire qui est vraie, comme l'a si bien établi M. Sargant, dans le mémoire qu'il a lu, le 19 de ce mois, à la Société de Statistique, et duquel il résulte que l'instruction est beaucoup plus répandue dans les populations rurales que dans les districts manufacturiers. Laissant donc de côté toute appréciation purement politique, nous ne craindrons pas de répéter qu'il est, avant tout, de l'intérêt des travailleurs eux-mêmes de préférer la résidence saine et paisible des champs au séjour agité et au salaire incertain des grandes villes. »

Une dernière observation sur le sujet qui nous occupe. Si le chiffre plus ou moins élevé de la mortalité est l'indice d'une situation économique plus ou moins favorable, il faut conclure des faits analysés dans une autre partie de ce travail que la situation matérielle du journalier agricole est bien préférable à celle de l'ouvrier industriel. La mortalité rurale est notablement moins élevée, en effet, que celle des villes, et elle le serait bien moins encore, si l'on pouvait en distraire les décès des nombreux enfants des villes envoyés en nourrice dans les campagnes.

§ 3. *De quelques autres effets économiques de l'émigration rurale.*

L'émigration rurale préjudicie à des intérêts locaux d'une certaine importance. Elle fait perdre notamment une partie de leur clientèle aux officiers ministériels des petites localités (notaires, huissiers, greffiers de justice de paix), aux fonctionnaires publics dont le traitement est, en tout ou en partie, fixé d'après le chiffre de la population, au commerce local, etc., etc. Mais, d'un autre côté, le progrès des agglomérations urbaines est favorable aux intérêts de l'Etat, en ce sens qu'il provoque une plus-value des contributions directes et indirectes. Il est certain que l'accroissement des constructions consacrées à l'habitation, le remplacement des anciennes par de plus vastes, de mieux appropriées aux besoins des populations, entraînent une augmentation du contingent des villes en ce qui concerne l'impôt foncier, des portes et fenêtres et mobilier. Un document officiel a fait connaître que, de 1858 à 1863, le produit de l'impôt foncier seul s'est accru de sept millions dans la ville de Paris.

Les constructions nouvelles amènent, d'ailleurs, des transactions immobilières corrélatives, comme achats de terrains, ventes de maisons, prises d'hypothèque, qui déterminent un accroissement des droits d'enregistrement et autres perçus par l'Etat sur ces transactions.

Nous avons dit (chap. précédent) que les terrains et les propriétés de toute nature, placés dans un certain rayon autour des villes, reçoivent de ce voisinage une plus-value qui est en raison de l'importance de leur population. C'est là un fait certain et en quelque sorte d'observation journalière. Or, si l'impôt foncier ne s'accroît pas avec cette plus-value (sauf dans les États où les valeurs cadastrales sont l'objet de révisions périodiques), le montant des droits d'enregistrement, d'hypothèques, de greffe s'élève à chacune des mutations dont ces propriétés sont l'objet.

A l'agrandissement des villes correspond un accroissement du nombre des marchands, et, par conséquent, du produit des patentes ; un accroissement de la consommation des boissons, et, par conséquent, du produit du droit perçu sur ces boissons au profit de l'Etat, droit dont la quotité s'élève, comme on sait, avec le chiffre de la population.

A la plus-value des impôts directs correspond celle des centimes additionnels perçus au profit des départements et des communes, et à un rendement plus élevé des taxes sur les boissons, un rendement également supérieur des taxes d'octroi dont ces boissons sont passibles.

Les populations agglomérées consommant une grande quantité de denrées alimentaires exotiques, les droits de douanes perçus à leur entrée donnent un plus fort produit ; — autre bénéfice pour l'Etat.

Les agglomérations urbaines entraînent inévitablement, sous la forme d'une aggravation des taxes locales, un enchérissement de la vie matérielle. L'autorité municipale, obligée de pourvoir aux besoins d'une population progressive (éclairage, pavage, arrosage, ouverture de voies nouvelles, assistance publique, culte, police, instruction primaire, hygiène publique, etc., etc.) ne peut faire face le plus souvent à cette augmentation continue de dépenses qu'en élevant le nombre des centimes additionnels et soit en surtaxant l'octroi, soit en l'étendant à un plus grand nombre d'objets. De là, une augmentation des frais généraux pour les fabricants et marchands, ainsi obligés d'élever leurs prix. Or, cette hausse des prix est très sensible pour la classe ouvrière, dont le salaire, à moins de circonstances exceptionnelles, ne se met pas immédiatement à leur niveau. Mais elle l'est bien plus encore pour les rentiers, les pensionnaires et autres possesseurs d'un revenu fixe, placés dans la nécessité d'aller chercher, quelquefois au loin, des conditions d'existence matérielle plus en rapport avec ce revenu. Une émigration de cette nature s'est déjà produite sur une assez grande échelle à Paris, où elle forme une sorte de contrepoids, assez faible il est vrai, à la forte immigration qui s'y porte sans relâche.

Si les agglomérations favorisent l'essor de l'agriculture en provoquant une consommation considérable des produits agricoles les plus chers, elles sont aussi un énergique stimulant pour l'industrie nationale, qui y trouve un débouché considérable, les populations urbaines étant mieux vêtues, mieux logées que celles des campagnes.

C'est, en outre, au sein de ces agglomérations que viennent se dépenser les grandes fortunes du pays, et souvent, selon le degré d'importance des villes, celles de l'Étranger. Cela est vrai surtout pour les capitales, pour les grandes capitales notamment, comme Londres, Paris, Berlin, Vienne.

Il est rare que ces capitales ne soient pas à la fois et commerçantes et manufacturières. L'industrie y place, en effet, immédiatement ses produits, sans frais de transports, sans les risques d'avarie et d'adirement inséparables des longs parcours Elle y a sous sa main les établissements de crédit, les entrepôts de matières premières, les ouvriers les plus habiles, les conseils de la science, la juridiction consulaire et celle des prud'hommes, les commissionnaires, intermédiaires trop souvent obligés de l'exportation, les bourses, les chambres de commerce, les bureaux de conditionnement des soies et laines, les renseignements sur les besoins, accidentels ou permanents, du commerce extérieur, etc., etc.

D'un autre côté, elles sont desservies par des voies de communication perfectionnées qui permettent à l'industrie de faire rayonner au loin ses produits. Ces produits empruntent en outre de la ville où ils ont été créés une notoriété de bon goût et d'élégance qui les fait vivement rechercher au dehors. C'est ainsi que l'*article Paris* (modes, bijouteries, bronzes et autres objets d'art, tabletterie, etc., etc.) alimente un commerce d'exportation considérable.

Les mêmes villes voient se fonder les grandes institutions financières, appelées à exercer sur l'ensemble des forces productives, la plus féconde influence. Elles sont le réservoir des capitaux, et à ce réservoir viennent puiser toutes les entreprises d'intérêt général du pays, souvent même de l'Étranger.

C'est là que se créent ces valeurs mobilières de toute nature qui jouent un si grand rôle dans la richesse publique : actions et obligations de chemins de fer et canaux, actions des banques, des sociétés commerciales, titres d'emprunts, des États, des villes, etc., etc.

Elles sont le siége des compagnies d'assurances, assurance sur la vie, contre l'incendie, contre les sinistres agricoles, assurances maritimes, etc., etc., qui occupent aujourd'hui une place si importante parmi les institutions de prévoyance.

On le voit, les agglomérations sont le foyer d'un immense mouvement d'affaires qui donnent à tous les éléments de la richesse nationale la plus heureuse impulsion et font naître, entre le pays et ses voisins, une étroite solidarité d'intérêts.

Il y a toutefois ici une ombre au tableau. Cette centralisation progressive, si ce n'est de l'industrie, au moins du commerce dans les grandes cités, a pour résultat d'annihiler celui des petites villes, et d'y supprimer ainsi une source considérable de profits. Ce phénomène est manifeste en France. Il s'est établi à Paris, à Lyon et autres métropoles, de puissantes maisons, vastes entrepôts de marchandises de toute nature, qui, grâce aux facilités de communications offertes par les chemins de fer et par la poste, expédient, sur échantillon, jusque dans les moindres hameaux, les produits les plus séduisants et de beaucoup supérieurs comme goût, élégance et qualité, aux similaires vendus par les marchands de la localité. Achetant en fabrique par quantités énormes, et payant à bref délai parce qu'elles vendent généralement au comptant, elles obtiennent des bonifications et des escomptes dont ne jouissent pas ces marchands et qui leur permettent de vendre à un moindre prix. Il n'est pas douteux que cette concurrence, de plus en plus redoutable, a déjà entraîné un assez grand nombre de liquidations.

Il serait facile de multiplier les faits et observations analogues ; nous croyons avoir indiqué les plus importants.

CHAPITRE II.

CONSÉQUENCES MORALES DE L'ÉMIGRATION RURALE ET DE LA
FORMATION DES AGGLOMÉRATIONS URBAINES.

---

§ 1. *Criminalité*.

La criminalité est-elle plus grande dans les villes que
dans les campagnes? Nous allons, tout d'abord, donner la
parole aux documents officiels ; nous en discuterons ensuite la valeur.

Le tableau ci-après fait connaître, de 1857 à 1867, le
nombre annuel des accusés de crimes : *a)* habitant des
communes urbaines; *b)* habitant des communes rurales;
c) n'ayant pas de domicile fixe, — ainsi que le rapport
pour mille de chacune de ces trois catégories au total des
accusés.

	NOMBRE DES ACCUSÉS					1,000.	
	demeurant dans des communes		sans domicile	Total.			
	rurales.	urbaines.	fixe.				
1867.....	2,186	2,139	282	4,607	475	464	61
1866.....	2,272	1,961	318	4,551	499	431	70
1865.....	2,135	1,778	241	4,154	514	428	58
1864.....	2,262	1,753	237	4,252	532	412	56
1863.....	2,440	1,876	227	4,543	537	413	50
1862.....	2,741	1,987	262	4,990	549	398	53
1861.....	2,708	1,903	202	4,813	566	412	42
1860.....	2,620	1,817	214	4,651	563	391	46
1859....	2,749	1,975	268	4,992	551	395	54
1858.....	3,074	1,994	307	5,375	572	371	57
1857.....	3,103	2,383	287	5,773	547	413	40

Les rapports inscrits dans les trois dernières colonnes indiquent que le contingent des villes dans la criminalité tend à augmenter et que, par la même raison, celui des campagnes diminue. Sur 1,000 accusés, 560 de 1858 à 1862, et 511 seulement, de 1863 à 1867, habitaient la campagne.

Si maintenant, on rapporte les accusés directement à celle des deux populations auxquelles ils appartiennent, on trouve les termes ci-après :

	Habitants pour 1 accusé. Population	
	rurale.	urbaine.
1867................	12,110	5,421
1866...............	11,651	5,913
1865................	12,403	5,522

Ainsi en moyenne, on compte, en France, 12,051 habitants pour 1 accusé dans les campagnes et 5,618 dans les villes.

Ces proportions indiquent-elles réellement une moralité meilleure parmi les populations rurales ? La question serait résolue s'il était possible d'affirmer que les moyens de découvrir les infractions à la loi pénale ont la même efficacité des deux côtés. En fait, il n'en est pas ainsi, beaucoup de ces infractions restant probablement inconnues dans les campagnes, par suite d'une organisation insuffisante de la police judiciaire. Un grand nombre de communes rurales, en effet, n'ont même pas de garde champêtre. Il est permis de croire, en outre, que, sauf pour les grands crimes qui, par le fait de leur publicité, attirent vivement l'attention et obligent l'autorité municipale à les dénoncer à l'autorité judiciaire, beaucoup de méfaits trouvent, dans l'indulgence des maires, une impunité déterminée, tantôt par les relations suivies, quelquefois intimes, de ces magistrats avec les familles des coupables, tantôt par le désir d'éviter à leur commune une fâcheuse notoriété, et autres considérations de même nature.

Si les crimes contre les personnes, fruit de la haine, de la vengeance, y sont fréquents, les atteintes graves à la propriété (moins les incendies toutefois) doivent être assez rares dans ces communes. Il semble, en effet, que le vol ne peut guère s'y produire que sous la forme du maraudage ou de la dévastation des récoltes et des plantations. L'escroquerie y est peu connue. L'absence du recel, la difficulté d'y utiliser promptement les valeurs dérobées, y sont également un obstacle aux tentations criminelles. Les délits de chasse, de pêche, les délits forestiers, s'y commettent, au contraire, en grand nombre.

En constatant la différence de criminalité des deux populations, le *Rapport sur la justice criminelle* de 1860 l'explique, comme nous, en grande partie par l'impunité.

« Une des principales raisons de cette impunité, dit le document officiel, se trouve dans la disposition topographique du pays ; il n'y a dans toute la contrée qu'un petit nombre de maisons agglomérées. Les habitations disséminées dans les campagnes, sont isolées et séparées par des champs en culture. Cette distribution des maisons, excellente au point de vue de l'hygiène, est très propre à entourer du mystère le plus profond des faits qui seraient divulgués à l'instant même au milieu d'un bourg ou d'un village. »

Les Rapports distinguent, en ce qui concernent les deux populations, les crimes contre les propriétés des crimes contre les personnes. Voici, pour la période 1856-60, le résultat de cette distinction, en nombres absolus et proportionnels. La première ligne horizontale se rapporte aux crimes de la première catégorie ; la seconde aux crimes de la deuxième.

1re *Nombres absolus.*

CAMPAGNES.

1856	1857	1858	1859	1860	TOTAL.
1,928	1,770	1,476	1,252	1,335	7,761
1,379	1,333	1,598	1,497	1,285	7,092
3,307	3,103	3,074	2,749	2,620	14,853

VILLES.

1,812	1,783	1,362	1,304	1,289	7,550
707	600	632	671	528	3,138
2,519	2,383	1,994	1,975	1,817	10,688

2e *Nombres proportionnels.*

CAMPAGNES.

58.30	57.04	48.02	45.54	50.95	52.25
41.70	42.96	51.98	54.46	49.05	47.75
100.00	100.00	100.00	100.00	100.00	100.00

VILLES.

71.93	74.99	68.30	66.03	70.94	70.64
28.07	25.01	31.70	33.97	29.06	29.36
100.00	100.00	100.00	100.00	100.00	100.00

Rapport à la population (1856).

(pour 100,000 habitants)

	Campagnes.	Villes.	Total y compris les inconnus et sans domicile fixe.
Contre la propriété...	5.93	15.34	9.72
Contre les personnes .	5.41	6.38	5.77
Crimes en général....	11.34	21.72	15.49

On voit qu'il n'existe qu'un très faible écart, dans les campagnes, entre les crimes contre les personnes et les crimes contre les propriétés, bien que ces derniers soient proportionnellement plus nombreux. Dans les villes, au contraire, il est considérable, ce qui semblerait indiquer ou que les agglomérations adoucissent les mœurs, ou que la tentation du vol y est plus grande, parce que les occasions sont plus nombreuses, le recel, la dénaturation ou la vente des objets volés plus faciles.

Cette moindre criminalité apparente des campagnes est attestée par tous les documents officiels publiés par les autres pays. Ainsi, ceux de l'Angleterre signalent constamment un moindre nombre de crimes dans les comtés agricoles que dans les comtés manufacturiers, et, pour le même comté, dans les districts ruraux que dans les districts urbains.

Les documents belges, prussiens, etc., mettent le même fait en lumière.

Ne perdons pas de vue que les publications françaises signalent la part de plus en plus élevée des villes dans le total des crimes poursuivis.

Il est regrettable que le lieu de séjour des accusés de crimes ne soit pas également relevé, par la statistique française, en ce qui concerne : *a)* les délits; *b)* les crimes et délits constatés, mais qui n'ont été, par des motifs divers, l'*objet d'aucune poursuite*. Il y eût eu là, pour la question de moralité respective des deux populations, un élément de solution de plus.

§ 2. *Naissances naturelles.*

Il est convenu de considérer ces naissances comme un indice d'immoralité. Pour nous, la légitimité d'une opinion de cette nature est douteuse. En principe, la séduc-

tion, résultat d'une affection, d'un entraînement récipro-
ques, n'atteste ni dépravation, ni perversité. Elle est
d'ailleurs le résultat fréquent de circonstances qui en
atténuent sensiblement la portée et varient de pays à pays,
comme, par exemple, les difficultés apportées au mariage
par une législation imprévoyante, certaine tolérance de
l'opinion, une part plus ou moins considérable de la femme
dans le travail national, le degré de bien-être et d'indépendance qui en résulte pour elle; l'instruction plus ou
moins répandue; la prostitution plus ou moins développée; la prédominance plus ou moins grande de la population urbaine, et, par conséquent, du travail manufacturier
ou en commun; enfin, peut-être des influences de race
et de climat.

Il importe de remarquer, en outre, que la fécondité
des unions illégitimes n'est pas un témoignage contre la
moralité de la fille mère, la véritable débauche, le désordre habituel et invétéré, ayant le triste privilége de frapper
de stérilité la femme qui s'y livre.

Si, de pays à pays, les documents officiels ne permettent
pas de reconnaître exactement les différences qui peuvent
les caractériser au point de vue de la fréquence de l'illégitimité, — les états catholiques, par exemple, recevant
dans des établissements hospitaliers tous les enfants
abandonnés à leur naissance et leur donnant indistincte-
ment la qualification d'enfants naturels, tandis qu'un
certain nombre est issu du mariage, dans d'autres (Angleterre) la loi ne rendant pas obligatoire, sous une sanction
pénale, la déclaration de l'état civil de l'enfant nouvelle-
ment né — il est également très difficile d'avoir le véritable coefficient d'illégitimité des villes et des campagnes.
Beaucoup de jeunes filles séduites quittent, en effet, les
communes rurales, où le résultat de la séduction les expo-
serait aux sévérités de l'opinion et ne leur permettrait

plus d'y trouver du travail, pour aller cacher dans les villes les conséquences de leur faiblesse et y faire leurs couches. Or, les enfants de ces filles-mères figurent au compte des villes, tandis qu'ils sont originaires des campagnes. Ces mêmes exigences de l'opinion obligent, plus souvent dans les communes rurales que dans les villes, le séducteur à réparer, avant l'accouchement, sa faute par le mariage ; de là un grand nombre d'enfants conçus naturels et qui naissent légitimes.

Quelle que soit la valeur de ces atténuations, il est incontestable qu'en France et, nous pouvons ajouter, dans tous les pays qui publient régulièrement les relevés de leur état civil, les naissances naturelles sont plus nombreuses dans les villes que dans les campagnes. On en trouvera la preuve dans les documents que nous avons produits sur ce point au titre II de notre travail.

Nous y ajouterons cette observation, qu'en France on constate, depuis quelques années, le regrettable phénomène d'un accroissement continu des naissances naturelles dans les populations rurales. Est-ce le résultat de l'affaiblissement du sentiment religieux, d'un contact plus fréquent, facilité par les nouvelles voies de communication, avec les populations urbaines, d'un déplacement des industries quittant les villes pour aller chercher au dehors les économies de loyer, de main-d'œuvre, etc., dont elles ont besoin ? Serait-ce l'effet imprévu d'un développement de l'instruction primaire non accompagné d'un progrès analogue de l'éducation morale et religieuse, et facilitant à l'ouvrier agricole la lecture des livres immoraux que, malgré tous les efforts de la surveillance administrative, le colportage continue à introduire dans les villages?

§ 3. — *Prostitution.*

Il est difficile d'écrire quelque chose de nouveau sur ce sombre sujet. Tout le monde sait que, très heureusement pour les campagnes, ce fléau, appelé par les Anglais le grand *vice social*, n'y existe pas, et qu'il constitue le triste privilége des villes.

Là où elle est réglementée au point de vue de la décence, de la morale publique et de l'hygiène, la prostitution a beaucoup moins d'inconvénients que dans les pays où, comme l'Angleterre, l'Italie, l'Espagne, elle est purement et simplement interdite.

On lui attribue, dans les Etats où elle s'est largement développée (Angleterre), une influence préventive sur les unions illégitimes et leurs conséquences. Nous y avons même entendu soutenir des thèses dans lesquelles elle est représentée comme un mal nécessaire, comme une sorte de palladium de l'honneur, de la sécurité des familles.

Voici ce qu'a écrit, à ce sujet, le docteur Thompson dans une brochure qui a été fort lue en Angleterre *(Illegitimary in Scotland*, 1865).

« ..... Nous trouvons à Londres 120.53 femmes pour 100 hommes ; 125 filles pour 100 célibataires ou garçons et 296.86 veuves pour 100 veufs, avec seulement 4.2 naissances naturelles sur 100 naissances. Faut-il proclamer que Londres est plus moral que le reste du Royaume-Uni, parce qu'il a 2 pour cent de naissances naturelles de moins ? Cette conclusion serait un peu téméraire. Il est probable que l'immense développement de la prostitution dans cette ville exerce une influence préventive sur les unions illégitimes. »

Comme elle est la plaie des agglomérations urbaines,

elle doit être plus développée dans les pays où ces agglomérations dominent, que dans les Etats à populations clairsemées.

Dans quelle mesure les habitants des villes et des campagnes concourent-ils à son recrutement? Deux médecins ont cru répondre à la question en faisant un recensement, au point de vue de leur origine, des filles officiellement inscrites ou notoirement connues comme prostituées. Parent Duchatelet, dans son livre, justement célèbre, sur la *Prostitution parisienne*, s'est livré à un travail de cette nature et a conclu dans le sens du plus fort contingent des campagnes. Le docteur Acton, auteur d'un livre également très estimé, sur le grand *Vice social* à Londres, est arrivé à la même conclusion. Mais les observations de ces deux médecins n'ont porté que sur un nombre relativement assez faible de cas, la prostitution occulte étant plus largement représentée, au moins dans les grandes villes, que celle qui étale son cynisme dans les rues, ou va s'inscrire sur les registres de la police.

Lors même qu'il serait démontré que, relativement à la population féminine des mêmes âges, les campagnes fournissent un plus grand nombre de prostituées que les villes, il resterait toujours à se demander si les influences auxquelles elles ont succombé ne seraient pas plutôt urbaines que rurales; si, venues pures dans les villes, elles n'ont pas parcouru, au contact de mauvaises relations, ou à la suggestion de la misère, les diverses étapes qui les ont conduites à leur suprême dégradation.

La prostitution n'est pas seulement une cause d'excès, et, quand elle n'est pas surveillée, de maladies graves; elle est encore une source de corruption, les femmes qui s'y livrent ayant abdiqué le sens moral en toutes choses, et infectant doublement les malheureux qui les fréquentent.

Heureuses les campagnes qui ne connaissent pas cette double contamination des sens et du cœur !

§ 4. — *Suicides*.

Le suicide est-il une manifestation immorale ? Est-il un témoignage de dépravation ? Les moralistes le condamnent énergiquement, et ils ont raison. La religion le réprouve et c'est justice, car il cause à la famille, à la société un préjudice souvent irréparable. Napoléon Ier l'avait énergiquement qualifié de lâcheté, de *fuite, de désertion en face de l'ennemi*, dans son célèbre ordre du jour du camp de Boulogne. Le mot était à la fois pittoresque et juste, car le suicide, c'est bien la fuite devant l'ennemi; que cet ennemi soit la douleur physique, ou la misère, ou l'abandon, ou la perte des personnes chères, ou de cruels désillusionnements. Oui, le suicide est un crime de lèse-humanité, car c'est la désertion de la mission que nous remplissons tous ici bas, mission de labeur, de lutte, de souffrance, il est vrai, mais par laquelle nous concourons à l'œuvre providentielle; — car c'est la violation de cette grande loi du devo ir, qui enchaîne le père à ses enfants, l'épouse à son conjoint, l'homme aux intérêts de toute nature qni lui sont confiés.

Mais le suicide est-il véritablement un acte d'immoralité dans le sens le plus accepté du mot? Non, il n'est qu'un acte de faiblesse, et le plus souvent le résultat d'une altération des facultés mentales, soit subite et en quelque sorte explosive, soit ancienne et lentement progressive, comme beaucoup d'autres maladies.

Cependant, d'accord avec le plus grand nombre des écrivains, nous croyons devoir le ranger danz la catégorie des phénomènes moraux, et c'est à ce point de vue qu'il rentre dans le cadre de cette étude.

Il est un fait incontestable, c'est qu'il se produit beaucoup plus fréquemment dans les villes que dans les campagnes, et nous ne croyons pouvoir mieux faire que de détacher d'un mémoire dont nous avons donné récemment lecture à l'Institut, sur la *Physiologie du suicide*, l'extrait ci-après qui met ce fait hors de contestation :

« Les suicides sont beaucoup plus nombreux dans les capitales que dans le reste du pays. Ainsi, tandis qu'on compte, en Angleterre, pour le pays tout entier, 69 suicides pour 1 million d'individus, ce nombre s'élève à 91 à Londres.

« La proportion est également très différente pour la France et Paris, puisque, de 110 pour l'ensemble du pays, elle monte à 646 pour Paris. Paris est donc la ville du monde où le suicide fait le plus de victimes.

« En Prusse, la proportion des suicides est de **123** pour la population entière est de **212** à Berlin.

« Dans le Danemark proprement dit, elle est de 288 pour la monarchie et de 447 à Copenhague.

« La même différence, quoique à un bien moindre degré, se produit dans les villes et les campagnes (1). Ainsi, pendant qu'en Prusse, on compte en moyenne **187** suicides pour 1 million d'individus appartenant à la population totale, la proportion est de 102 dans les campagnes. La même recherche faite pour le Danemark donne lieu aux résultats ci-après : villes, 307; campagnes, 271. Ces données s'appliquent à la période 1856-1860. Dans la période précédente (1851-1855), on trouvait : villes, 303; campagnes, 232. Ainsi, dans ces dernières années, les campa-

---

(1) Nous faisons nos réserves sur la valeur statistique des mots populations *rurales* et *urbaines* employés dans les documents officiels des divers pays, le nombre d'habitants et le degré d'agglomération de ces habitants qui distinguent les villes des campagnes, n'étant pas les mêmes partout.

gnes n'ont plus que 36 suicides de moins que les villes par million d'individus, tandis que l'écart était de 71 dans la période précédente et s'élevait à un chiffre plus considérable encore dans les périodes antérieures. Il y aurait ainsi, au moins en Danemark, une tendance à l'égalité, au point de vue de la fréquence du suicide, entre les populations urbaines et rurales.

« En France, des 5,061 suicidés dont on a pu constater l'origine en 1866, 2,325 (1 sur 12,298 habitants) appartenaient aux populations rurales et 2,736 (1 sur 3,944 habitants) aux populations urbaines.

« Mais ces proportions sont-elles rigoureusement exactes? Et notamment, les suicides sont-ils aussi fidèlement constatés dans les campagnes que dans les villes? Il est permis d'en douter.

« Dans les villes, où une des conséquences de l'agglomération est la prompte divulgation de tous les faits de nature à alimenter la curiosité ou la malignité publiques, il est rare qu'un décès dans des conditions un peu extraordinaires n'appelle pas immédiatement l'attention et ne soit pas signalé à l'autorité. Les familles, qui n'ignorent pas leur responsabilité vis-à-vis de la justice, ont, en outre, un intérêt considérable à faire connaître le suicide, pour échapper au soupçon d'un crime.

« Il n'en est pas ainsi dans les campagnes, où l'isolement des habitations, l'absence, non-seulement de toute vérification des causes des décès, mais encore de la constatation du fait même du décès, le préjugé qui frappe les familles dont un membre a attenté à sa vie, la crainte, pour ces familles, de voir le corps du suicidé exclu des prières de l'Église, le clergé rural étant inexorable sur ce point, autorisent à croire à d'assez nombreuses dissimulations.

« Toutefois, quand on tient compte du calme relatif

des populations agricoles, de la régularité de leurs travaux, de la faible dépense intellectuelle que ces travaux leur imposent, de la rareté des circonstances qui peuvent provoquer, chez elles, une forte et durable excitation morale, et enfin de leur sobriété, il y a lieu de penser que le suicide est moins fréquent dans les campagnes que dans les villes.

« Si l'on poursuit, en ce qui concerne l'âge des suicidés, la comparaison entre les villes et les campagnes, on est amené à cette conclusion que, dans les villes, le maximum des suicides se trouve entre 50 et 60 ans, et dans les campagnes, entre 60 et 70 ans. On a remarqué également que c'est parmi les vieillards seulement, c'est-à-dire après 60 ans, que la proportion des suicides ruraux dépasse celle des villes ; il en résulte que l'excédant des suicides constaté dans les villes porte tout entier sur les âges antérieurs à la 60ᵉ année.

« L'influence du mois est, comme on devait s'y attendre, plus caractérisée dans les campagnes, bien que les maxima et minima s'y manifestent dans les mêmes saisons. Ainsi, en Danemark, pour 12,000 suicides annuels, la différence entre le minimum et le maximum est de 1,644 dans les campagnes et de 1,488 seulement dans les villes.

« Les modes de perpétration diffèrent également (même pays) selon la nature des populations. Par exemple, les campagnes ont une proportion de strangulation beaucoup plus forte ; mais il est remarquable que celle des submersions y est presque égale. L'emploi des autres modes de destruction est beaucoup plus fréquent au sein des villes. Ainsi, pour le même nombre de suicides, il y en a deux fois plus qui s'y tuent avec des armes à feu, huit fois plus qui s'y précipitent d'un lieu élevé, et plus de deux fois plus qui s'y empoisonnent. L'emploi des instruments tranchants y est également plus fréquent; la différence est de 40 à 31. »

§ 5. — *Autres conséquences morales.*

Les agglomérations sont un foyer de lumière, cela est incontestable ; mais cette lumière est-elle toujours pure ? Et, par exemple, les innombrables publications qui y voient le jour sont-elles toutes conçues dans un esprit de profonde déférence pour les idées et les sentiments qui font les sociétés honnêtes ? Le roman, le théâtre notamment, sont-ils toujours une école de morale ? Ne cherchent-ils jamais à ébranler les grands principes qui sont la condition même d'existence de ces sociétés, comme la religion, la famille, la propriété, la fidélité aux engagements, à la foi jurée, le respect des droits, des intérêts d'autrui ? Laissent-ils aux tristes aberrations de l'esprit ou du cœur humain leur difformité naturelle ? Ne mettent-ils pas au service des plus détestables penchants, des plus coupables passions, les plus séduisants sophismes ? N'ont-ils pas des excuses, ou au moins des atténuations pour les plus flagrantes violations du droit, de l'équité ? Ne laissent-ils pas souvent, au fond de nos âmes, de profondes tristesses, de profonds abbattements, en nous montrant, méconnues, honnies, persécutées, les plus fermes vertus, les qualités les plus solides du cœur et de l'esprit, en nous faisant assister à des chutes trop fréquentes, dans la lutte de l'intérêt et de la conscience, de la passion et du devoir ?

Et le journalisme, cette émanation directe, favorite, privilégiée des agglomérations, répand-il toujours dans la foule le respect du principe d'ordre, de conservation, d'autorité ? Est-il toujours le censeur impartial, désintéressé, éclairé des actes officiels? Ne recherche-t-il jamais le succès dans le scandale, dans la violence des prédications révolutionnaires? Les intérêts du pays passent-ils toujours avant ceux de son entreprise, considérée industriellement? Est-il toujours pur de toute libéralité inavouable de la part, soit des gouvernements, soit des compagnies financières dont il annonce et patronne les entreprises? Dit-il toujours énergiquement la vérité à ce souverain, le plus illibéral, le plus despote, le plus amoureux de flatteries qui existe, le Peuple? Dans les conflits du pays avec l'étranger, est-il toujours patriote, se range-t-il toujours et sans hésiter du côté des hommes qui défendent, au pouvoir, les intérêts nationaux? Sait-il faire trêve, dans ce cas, à ses rancunes, à ses haines? N'est-il pas trop souvent l'organe complaisant des griefs, réels ou imaginaires, de nos ennemis extérieurs? Ne confond-il pas habituellement dans la même opposition et les intérêts politiques et les intérêts religieux? Démagogie et athéisme ne sont-ils pas quelquefois synonimes dans sa pensée?

Si le journalisme ne franchissait pas l'enceinte des villes, si son action, trop souvent délétère et dissolvante, ne s'exerçait que sur les populations qui lui sont immédiatement soumises, le mal serait grand, très grand déjà ; mais enfin son rayon, sa sphère seraient limités. Aujourd'hui, il pénètre dans les campagnes et y déchaînera bientôt, grâce aux progrès de l'instruction primaire, toutes les passions dont il est animé. Les gouvernements constitutionnels y trouvent encore des députés sincèrement dévoués aux institutions, à la dynastie, à l'ordre, à la cause des réformes pacifiques. Demain, elles voteront, comme les villes, pour les adversaires systématiques de tout gouvernement.

————

CHAPITRE III.

CONSÉQUENCES HYGIÉNIQUES.

§ 1. *Mortalité.*

Nous avons fait connaître ailleurs en détail (Titre III, *Caractéristique des populations rurales et urbaines*) l'influence qu'exerce l'agglomération sur la mortalité. Quelques documents officiels nouveaux, publiés depuis l'impression de cette partie de notre travail, nous permettent de confirmer, avec quelques détails intéressants, ceux que nous avons donnés sur les décès comparés des villes et des campagnes en France.

Voici ces documents :

Mortalité rapportée aux populations respectives et déduite des cinq années de la période 1861-65.

	Décès pour 100 habitants.	Habitants pour 100 décès.
Seine	2.55	39.2
Villes	2.61	38.4
Campagne	2.15	46.5
France	2.28	43.8

Le rapport des décès aux naissances indique la mesure dans laquelle une population s'accroît par son mouvement naturel, c'est-à-dire indépendamment de toute immigration ou émigration. Le tableau ci-après indique ce rapport pour les trois populations :

Décès pour 100 naissances.

Seine	84.72
Villes..............	92.78
Campagnes.........	83.22

Ainsi les populations rurales tendent à s'accroître plus rapidement par l'excédant des naissances que les populations urbaines. On remarque l'exception que présente la Seine, exception tout-à-fait extraordinaire, et qui indique soit une amélioration hygiénique considérable par suite des grands travaux d'édilité qu'on connaît, soit l'existence à Paris d'un nombre exceptionnel d'adultes, probablement d'ouvriers, attirés par ces travaux. Or, on sait que **la mortalité des adultes** est sensiblement inférieure à celle, d'abord des enfants et des vieillards, puis de la population prise en bloc.

Mortalité des enfants:

Cette mortalité diffère très notablement selon que les enfants sont légitimes ou naturels. Celle des premiers est indiquée par les rapports ci-après :

	Enfants légitimes (décès pour 100 naissancs).			
	Seine.	Villes.	Campagnes.	France.
De la naissance à 7 jours..	1.7	2.1	2.7	2.5
De 8 à 15 jours..........	2.3	1.7	2.0	2.0
De 15 jours à 1 mois.....	1.8	2.0	2.1	2.0
De 1 mois à 3 mois.......	2.7	3.3	3.2	3.3
De 3 mois à 6 mois.......	2.5	3.1	2.8	2.9
De 6 mois à 12 mois......	4.6	5.2	3.8	4.1
De la naissance à 1 an....	15.6	17.4	16.6	16.8

En apparence, c'est la Seine qui perd le moins d'enfants dans la première année de leur naissance. Mais il ne faut pas perdre de vue que Paris envoie en nourrice dans les campagnes, où beaucoup meurent, un grand nombre de ses nouveau-nés.

Distraction faite de la Seine, ainsi placée dans des conditions qui rendent une comparaison exacte très difficile, ce sont les campagnes qui perdent le moins d'enfants. Ce fait se dégagerait bien plus clairement, s'il était possible d'éliminer de leurs décès ceux des nourrissons d'origine urbaine.

La mortalité des enfants naturels est, au contraire, bien plus élevée dans les campagnes que dans les villes, comme on va le voir.

	Enfants naturels (décès pour 100 naissances).			
	Seine.	Villes.	Campagnes.	France.
De 0 à 7 jours	3.3	4.1	5.9	4.6
De 8 jours à 15 jours.	4.1	4.7	6.	5.1
De 15 jours à 1 mois.	3.3	4.7	7.	5.3
De 1 mois à 3 mois...	3.	5.6	9.2	6.5
De 3 mois à 6 mois...	1.7	4.3	7.7	5.1
De 6 mois à 12 mois..	2.2	4.8	8.2	5.6
De 0 à 1 an..........	17.6	28.2	44.0	32.2

On remarque : 1° que la mortalité des enfants naturels est supérieure à celle des enfants légitimes de près du double pour la France entière ; 2° qu'elle est plus élevée dans les villes et surtout dans les campagnes, que dans la Seine. Mais, en ce qui concerne les campagnes, il faudrait, pour avoir un rapport exact, pouvoir distraire de cette mortalité spéciale celle des enfants naturels envoyés en nourrice par les villes, et, notamment par les établissements hospitaliers qui reçoivent les nouveau-nés abandonnés.

L'assez faible écart que l'on constate dans la mortalité des enfants légitimes et naturels du département de la

Seine, peut s'expliquer par ce fait qu'à Paris, les unions illégitimes restant facilement secrètes et ayant souvent l'apparence de ménages réguliers, les filles-mères ne prennent aucune précaution pour dissimuler leur grossesse. La vie fœtale ne présente ainsi aucun danger pour l'enfant. Il en est autrement dans les villes et dans les campagnes, où le désir d'échapper aux sévérités de l'opinion fait recourir, d'abord aux abortifs, puis à tous les moyens de cacher, le plus longtemps possible, le résultat de la séduction. On peut croire également que l'accouchement des filles-mères est assez souvent clandestin dans les villes et et les campagnes ; de là une nouvelle source de danger pour la santé de l'enfant.

Age moyen des décédés.

On obtient cet âge en faisant la somme des années vécues par l'ensemble des décédés et en la divisant par le total de ces décédés.

	Sexe				les deux sexes	
	masculin		féminin.			
	ans.	mois.	ans.	mois.	ans.	mois.
Seine......	30	5	31	10	31	1
Villes......	31	7	35	»	33	4
Campagnes.	34	3	37	2	35	9

L'âge moyen des décédés est, on le voit, notablement plus élevé dans les campagnes que dans les deux autres populations, et l'écart serait bien plus sensible encore sans les nombreux décès des nourrissons venus des villes, qui grossissent indûment la mortalité rurale en ajoutant fort peu au dividende (années vécues) et beaucoup au diviseur (décédés).

§ 2. *Aliénation mentale.*

On ne connaît, en France, l'origine des aliénés que pour ceux de ces malades qui sont traités dans les asiles.

Voici, pour les admis de 1856 à 1860, les renseignements recueillis sur le lieu de leur séjour au moment de leur entrée dans ces établissements.

	Fous.	Idiots-Crétins.
Habitant les villes	18,228	950
Habitant les campagnes . .	16,914	1,481
Domicile inconnu	1,317	98
	36,459	2,529

Il résulte de ces chiffres que plus de la moitié des fous admis de 1856 à 1860, habitaient des villes au moment de leur admission, tandis que, pour l'ensemble de la population de la France, les habitants des villes sont, à ceux des campagnes, comme 1 est à 3 environ. L'importance relative de l'élément urbain ou rural parmi les *aliénés à domicile* n'étant pas connue, il est impossible de se faire une opinion exacte de l'influence des agglomérations sur les causes de cette différence. Il est permis de croire toutefois que la forte prédominance des fous d'origine urbaine doit être attribuée autant aux mesures spéciales dont ces infortunés sont l'objet, qu'à la multiplicité des affections mentales au sein des villes. Ainsi, par des considérations de sage prévoyance, tous les individus privés de leur raison, quelle que soit la nature de leur maladie, y sont réputés dangereux, et, à ce titre, séquestrés par ordre de l'autorité. Dans les campagnes, au contraire, où les aliénés sont connus de tout le monde, où chacun a, en quelque sorte, les yeux sur eux et où leurs actes ne peuvent avoir la même gravité, l'administration laisse volontiers au sein de leurs familles ceux qui se montrent inoffensifs.

Toutefois les observations que nous avons recueillies dans d'autres pays où il a été fait des recensements d'aliénés d'après leur origine urbaine et rurale, nous paraissent établir sans réplique que l'aliénation proprement dite est plus fréquente dans les villes que dans les campagnes. Le fait contraire semble se produire en ce qui concerne l'idiotie et le crétinisme, comme nous venons de le voir pour la France.

Voici le résumé de ces observations; elles se rapportent à des dates assez récentes.

	Villes, habit. p. 1.		Campagnes habit. p. 1.	
	Aliéné.	Idiot.	Aliéné.	Idiot.
Silésie prussienne..	684	1,738	2,172	379
Belgique........ ..	580	»	1,234	»
Danemark	781	»	1,772	»
Norwège........ ..	831	285	1,184	345

Il est facile de comprendre que, par sa vie calme, réglée, monotone, par la nature de ses occupations, par ses conditions économiques et hygiéniques relativement bonnes, l'habitant des champs soit moins exposé que le citadin à la terrible maladie qui nous occupe.

Quant à la plus grande fréquence de l'idiotie dans les campagnes, elle peut s'expliquer, en outre des influences telluriques, par le défaut presque absolu d'excitation intellectuelle chez les enfants, par l'état fréquent d'isolement et d'abandon où les tiennent les parents, appelés au dehors par les travaux de la culture, peut-être par un plus grand nombre de mariages consanguins que dans les villes, par une nourriture mal appropriée aux organes des nouveau-nés, par l'absence générale des soins hygiéniques que réclame la première enfance; enfin, il faut bien le dire, par le faible développement intellectuel des parents.

Quand on recherche avec attention les causes de l'état sanitaire peu favorable des villes, on constate qu'elles ont des éléments particuliers d'insalubrité ; citons les plus graves.

Insuffisance relative d'air et de lumière ; — émanations des fosses d'aisances, très-tardivement vidées pour la plupart, et qui, par le fait d'un mauvais système de construction , infectent, de leurs infiltrations , et le sol des rues et les eaux de puits ; — système barbare de vidanges et, par suite, effusions prolongées de miasmes délétères ; — émanations des cuisines ; envoi dans l'atmosphère des matières fuligineuses vomies par les hautes cheminées des usines ; — émanations de celles de ces usines qui ont le caractère d'établissements insalubres et dangereux ; — émanations fétides des eaux ménagères et industrielles , des boues , des détritus et immondices séjournant plus ou moins longtemps dans les rues ; — effluves pernicieuses d'un cimetière placé ou dans l'intérieur de la ville ou à ses portes ; — émanations de cours d'eau fangeux, mal entretenus , laissant à découvert, en été, une partie de leurs rives , sur lesquelles se sont accumulées des matières putrescibles dont la chaleur hâte la fermentation ; — émanations des abattoirs, quand il y a des abattoirs et qu'ils sont placés à l'intérieur de la ville, ou des tueries privées, quand il n'existe pas d'abattoirs ; — quantités considérables de gaz méphitiques se dégageant dans l'atmosphère par le simple fait de la respiration de plusieurs milliers, de plusieurs centaines de milliers de créatures humaines et d'animaux ; — foyers particuliers d'insalubrité dans les maisons mal habitées, mal construites, mal ventilées, dont les logements ouvrent sur des ruelles , ou des cours étroites et impures ; — difficultés apportées à la libre circulation de l'air par des rues tortueuses et sans profondeur ; — conditions particulières d'insalubrité pour une foule d'apprentis et d'ouvriers des deux sexes logés chez les maîtres des établissements qui les occupent, et que ceux-ci entassent dans des chambres étroites, nourrissent à peine et surmènent de travail; — alimentation insuffisante dans presque tous les établissements d'instruction privée, non surveillés, sous ce rapport, par l'autorité compétente; — existence de petites agglomérations dans la grande; casernes, lycées, hôpitaux et hospices, prisons, etc., etc.; — propagation rapide des maladies épidémiques résultant de l'existence de ces petites agglomérations, des hôpitaux et notamment de la contiguité des maisons; — influence dangereuse du travail en commun dans des locaux industriels insuffisamment ventilés; — chances d'accidents par l'emploi des machines dans les usines et fabriques des villes; — conséquences anti sanitaires, surtout en été, du séjour prolongé dans la chambre mortuaire (qui est souvent la chambre unique de la famille) des corps des décédés; — mise en vente sur les marchés, de viandes avariées ou provenant d'animaux malades, de fruits de mauvaise qualité ou non mûrs; — altération fréquente des produits alimentaires et notamment des boissons, surtout dans les villes à octroi; — propagation, par la prostitution, du virus vénérien infectant, de génération en génération, des familles entières; — effets morbides des excès alcooliques commis par les ouvriers et qu'attestent de plus nombreuses admissions dans les établissements hospitaliers le lendemain des jours fériés; — insuffisance ou mauvaise qualité des eaux; — système d'égouts défectueux, etc., etc.

Telles sont les principales causes de l'insalubrité des villes, et l'explication probable de leur plus grande mortalité.

Ainsi que nous avons eu l'occasion de le dire ailleurs (*Caractéristique*, etc., etc.), les conditions hygiéniques des habitations du journalier et du petit cultivateur laissent également beaucoup à désirer. L'existence de fumiers, de *mares* infectes dans les cours ; — quelquefois la presque cohabitation des hommes et des animaux — l'exiguité de ces habitations, par suite, l'accumulation des membres de la famille, au préjudice de la santé et de la décence, dans une pièce unique ; — l'absence d'écoulement des eaux ménagères, généralement jetées, avec les immondices, sur les fumiers, dont elles peuvent bien accroître la puissance fécondante, mais dont elles font des foyers d'infection ; — une alimentation grossière et peu réparatrice ; — l'oubli des soins de propreté les plus nécessaires ; — l'absence ou l'insuffisance du traitement médical en cas de maladie, etc., etc.

Voilà bien évidemment des influences pernicieusees, mais elles sont, en très-grande partie, conjurées par le travail des champs, par les bienfaisantes effluves de la végétation, par la respiration à pleins poumons d'un air pur et vivifiant, par la régularité des habitudes, par la sobriété, la frugalité des membres de la famille rurale, et surtout par ce calme profond de l'esprit, inconnu dans les villes, où s'agitent tant de passions, où l'incertitude du lendemain, où la nécessité d'assurer le pain de chaque jour sont l'objet de si ardentes préoccupations, quelquefois de si fiévreuses angoisses !

———

CHAPITRE IV.

CONSÉQUENCES DIVERSES.

Les villes appellent, à divers points de vue, la vigilante sollicitude des gouvernements. Non seulement elles sont des centres d'agitation politique, et généralement des foyers d'opposition, mais encore leur administration , la gestion de leurs intérêts locaux exigent fréquemment l'intervention de la haute administration et des assemblées législatives. L'État est obligé de s'assurer si l'ordre , l'économie et une certaine intelligence président aux dépenses des communes ; si la portion des services publics mise à leur charge (police, culte, viabilité, instruction publique, etc.) est convenablement dotée, ou si cette dotation ne dépasse pas la mesure des véritables besoins. Il doit vérifier si les taxes locales ne sont pas excessives et ne font pas au contribuable une situation qui lui rend difficile l'acquittement des impôts généraux. De là, entre l'autorité locale et l'autorité supérieure, du moins dans les pays où l'autonomie communale n'est pas complète, des relations toujours tendues, et assez souvent des sources de conflits, les maires ayant une tendance marquée à représenter trop exclusivement les intérêts locaux, au préjudice de ceux de l'État.

Dans les pays où la nomination de ces fonctionnaires appartient, selon l'importance des communes, soit directement au souverain, soit à ses délégués dans les provinces, leur choix est l'objet d'assez graves soucis pour le gouvernement, qui ne trouve pas très-aisément, pour des fonctions gratuites et laborieuses (au moins dans les villes), des candidats réunissant toutes les conditions qu'elles exigent. Ces candidats, une fois nommés, peuvent ensuite ne pas avoir la sympathie du Conseil municipal. De là, un refus de concours aboutissant nécessairement où à la nomination d'un nouveau maire ainsi imposé au pouvoir central, ou, ce qui arrivera plus souvent, à la dissolution du Conseil municipal et à de nouvelles élections. Mais si la majorité hostile en sort triomphante, ou la lutte s'éternisera, au grand préjudice de tous les intérêts, ou le pouvoir cèdera , et, dans ce dernier cas, les fonctions municipales seront exercées par des hommes qui, expression fidèle de l'esprit de cette majorité, en épouseront les passions et les préjugés.

Ce mauvais esprit, cette opposition instinctive des villes contre le pouvoir s'étend en dehors de leur enceinte. On sait qu'il se forme toujours à leurs portes une banlieue populeuse, qui bénéficie des avantages qu'elles peuvent offrir sans participer à leurs charges. Eh bien ! cette banlieue s'inspire de leurs sentiments politiques ; quelquefois même elle les exagère, car sa population est en grande partie ouvrière, c'est-à-dire, particulièrement accessible aux influences démagogiques. C'est ainsi que l'ordre et le gouvernement n'avaient pas de pires adversaires que les habitants des communes suburbaines annexées à Paris en 1859.

Il existe, dans les agglomérations urbaines, une sorte de température morale exceptionnelle. Les pensées, les sentiments y ont une vivacité particulière et s'y exaltent jusqu'à la passion. Les conflits entre elles et l'autorité ne se vident pas toujours sur le terrain de la légalité. Ce ne sont pas toujours les électeurs municipaux qui sont appelés à les juger. Quelquefois, elles recourent à la force pour venger leur prétendus griefs et l'histoire contemporaine a plus d'une page sanglante dans ce sens. Nous pourrions citer notamment les troubles si graves de Toulouse, de Clermont, à l'occasion de la nouvelle évaluation, en 1841, des valeurs locatives.

En temps de guerre, elles apportent, par le seul fait de leur existence, de grands obstacles à la défense du territoire. Pour les mettre à l'abri de l'ennemi, ou bien le gouvernement est obligé d'affaiblir l'armée active, dont il détache des corps nombreux destinés à y tenir garnison ; ou bien le général qui commande cette armée est tenu de manœuvrer de manière à les couvrir, au grand préjudice de la liberté de ses mouvements. Leur occupation par l'ennemi n'entraîne pas seulement la soumission immédiate d'une zone de territoire considérable, c'est-à-dire de la province, du département dont elles sont les chefs-lieux ; elle met encore à sa disposition, par la voie des réquisitions forcées, des ressources importantes en vivres, argent, moyens de transport, munitions. Or, celles de l'armée nationale sont réduites d'autant. Heureux encore le pays si ces villes, sous l'influence ou de la peur ou de l'esprit de parti, ne paralysent pas, par leur mauvaise attitude, peut-être même par une insurrection, les efforts de la garnison contre l'ennemi !...

Ces observations s'appliquent évidemment aux villes ouvertes de l'intérieur, les villes fortifiées des frontières étant, au contraire, des points d'appui pour la défense du territoire, et leur patriotisme bien connu secondant cette défense avec une énergie particulière.

Les agglomérations sont donc, pour les gouvernements, en temps de paix ou de guerre, une source de difficultés et d'embarras.

TITRE VI.

DES MOYENS D'ARRÊTER OU AU MOINS DE MODÉRER LE MOUVEMENT DE L'ÉMIGRATION RURALE.

Ces moyens existent-ils, soit directs et absolus, soit indirects et comme résultat de certaines mesures destinées à retenir au sol l'habitant des campagnes par le simple lien de ses intérêts ?

S'ils n'existent pas, ne peut-on conjurer, dans une notable proportion, les inconvénients inhérents au progrès des agglomérations urbaines ?

C'est ce que nous allons examiner.

CHAPITRE Ier

MOYENS DIRECTS.

Est-il possible, dans l'état actuel de nos mœurs, avec l'esprit libéral qui anime nos institutions civiles et politiques, de recourir à des mesures coercitives pour enchaîner, en quelque sorte, au lieu d'origine les populations rurales ? Est-il possible d'interdire, au nom de la loi, au journalier agricole, au petit cultivateur de chercher à améliorer son sort en quittant la commune natale, où son travail ne suffit plus à le faire vivre ? Est-il possible d'interdire au propriétaire de biens ruraux de les aliéner pour venir dépenser son revenu dans les villes ? C'est à peine s'il est permis de poser de pareilles questions.

Mais on s'est demandé si le même résultat ne serait pas atteint par l'attribution aux maires du droit d'exiger des individus qui veulent s'établir dans leurs communes, la justification, si ce n'est de moyens d'existence acquis, certains, au moins, de la possibilité de s'en créer par leur industrie.

Ceux qui ont proposé ce moyen d'enrayer l'émigration rurale se sont autorisés de la législation qui, dans plusieurs Etats allemands, confère à l'autorité municipale le droit dont ils demandent l'application à notre pays. Mais ils perdent de vue, d'une part, que cette législation, en vigueur dans quelques petits États seulement, a été rapportée ou est sur le point de l'être ; de l'autre, qu'elle se justifiait par le droit à l'assistance. Or, on comprend que, pour se soustraire à cette conséquence du domicile, la commune ait été investie de la faculté de vérifier l'état de fortune, ou l'aptitude au travail de celui qui pourrait l'invoquer un jour contre elle. Mais l'assistance publique n'étant pas obligatoire en France, l'analogie des situations n'existe pas.

On pourrait répondre, il est vrai, que, si l'assistance n'est pas obligatoire en France en vertu de la loi, elle l'est en vertu du droit supérieur de l'humanité. Soit ; mais une obligation morale, quelque forte qu'elle soit, ne saurait avoir, pour la commune, le même effet qu'une injonction légale. Sans doute, elle devra pourvoir aux besoins de ses indigents, même non domiciliés, mais dans la mesure déterminée par les ressources qu'elle peut, sans nuire aux services rigoureusement nécessaires, consacrer aux dépenses de cette nature.

La législation relative au domicile de secours est assez confuse en France. Une question a été soulevée, il y a quelques années, par l'Administration de l'assistance publique à Paris, c'est celle de savoir si la commune d'origine ou du dernier domicile ne pourrait pas être déclarée responsable des frais d'assistance avancés par la commune de la simple résidence. Nous ne savons dans quel sens la question a été résolue par la justice ordinaire ou administrative ; mais elle ne nous semble pas comporter de difficulté réelle. L'assistance étant purement facultative, ne saurait donner lieu à une demande en restitution. Un bienfait, œuvre essentiellement spontanée et volontaire, ne peut légitimer une demande en remboursement. Toutefois, si la jurisprudence s'établissait dans le sens contraire, il y aurait lieu évidemment d'examiner jusqu'à quel point la responsabilité de la commune d'origine peut se concilier avec la liberté absolue de l'émigration au profit de ses habitants.

A un autre point de vue, il convient de se demander si un intérêt de police, si le désir fort légitime de protéger une agglomération contre des éléments de désordre, de corruption, de contagion morale, ne justifieraient pas suffisamment le droit pour les communes de s'enquérir des antécédents des nouveaux arrivants et de leur refuser le droit d'établissement, en cas de doute sur la pureté de leur passé? Le changement de domicile ne pourrait-il, comme en Belgique, pays de grandes libertés civiles et politiques, être précédé d'un avertissement, par l'émigrant, à l'autorité municipale du lieu, et d'un avis, par cette dernière, à l'autorité municipale de la future résidence? Et l'émigrant ne pourrait-il être obligé, en arrivant dans cette commune, d'exhiber un certificat de bonne conduite, de bonnes mœurs, d'absence de toute condamnation, que lui aurait délivré le maire du dernier domicile? Ce certificat ne pourrait-il être accompagné de l'indication de la profession, de l'âge, de l'état civil, de la religion et autres renseignements propres à donner une connaissance exacte de la situation civile, morale et économique du porteur? N'est-il pas vrai qu'en l'absence de précautions de cette nature, les villes, les grandes villes surtout, voient affluer dans leur enceinte tous les compromis, tous les déclassés, tous les anciens condamnés en rupture de ban, tous les réprouvés des communes rurales? Et le droit de libre mouvement, de libre déplacement pour l'individu devrait-il être supérieur au droit de légitime défense pour les communes en butte à de pareils envahissements?

D'un autre côté, cette certitude, pour celui qui serait tenté de déserter la voie du devoir, que sa faute l'accompagnera partout, qu'elle sera un obstacle à la liberté de ses mouvements, qu'elle pourra le river au sol natal, n'exercerait-elle pas une influence préventive favorable, une influence moralisatrice? Le maire ne resterait-il pas, d'ailleurs, le maître, dans le cas de certaines fautes depuis longtemps expiées, ou de certains faits (comme la séduction par exemple) qui sont plutôt le résultat d'un accident, d'un malheur, qu'un acte d'immoralité, de rédiger le certificat de manière à concilier tous les intérêts. Ce certificat n'a-t-il pas été, au surplus, sollicité de tout temps? ne l'est-il pas encore par les honnêtes jeunes gens des deux sexes qui veulent aller offrir, dans les villes, leurs services comme domestiques?

Nous posons ces questions sans chercher à les résoudre, partagé que nous sommes entre nos vives sympathies pour l'exercice, dans sa plénitude, de la liberté individuelle et les considérations qui militent pour que les villes puissent se protéger contre des contacts impurs et dangereux.

CHAPITRE II.

AMÉLIORATIONS DU SORT DES POPULATIONS RURALES.

Certes, s'il était possible de retenir à la vie des champs, par le seul stimulant de leur intérêt, les populations rurales, il ne faudrait pas chercher ailleurs la solution du problème.

Mais comment leur situation peut-elle être améliorée de manière à les dissuader de l'émigration? L'Etat, le département, la commune, les associations, les particuliers peuvent-ils beaucoup pour elles? Nous avons des doutes sérieux sur ce point. Cependant, il importe d'examiner ce qui a été tenté dans ce sens, et de rechercher si des pas nouveaux et plus décisifs ne pourraient pas être faits dans la même voie.

§ 1. *Établissements de bienfaisance.*

Ces établissements font défaut dans le plus grand nombre des communes rurales et c'est avec de grandes difficultés que leurs habitants peuvent être admis dans les hôpitaux des villes, dont l'action bienfaisante est limitée, soit par la volonté des fondateurs, soit par l'insuffisance des ressources, aux indigents de la circonscription urbaine. Le transport des malades domiciliés à une distance considérable de la ville, n'est pas, d'ailleurs, sans inconvénients et même sans périls. D'un autre côté, l'assistance médicale libre, exigeant le déplacement toujours coûteux du médecin des villes, constitue une lourde charge pour l'habitant des campagnes, charge qu'aggrave la nécessité d'aller acheter au loin et à des prix très élevés, faute de concurrence, les médicaments prescrits.

Que faire pour atténuer cette inégalité de situation entre les deux populations, par suite de laquelle une portion notable des habitants des campagnes meurt sans aucune assistance médicale?

En France, le gouvernement s'est préoccupé de cet intérêt et n'ayant pu, jusqu'à ce jour, organiser, aux frais de l'État, à l'imitation de quelques pays allemands, un service sanitaire gratuit, il a invité les départements à inscrire à leurs budgets un fonds de subventions destinées aux médecins qui consentiraient à s'en charger. Il n'est pas sans intérêt de connaître les résultats de cette tentative, et nous ne pouvons mieux faire, dans ce but, que de reproduire ci-après les principaux passages du rapport adressé, le 24 avril 1867, par le ministre de l'intérieur à l'Empereur.

« Au commencement de son règne, Votre Majesté fut frappée de l'inégalité qui existait, au point de vue de l'assistance médicale, entre l'ouvrier des villes et l'ouvrier des campagnes. Tandis que les villes sont généralement dotées d'institutions charitables où le malade indigent trouve les secours qui lui sont nécessaires, l'ouvrier des champs était souvent exposé à souffrir, isolé, sans médecin, sans remède.

« L'Empereur, dans sa sollicitude pour les populations rurales, a voulu qu'on atténuât, autant que possible, un pareil état de choses, contraire aux principes de charité et de justice. Dans ce but, l'administration supérieure a fait tous ses efforts pour encourager dans les départements la création d'un service de médecine gratuite en faveur des populations rurales. L'attention des préfets et l'intérêt des Conseils généraux ont été appelés d'une manière toute spéciale sur l'utilité que présentait uue institution qui devait améliorer notablement le sort des indigents des campagnes.

« Plusieurs modes d'assitance ont été essayés ; mais l'organisation qui a paru la plus complète, est celle des médecins cantonaux, appliquée déjà avec succès sur plusieurs points de la France, et notamment dans le Loiret.

« Voici les bases de l'organisation adoptée dans ce département.

« Le service de chaque circonscription, composée d'un nombre de communes variant suivant l'importance de la population, est confié à un médecin désigné par le préfet.

« Chaque année, le bureau de bienfaisance de la commune, ou lorsqu'il n'en existe pas, une Commission composée dn maire, de l'adjoint et du curé, dresse, en présence du médecin, la liste des indigents qui seront appelés à jouir des bienfaits de la médecine gratuite. Cette liste est ensuite soumise à l'approbation du Conseil municipal.

« Le médecin cantonal traite à domicile, sur la demande du maire, ou, à son défaut, d'un membre de la Commission communale, les indigents portés sur la liste. Dans les cas urgents, il peut être appelé directement par le malade ou par sa famille, sans autre formalité que la présentation de la carte délivrée à chacun des indigents.

« Les médecins visitent et soignent également les enfants trouvés, abandonnés, orphelins, les vieillards et infirmes placés dans les familles au compte du département. Outre les soins que peuvent venir réclamer auprès d'eux les malades indigents de leur circonscription en état de se transporter à leur domicile, les médecins cantonaux donnent, au moins une fois par semaine, des consultations gratuites. Enfin ils doivent, chaque année, adresser au préfet un rapport qui constate les résultats de leur service.

« Les médecins cantonaux sont indemnisés de leurs frais de déplacement. Chacun d'eux reçoit annuellement une allocation proportionnée tant à l'étendue de la circonscription qu'au nombre des indigents, enfants et vieillards qu'il est chargé de visier ; en outre, lorsque les ressources le permettent, des primes sont données à ceux qui se sont distingués par leur zèle.

« Les médicaments sont fournis par un pharmacien domicilié dans la circonscription, ou par le médecin, s'il n'existe pas d'officine à une distance de quatre kilomètres du domicile du malade.

« Toutes les communes sont pourvues d'un mobilier médical se composant de linge, baignoires et objets de première nécessité. Ce mobilier est mis en dépôt soit à la cure, soit à la maison d'école, soit dans les établissements de sœurs et il est prêté sur l'autorisation du médecin.

« L'administration supérieure a apprécié les avantages que présentait cette organisation, et elle en a conseillé l'adoption. Mais la mission du gouvernement était plutôt d'indiquer le bien à réaliser que de prescrire une forme absolue pour l'accomplir. Aussi, les Conseils généraux ont-ils été libres de choisir le système qui leur paraissait le mieux répondre aux habitudes des populations.

« La plupart des départements qui ont fondé un service de médecine gratuite en faveur des indigents des campagnes ont adopté en principe le système qui leur était recommandé, en y apportant, toutefois, quelques modifications dans l'application.

« Aujourd'hui 48 départements possèdent des institutions de ce genre.

Ces départements sont les suivants :

Aisne.	Ariège.	Corse.
Allier.	Aude.	Creuse.
Alpes (Basses).	Aveyron.	Doubs.
Alpes (Hautes).	Bouches-du-Rhône.	Drôme.
Ardennes.	Cher.	Garonne (Haute).

Gers.	Loiret.	Rhin (Bas).
Gironde.	Lot.	Rhin (Haut).
Hérault.	Maine-et-Loire.	Saône-et-Loire.
Ille-et-Vilaine.	Marne.	Sarthe.
Indre.	Meurthe.	Savoie (Haute).
Indre-et-Loire.	Meuse.	Seine-et-Oise.
Isère.	Moselle.	Sèvres (Deux).
Jura.	Nièvre.	Somme.
Landes.	Oise.	Tarn.
Loire.	Pas-de-Calais.	Tarn-et-Garonne.
Loire-Inférieure.	Pyrénées (Basses).	Vaucluse.

« Si l'organisation de ce service varie suivant les besoins et les habitudes des populations, partout, du moins, les soins du médecin et les médicaments sont fournis gratuitement aux malades; dans quelques départements, on ajoute à ces bienfaits une distribution gratuite d'aliments destinés à rendre aux convalescents les forces nécessaires pour reprendre leur travail.

« Les ressources destinées à pourvoir au paiement des dépenses sont fournies par les départements, les communes et les bureaux de bienfaisance.

« De son côté, la charité privée apporte son précieux concours à cette œuvre. Je dois ajouter que, sur plusieurs points, les médecins ont beaucoup contribué au développement de l'œuvre, soit en donnant gratuitement leurs soins, soit en ne recevant qu'une indemnité bien inférieure à celle à laquelle ils auraient pu justement prétendre.

« L'État accorde des subventions aux départements qui, par l'importance des résultats obtenus et des sacrifices qu'ils s'imposent, de concert avec les communes, paraissent mériter cette faveur.

« Le nombre des départements ainsi subventionnés a varié, pendant la période de 1861 à 1865, de trente-huit à quarante, et le montant des subventions qui leur ont été allouées, de 46,200 francs à 50,000 francs.

« Il m'a paru intéressant de résumer sous forme de tableau les résultats qui se trouvent consignés dans les rapports annuels des préfets.

ANNÉES.	NOMBRE des indigents inscrits sur les listes.	NOMBRE des indigents soignés.	NOMBRE		ALLOCATION		OFFRANDES de la charité privée.	SUBVENTIONS de l'État.	TOTAL des ressources.	TOTAL des dépenses.	Nombre des départements auxquels ces renseignements s'appliquent.
			des consultations.	des visites.	des bureaux de bienfaisance et des communes.	des départements.					
1861..	586,222	191,696	486,434	242,022	499,740	319,794	39,000	47,200	905,734	848,217	38
1862..	721,934	191,410	377,706	217,512	550,808	312,049	59,086	46,900	968,843	938,367	38
1863..	683,882	186,639	454,587	219,264	603,279	315,891	63,445	46,200	1,028,815	947,052	39
1864..	716,346	198,364	516,375	228,289	597,863	327,514	69,678	48,000	1,043,055	977,017	39
1865..	823,785	251,026	677,524	314,079	864,620	363,930	108,940	50,000	1,387,490	1,263,223	40
Totaux..	3,532,179	1,019,135	2,512,626	1,221,166	3,116,310	1,639,178	340,149	238,300	5,333,937	4,973,876	»

« Les avantages du service de la médecine gratuite sont évidents. Ce mode d'assistance procure, en effet, aux malades indigents des populations rurales, les secours dont ils étaient privés, et satisfait, en même temps, un de leurs désirs les plus légitimes en les laissant au foyer domestique, qu'ils ne quittent jamais qu'à regret et à la dernière extrémité pour se rendre à l'hôpital. De plus, la médecine gratuite n'entraîne que des dépenses relativement peu considérables. Si l'on compare le nombre des indigents soignés pendant la période de 1861 à 1865, soit 1,019.135, avec le montant des dépenses, qui se sont élevées à 4,973,876 francs, on tronve que la moyenne des frais du traitement individuel n'a été que de 4 francs 88 centimes.

« De semblables résultats démontrent l'utilité de cette institution; ils permettent d'espérer que les départements qui en sont encore dépourvus tendront à en assurer les bienfaits aux populations si intéressantes des campagnes et ne tarderont pas à entrer dans la voie indiquée par Votre Majesté. »

Il résulte de ce rapport que 40 départements sur 89 ont organisé l'assistance médicale gratuite dans les campagnes, et que cette série comprend les plus riches comme les moins aisés. Espérons que les 49 autres ne tarderont pas à suivre une initiative si digne d'éloges.

Espérons surtout que les abus qui ont été signalés dans l'exercice de la médecine gratuite rurale et qui résultent d'une organisation défectueuse, disparaîtront, par exemple, à la suite d'un contrôle sévère des agissements des médecins, au point de vue du nombre des visites et de la quantité ainsi que de la valeur des médicaments fournis soit par les pharmaciens, soit, dans les campagnes, par les praticiens eux-mêmes.

Les paiements sur mémoires des honoraires et des médicaments ont été remplacés, dans quelques départements, par un tarif d'abonnement. La mesure n'a pas donné les résultats prévus. C'est une question à étudier.

Mais c'est surtout en cas d'épidémie que les populations rurales sont le plus exposées à manquer des soins médicaux les plus urgents. Nous avons été personnellement témoin, en 1859, de l'état déplorable d'abandon dans lequel étaient laissées, dans l'Allier, des localités même d'une certaine importance, réduites à l'assistance dévouée, mais de beaucoup insuffisante, en l'absence d'un homme de l'art, de quelques citoyens courageux secondés par le clergé local.

Les mortalités exceptionnelles qui en sont résultées ont appelé l'attention de quelques Conseils généraux, qui ont mis à l'étude les moyens d'assister le plus promptement et le plus efficacement possible les campagnes envahies par le fléau. Parmi les projets qui ont obtenu le plus d'adhésions, nous citerons le suivant, qui est dû à un praticien des plus expérimentés, M. le Dr Rouault, de Rennes.

Déjà en voie d'exécution dans l'Ille-et-Vilaine, grâce au zèle éclairé et à l'initiative intelligente de M. Féart, préfet de ce département, cette nouvelle organisation se compose de trois éléments principaux : 1° d'un caisson d'ambulance ; 2° d'un médecin spécial, inspecteur du service ; 3° de plusieurs sœurs de charité.

I. Le caisson d'ambulance est destiné à transporter sur le théâtre de l'épidémie tout le matériel indispensable pour y installer au besoin un petit hospice et pour procurer aux malades les plus nécessiteux, du linge, des couvertures, des gilets de laine, etc., etc., toutes choses dont ils manquent complètement dans ces moments difficiles. Tous ces objets sont inventoriés, rangés avec ordre dans des coffres-armoires, où ils doivent rentrer après la cessation de chaque épidémie. L'un de ces coffres est destiné à la pharmacie.

Le caisson d'ambulance que M. le préfet d'Ille-et-Vilaine vient de faire construire pour le département, a été exécuté sous mes yeux et conformément à mes instructions.

II. Dans l'organisation dont il s'agit, le médecin inspecteur est appelé à jouer le rôle principal.

Il relève de l'autorité départementale, qui lui assure une position en rapport avec l'importance de ses services et ses périlleuses fonctions. Dans les départements où il existe une organisation de la médecine gratuite pour les indigents des campagnes, il est inspecteur de ce service.

Il habite le chef-lieu du département, et il doit se transporter dans les communes atteintes d'épidémie toutes les fois que les circonstances l'exigent. Il a pour mission spéciale de traiter les maladies épidémiques avec le concours des médecins du pays, dont il sollicite l'assistance éclairée et bienveillante. Il met à leur disposition les secours en nature dont il est dépositaire; il organise ces secours et il s'assure qu'ils ne sont distribués qu'aux véritables indigents. Sa résidence au milieu des communes les plus éprouvées est obligatoire, et dans la localité où il a établi son domicile et sa base d'opérations, il installe au besoin une petite ambulance pour les malades que l'encombrement, le difficile accès de leur demeure, ou l'extrême misère ne permettent pas de traiter convenablement chez eux.

III. Des sœurs de charité sont le complément indispensable du système de secours dont nous esquissons le plan. Elles secondent le médecin dans sa mission; elles visitent avec lui les malades; elles confectionnent et préparent les médicaments qui leur sont prescrits. Elles en surveillent l'administration ainsi que les distributions de vin, de viande, de bouillon qui sont faites aux convalescents. Elles sont chargées, en outre, de la répartition des objets qui sont renfermés dans le caisson d'ambulance. Elles prennent soin de ces objets, et elles les font rentrer au dépôt après chaque campagne.

Tel est, sous sa forme la plus simple, le mécanisme d'une organisation qui, appliquée dans tous les départements, réaliserait évidemment un progrès et serait, sans contredit, l'une des institutions les plus utiles de notre époque.

Chargé, par le préfet d'Ille-et-Vilaine, d'une mission extraordinaire dans l'arrondissement de Saint-Malo, où sévissait avec violence une épidémie de dyssenterie, j'ai été témoin de ces scènes de désolation auxquelles le silence des champs et la froide indifférence des acteurs ajoutent quelque chose de lugubre. Je n'oublierai jamais le triste état de ces malheureux, gisant sur le sol humide et n'ayant qu'un peu de paille pour reposer leurs membres endoloris. J'en ai compté jusqu'à six et davantage dans la même demeure, tous entassés dans un espace rétréci, respirant un air vicié et devenu pestilentiel.

Or, il m'a été démontré que l'organisation actuelle est insuffisante pour remédier à un semblable état de choses, tandis qu'il résulte, au contraire, du système de secours que nous proposons : 1° pour l'habitant des campagnes, la certitude d'être secouru à l'appel du premier besoin ; 2° pour l'administration départementale, la faculté de transporter dans leur ensemble et jusque dans les communes les plus éloignées, des secours de toute nature aussitôt que les circonstances l'exigent ; 3° sentinelle avancée de la santé publique, l'autorité départementale ne pourrait plus être surprise par les maladies épidémiques, puisqu'elle serait toujours prête à leur résister au premier signal : 4° celles-ci, énergiquement combattues dès leur début, ne pourraient plus acquérir cette persistance qui les rend si meurtrières dans nos campagnes. Car ce qui contribue si puissamment à développer leur germe et à lui faire atteindre sa plus haute puissance, c'est que, faute d'une assistance assez prompte, chaque habitation ne tarde pas à devenir autant de foyers de contagion par l'entassement des malades et la concentration des miasmes.

Nous avons mentionné ailleurs la création d'hospices cantonaux pour les vieillards et infirmes indigents, en faisant connaître l'insuccès de cette tentative bienfaisante. Et cependant elle ne paraisssait pas, elle ne paraît pas exiger une mise de fonds considérable et supérieure aux forces de la charité privée. L'acquisition ou la location, puis l'appropriation d'un local convenable placé dans de bonnes conditions hygiéniques, l'achat d'un matériel d'une faible importance, l'assistance de quelques sœurs de charité, un revenu fixe suffisant pour assurer l'entretien d'un nombre d'indigents en rapport avec l'étendue de la circonscription, quelques visites périodiques gratuites des médecins les plus voisins ; tel est le programme, relativement facile à remplir, surtout avec l'aide d'une subvention du département et des communes intéressées, d'une fondation charitable de cette nature. Mais la question change et les difficultés augmentent s'il s'agit, non plus d'un hospice, mais d'un hôpital, parce que ce dernier exige un service médical fixe, permanent, et qu'il est à peu près impossible d'en trouver le personnel en dehors des villes.

§ 2. — *Institutions de prévoyance.*

Caisses d'épargnes. — Elles ne sont pas connues dans les campagnes ; ce qui n'a rien de surprenant, quand on songe que des villes, des chefs-lieux d'arrondissement même, n'en sont pas encore dotés. Et cependant, elles rendraient aux populations rurales les plus grands services en offrant un placement facile, peu productif il est vrai, mais assuré, aux économies du journalier et du propriétaire-cultivateur. Dans la situation actuelle, le paysan (appelons-le par son nom) thésaurise, enfouit ses épargnes jusqu'à ce qu'elles aient atteint le chiffre nécessaire pour une acquisition projetée. On lui a bien parlé quelquefois du banquier de la ville comme disposé à recevoir ses fonds et à lui en servir un intérêt relativement élevé ; mais un sentiment de défiance, assez légitime d'ailleurs, l'a toujours fait s'abstenir de dépôts de cette nature. Les placements hypothécaires, par l'intermédiaire du notaire, ne lui inspirent pas la même répulsion ; seulement, de fâcheuses expériences lui ont appris que cet officier ministériel fait souvent valoir, à son profit personnel, sous la forme de prêts chirographaires, les capitaux qui lui sont confiés, en attendant un emprunteur hypothécaire, qui ne se présente toujours que très tardivement.

Mais comment installer la caisse d'épargne au sein même des campagnes, avec son organisation un peu compliquée, son personnel comptable, son conseil d'administration? Couvrirait-elle les frais de cette organisation? La chose est douteuse. Mais alors pourquoi ne pas adopter le système anglais? Pourquoi ne pas faire des agents de l'Etat, percepteurs, buralistes, directeurs et directrices des postes, receveurs de l'enregistrement. etc., les intermédiaires, à titre gratuit, des versements des déposants, versements qui seraient déposés, par leurs soins, et sous la garantie de l'Etat, à la caisse la plus voisine?

Un récent rapport au Sénat par un de ses membres les plus éminents sur une pétition à ce sujet, contient, dans le même ordre d'idées, des données très pratiques et que le gouvernement consultera avec fruit (Rapport de M. Boinvilliers, *Journal officiel* du 20 février 1869).

Sociétés de Secours mutuels. — Ces sociétés n'ont aucune chance de succès dans les campagnes, où les versements en argent pour une assistance réciproque et en vue d'une éventualité qui peut ne pas se réaliser, soulèveront toujours les vives répugnances du paysan. En principe, il ne se sépare de son argent qu'avec la prévision d'un profit certain et non d'un secours dans le cas d'une maladie dont sa robuste santé habituelle ne lui permet pas d'entrevoir la probabilité.

La société de secours mutuels n'a, d'ailleurs, de chances de succès, c'est-à-dire ne peut remplir ses engagements que lorsque les risques qu'elle assure se répartissent sur un certain nombre de têtes, et lorsque ses membres sont assez rapprochés pour pouvoir se surveiller mutuellement et prévenir ainsi les tentatives de fraude résultant d'indispositions simulées. Or, ces conditions ne se réalisent qu'au milieu des agglomérations et non parmi les populations distantes, clairsemées des campagnes.

Mais il est une forme de la société de secours mutuels qui s'approprie admirablement aux instincts d'économie extrême, aux habitudes parcimonieuses des classes agricoles : c'est la mutualité sous la forme du travail, en cas de maladie. On lisait, il y a quelques jours, dans un journal du Loiret, le fait suivant : « Un honnête cultivateur de la commune de Saint-Germain-du-Val, atteint depuis plus de trois mois d'un mal à la main qui l'empêche de travailler et menace de se prolonger, a vu, samedi dernier, son champ cultivé et ensemencé par les soins de quatorze de ses voisins, gens peut-être aussi peu riches que lui, mais qui comprennent et savent pratiquer la vraie charité chrétienne..... Ajoutons que, dans cette circonstance, les propriétaires voisins ont voulu prendre leur part de la bonne œuvre en envoyant du vin aux travailleurs volontaires. »

Pourquoi, à la voix d'un maire intelligent et populaire, d'un digne et charitable curé, de quelques grands et influents propriétaires, ne se formerait-il pas, dans les campagnes, des sociétés de secours mutuels dont les membres s'engageraient à s'aïder, en cas de maladie, sous la forme de journées de travail gratuitement données ? Là, pas de cotisation pécuniaire, cet obstacle à peu près invincible à l'adoption, par le paysan, de la mutualité en matière d'assistance. Pas de gestion administrative plus ou moins compliquée; aucun maniement de deniers en recettes, dépenses et remploi de fonds; point de compte ouvert avec le médecin et le pharmacien ; pas d'employés, de salariés. Mais, au contraire, une organisation des plus simples, au moins telle que nous la comprenons et dont les bases pourraient être les suivantes. L'association serait formée de tous les cultivateurs (propriétaires, fermiers, colons) dont l'exploitation ne dépasserait pas une superficie déterminée, trois hectares par exemple, limite approximative de la petite propriété, seule appelée naturellement à bénéficier de l'institution. Elle ne serait pas exclusivement communale; son action s'étendrait au canton tout entier. Chaque membre s'engagerait à fournir un maximum de journées de travail personnel et d'attelage. L'emploi de cette prestation serait réglé par un comité d'administration placé sous la présidence du maire du chef-lieu de canton, et composé de ses collègues ainsi que des curés de la circonscription. Le secrétaire de la mairie du chef-lieu serait celui de l'association; il aurait pour correspondants et auxiliaires ses collègues des autres municipalités.

Certain que sa maladie ne préjudiciera pas à son exploitation, que les labours, les fumiers, les ensemencements, la moisson, le battage, l'engrangement, au besoin l'envoi au marché ne souffriront aucun retard, et qu'il n'aura pas de main d'œuvre étrangère à payer, le patient sera exonéré du plus grave de ses soucis et sa guérison en sera nécessairement hâtée.

Nous recommandons aux petits cultivateurs une institution de prévoyance complètement inconnue en France et qui donne, depuis longues années, d'excellents résultats en Espagne. Elle a pour objet la fondation de greniers de réservé *(positos)*. Ces greniers sont formés par l'apport que fait chaque sociétaire d'une portion de sa récolte en blé, déterminée d'après l'étendue des superficies emblavées. Les approvisionnements qu'ils contiennent et qui peuvent, à la suite d'une série de bonnes récoltes, s'élever à des quantités considérables, sont, en temps de disette, répartis entre les associés dans la mesure de leur apport, moyennant un intérêt payable en blé. Les communes, la province ou l'Etat concourent à l'œuvre par la mise à la disposition de l'association d'un local gratuit (grenier, magasin, etc.). Les manipulations nécessaires pour la conservation des grains sont faites, à tour de rôle, par les intéressés (Voir une excellente analyse de cette institution dans un rapport du préfet du Gers au Conseil géneral, session de 1855, p. 132).

Autres institutions de prévoyance. — Les assurances agricoles constituent, à nos yeux, un des moyens les plus efficaces de retenir le cultivateur au sol, les sinistres qui le frappent si fréquemment étant une des principales causes de son découragement et de son départ pour les villes.

De ces sinistres, les uns sont assurés par quelques compagnies ; ce sont : l'incendie et la mortalité du bétail. L'assurance contre la grêle a été à peu près abandonnée partout, par suite de l'extrême difficulté, faute d'observations suffisantes , de déterminer l'étendue du risque. Quant aux pertes résultant des inondations, des gelées, des ouragans, elles ne trouvent pas d'assureurs, toujours par suite de l'impossibilité de connaître l'étendue, l'intensité, en d'autres termes, la probabilité du risque.

Les compagnies qui assurent contre l'incendie, mutuelles ou à prime fixe, sont généralement prospères. Mais leurs opérations portent, dans une très forte proportion, sur les propriétés urbaines, le cultivateur n'assurant que rarement sa maison et ses bâtiments d'exploitation, plus rarement encore ses récoltes, soit en meules, soit en grange, et son outillage agricole. Quant à l'assurance contre la mortalité du bétail, elle n'a donné, jusqu'à ce jour, que des résultats fort incertains, beaucoup de compagnies générales ayant dû y renoncer, et la plupart des associations locales s'étant liquidées avec perte.

En principe, on peut dire que l'assurance contre les sinistres agricoles, mutuelle ou à prime fixe , inspire aux cultivateurs une défiance dont ne peuvent triompher les agents les plus habiles, les plus persévérants.

Cette défiance est, d'ailleurs, justifiée par d'assez fréquentes liquidations forcées, par les difficultés qu'apportent trop souvent les compagnies au règlement ainsi qu'au paiement des indemnités.

C'est surtout cette impopularité de l'assurance par l'industrie privée, qui a décidé par de très bons esprits à demander l'assurance par l'Etat et, dans ce cas, l'assurance obligatoire. Une discussion en règle des avantages et des inconvénients d'une institution de cette nature, ne saurait entrer dans le plan de ce travail. Bornons-nous à faire remarquer qu'elle existe dans quelques petits Etats allemands et dans quelques cantons suisses, mais que son principe a été rejeté, en 1849, par les chambres belges, après une assez longue discussion. Remarquons, en outre, que, pour l'assurance contre l'incendie, l'Etat ne pourrait l'entreprendre sans indemniser les nombreuses et importantes compagnies qui s'y livrent avec succès depuis longtemps. Or, cette branche de l'assurance, si l'Etat croyait devoir la laisser à l'industrie privée, est la seule productive, la seule qui couvre largement ses risques. Toutes les autres se liquideraient probablement en perte et pourraient peser lourdement sur les finances du pays.

Ce n'est pas que l'Etat ne vienne déjà au secours des sinistrés, mais dans une très faible mesure. Et, d'abord, il leur accorde ou une modération, ou une remise d'impôts. On trouve, en outre, au budget de l'Etat, un fonds de secours, dont la répartition s'opère par les soins du ministre de l'agriculture et du commerce, mais qui permet à peine d'accorder de quatre à cinq pour cent de la perte constatée.

Il existait, en 1819, dans les départements de la Meurthe et de la Meuse, une assurance mutuelle appelée *Caisse des Incendiés*. Nous croyons qu'elle y fonctionne encore avec succès. L'institution s'est propagée dans la Somme et dans l'Yonne.

La caisse y est administrée par un bureau central de huit membre que préside le préfet. Son actif se compose du produit des quêtes générales faites à domicile par les maires, du 1ᵉʳ novembre au 31 décembre de chaque année. Les dons de chaque souscripteur ne peuvent dépasser 25 francs. Le but de l'association est de réparer, au moyen de secours immédiats, les pertes éprouvées par les souscripteurs en cas d'incendie. La moyenne des secours accordés, depuis 34 ans, dans la Somme, est de 323 fois la mise des associés. Elle a atteint, en 1853, le chiffre de 875. Cette année, le chiffre des souscripteurs dépassait 6,000.

D'après les règlements de la société, l'incendié, dont la perte est égale ou inférieure au produit de 200 fois le don fait par le souscripteur, reçoit immédiatement le montant de cette perte, en exhibant le certificat de reconstruction. Le prix intégral d'une maison abattue par ordre du maire pour arrêter le feu, est remboursé au propriétaire. L'habitant dans la maison duquel le feu a commencé, n'a droit à aucune indemnité, lorsqu'il est reconnu par le bureau que l'incendie a été le résultat de sa négligence personnelle ou de celle des gens à son service. La société n'accorde pas de secours aux donateurs qui ont fait assurer leurs meubles ou immeubles par des compagnies. L'incendié non donateur a toujours sa part aux secours de la caisse.

Une institution de cette nature, surtout avec une subvention du département, aurait partout d'incontestables avantages.

En définitive, malgré les difficultés qu'elle rencontre, les défiances qu'elle suscite, il est nécessaire que l'assurance s'établisse solidement dans les campagnes. Seulement, en ce qui concerne les risques agricoles autres que l'incendie, la mutualité seule nous paraît y avoir des chances de succès. Sans doute, des associations de cette nature ont sombré ; mais était-ce la faute du principe, de l'institution ? L'impéritie, peut-être les infidélités des administrateurs y ont-elles été étrangères? Qui oserait l'affirmer ? Malgré d'assez fréquentes déceptions, nous n'hésitons pas à croire que la mutualité, appliquée, par exemple, à la mortalité du bétail, peut donner de bons résultats, parce que cette mortalité se détermine par l'expérience, par l'observation, comme celle de l'homme, qui sert de base, comme on sait, aux combinaisons si variées de l'assurance en cas de vie et de mort. Mais il importe que l'association soit dirigée avec la plus grande prudence, qu'elle n'indemnise que dans la mesure de ses ressources et qu'elle sache se constituer, pour les éventualités d'épizootie, une forte réserve. Il importe, en outre, que son rayon ne soit pas trop étendu, de manière à rendre impossible la surveillance respective des associés, mais aussi qu'elle ne soit pas trop restreinte, pour que le risque ne pèse pas trop lourdement sur un petit nombre d'intéressés.

La perte du bétail étant un des sinistres qui affligent le plus vivement le petit cultivateur, parce que, surtout avec les prix actuels, il ne peut que difficilement le remplacer, il y aurait lieu d'examiner si, avec le concours du département, de la commune, et, au besoin de l'Etat, il ne conviendrait pas de créer, dans les campagnes, une médecine vétérinaire gratuite ou à prix très réduit. Quelques préfets ont institué un vétérinaire en chef, chargé d'inspecter les diverses communes du département, en ce qui concerne la bonne tenue des étables et la santé des animaux, de donner aux cultivateurs de sages conseils sur les soins qu'exige le bétail au point de vue de l'hygiène et de l'alimentation, de proposer, en cas d'épizootie, les mesures les plus propres à en arrêter la marche, etc., etc. C'est une utile institution et qui mériterait d'être propagée. Elle rendrait plus facile, en atténuant l'*alea* de ses opérations, l'assurance de la mortalité du bétail. Jusque-là, les départements pourraient, comme le fait l'Etat, inscrire à leur budget un fonds de secours destiné aux petits propriétaires, colons et métayers, pour lesquels la perte de leurs animaux serait irréparable.

Crédit agricole. — Nous avons à peine besoin de dire que ce crédit n'existe pas en France. Un établissement très considérable avait été créé dans le but de venir en aide à la propriété urbaine et rurale, par des prêts à longs termes, et à un taux modéré. Mais, par le fait, soit d'une constitution généralement assez défectueuse de la seconde de ces propriétés, au point de vue de la régularité, de la validité des titres et d'une insuffisance corrélative de sécurité pour le prêteur, soit du petit nombre des demandes résultant de l'ignorance ou d'une fausse appréciation du mécanisme des opérations de l'établissement, c'est au propriétaire urbain, et particulièrement au propriétaire du département de la Seine que le *Crédit foncier* a fait le plus grand nombre de ses prêts. Il est certain, d'ailleurs, qu'à son début, cette grande institution financière a rencontré chez les notaires, qu'elle tendait à dépouiller du bénéfice du prêt hypothécaire, une assez forte opposition, dont les effets ont été surtout sensibles dans les campagnes. D'un autre côté, il ne faut pas contester qu'il n'a pas, ou plus exactement, qu'il n'a pu réaliser cette espérance d'un faible intérêt, combiné avec des facilités exceptionnelles de remboursement, qui avaient entouré sa création d'une si grande faveur. On sait, en effet, que le taux de ses prêts, combiné avec l'escompte de ses obligations, est d'autant plus onéreux, que l'établissement ne renouvelle jamais, et qu'en cas de suspension du paiement de la prime annuelle, il est investi par la loi de pouvoirs extraordinaires qui lui permettent, en même temps que ses statuts lui enjoignent, d'exproprier à bref délai et impitoyablement l'emprunteur.

Il est, d'ailleurs, sinon impossible, du moins très-difficile au *Crédit foncier* de faire de petits prêts, la liquidation, après décès, de la petite propriété, quand les héritiers sont tous ou en partie mineurs, étant ruineuse en France au point d'absorber sa valeur totale. Or, on sait que les frais de justice constituent une créance privilégiée.

Le *Crédit agricole*, sorti des flancs du *Crédit foncier*, n'a pas même tenu les promesses, plus caractéristiques, plus positives, de son titre. C'est un établissement d'escompte et de prêt sur marchandises.

Il existe encore, si nous ne nous trompons, un *Comptoir de l'Agriculture* qui fait les mêmes opérations que le *Crédit agricole*.

Ainsi le prêt au cultivateur, et dans un intérêt exclusivement agricole, c'est-à-dire pour lui faciliter l'achat du bétail, de l'outillage, des graines, des semences, des engrais, minéraux ou autres, pour lui permettre, quand les prix sont bas, de garder ses récoltes jusqu'à des temps meilleurs ; — ce prêt, répétons-le, n'existe pas en France. Le crédit moral, le crédit personnel surtout est inconnu, les petits banquiers locaux ne faisant d'avances d'abord qu'aux propriétaires importants, puis aux propriétaires dont les immeubles sont libres d'hypothèques. Quant aux fermiers, dont les récoltes, le bétail et l'outillage sont le gage du maître de la terre, et n'offrent, sous ce rapport, aucune garantie matérielle ; quant aux métayers, aux colons, placés dans une position pire encore, la caisse du banquier ou du notaire (qui place souvent chirographairement les dépôts de ses clients) ne s'ouvre jamais pour eux.

Est-il absolument impossible de remédier à une pareille situation, si funeste pour notre agriculture en ce qu'elle crée, au sein des campagnes, une classe de deshérités, formée précisément des cultivateurs proprement dits, des travailleurs, c'est-à-dire des véritables agents de la production ? Nous ne le croyons pas. Nous pensons qu'il est possible de *démocratiser* le crédit, de le rendre accessible aux plus modestes possesseurs du sol, quand il offre les garanties nécessaires de moralité et de probité. Mais ce crédit ne peut être donné que par des banques spéciales et locales, par des banques rurales, placées au chef-lieu du canton, fondées et administrées, sous l'œil des intéressés, par les propriétaires et les fermiers aisés, et dont le papier, revêtu de leurs signatures, serait escompté par une banque départementale ou centrale faisant du crédit agricole sa spécialité exclusive. Il est évident que le crédit personnel, résultant de la confiance qu'inspirent les habitudes laborieuses, la bonne notoriété de l'emprunteur, ne peut exister que dans la localité même qu'il habite.

Il ne saurait entrer dans notre sujet de tracer un plan complet de ces banques rurales, telles que nous les comprenons, et telles que nous les voyons fonctionner en Écosse, — où elles n'ont, il est vrai, pour clients, dans un pays où la propriété rurale est concentrée en un petit nombre de mains, que de riches fermiers ; — mais nous croyons fermement à la possibilité de les fonder, et de les fonder sur des bases solides. Seulement les difficultés d'exécution seraient grandes, surtout au début, et particulièrement en ce sens que le cultivateur a besoin de prêts à long termes (souvent d'une récolte à l'autre), et que la banque locale, avec son capital restreint, serait obligée de renouveler promptement son portefeuille. Toutefois, elles ne seraient pas insurmontables. Rappelons que des établissements de cette nature existent en très-grand nombre en Allemagne pour les petits artisans, les petits producteurs ; que ces établissements se sont créés à l'instigation d'un seul homme, profondément dévoué aux intérêts des classes ouvrières ; qu'ils rendent des services considérables; que leurs prêts se chiffrent aujourd'hui par centaines de millions de francs, et que ce qui a été possible pour la petite industrie, doit l'être également pour la petite culture.

Disons, en terminant sur ce point, que les banques populaires de l'Allemagne fonctionnent à la fois comme établissements de crédit et comme caisses d'épargne, leur capital se composant et d'une mise de fonds des associés (en nombre illimité) et du dépôt de leurs économies. C'est avec le produit de cette double ressource que se formeraient et s'entretiendraient nos banques rurales, aidées, peut-être au début, d'une modeste subvention des communes du ressort et, au besoin, du département.

e) Améliorations diverses.—Nous n'avons pas l'intention d'examiner ici la longue nomenclature de celles qui ont été demandées à l'occasion de l'enquête de 1866. Les plus pratiques, les plus susceptibles de passer de l'état de simple vœu dans le domaine des faits, sont, en ce moment, l'objet des études de la Commission supérieure de cette enquête. Mais il en est quelques-unes, essentiellement favorables au bien-être de la petite propriété, que l'enquête a passées sous silence ou n'a fait qu'effleurer et sur lesquelles nous insisterons.

La législation civile et fiscale par suite de laquelle, en cas de décès d'un père de famille laissant des mineurs, son modeste héritage est absorbé par les frais judiciaires est une source de paupérisme dans les compagnes. Il est urgent de la modifier.

Les conséquences ruineuses des litiges, ce fléau des campagnes, où les distances aggravent les frais de procédure, devraient être atténuées par l'extension de la compétence des juges de paix, mais de juges de paix offrant des garanties particulières de lumières, d'expérience et d'indépendance.

Les frais de mutation de la propriété foncière ne devraient être perçus que déduction faite des charges hypothécaires.

Ces trois mesures seraient les plus importantes; celles qui suivent ont une moindre portée, mais ne sont cependant pas à dédaigner.

Les récompenses sous forme de primes aux améliorations agricoles, ne devraient pas s'appliquér exclusivement à la grande propriété, aux grandes exploitations, qui n'en ont pas besoin. Il conviendrait de les décerner surtout aux petits cultivateurs, aux petites fermes qui, à superficie égale, font le plus de fourrages, entretiennent le plus de gros bétail, pratiquent le mieux la culture intensive. Les primes au bétail seraient, en outre, plus fructueuses, plus efficaces, si, au lieu de couronner quelques animaux de force, de puissance, de dimensions exceptionnelles, achetés à grands frais ou provenant de croisements avec des races étrangères importées à de hauts prix, elles s'adressaient surtout aux meilleurs produits des races indigènes, les seules accessibles au petit exploitant.

Un certain nombre de départements sont entrés dans une voie excellente, au point de vue des moyens de retenir au sol l'ouvrier agricole, en donnant des récompenses aux plus anciens valets de ferme, aux salariés restés le plus longtemps au service de la même exploitation. Ne serait-il pas possible d'aller plus loin en assurant aux invalides du travail agricole, une pension qui exonèrerait la charité publique ou des enfants peu aisés des charges de leur entretien? Une faible retenue sur leurs salaires, accrue d'une légère libéralité de l'exploitant, dont le produit serait versé à la Caisse des Retraites pour la vieillesse, suffirait pour leur constituer, à l'âge de la retraite, des moyens d'existence modestes, mais en rapport avec leur frugalité habituelle.

La Convention avait été très large dans ce sens. Elle avait institué, en faveur des vieux serviteurs de l'agriculture, des annuités viagères dont le chiffre variait en raison de la durée de leurs services, et que l'État devait acquitter. Elle assimilait, sous ce rapport, l'ouvrier des champs au soldat, au fonctionnaire public. Cette promesse de libéralité resta sans exécution, comme bon nombre d'autres créations analogues d'une assemblée qui, imbue des doctrines physiocratiques, considérait la culture du sol comme la source unique de toute richesse. Mais elle pourrait se réaliser par la voie du dépôt des économies des journaliers ruraux entre les mains du percepteur ou de tout autre agent de l'État, qui les ferait verser sans frais à la Caisse des Retraites.

L'institution récente de la Caisse d'assurance par l'État en cas d'accident ne mérite, en principe, que des éloges. Mais, d'une part, il est à craindre qu'elle reste inconnue des campagnes; et, de l'autre, en instituant une prime unique, applicable aux ouvriers de l'industrie comme de l'agriculture, tandis que les premiers sont sensiblement plus exposés que les seconds, elle a consacré une sorte d'inégalité de traitement entre les deux catégories de salariés qui répugne à l'équité. Enfin, il est à craindre qu'en l'absence de renseignements suffisants sur le degré de fréquence des accidents, les tarifs en vigueur soient supérieurs ou inférieurs aux risques réels. Mais il pourra être remédié plus tard, au fur et à mesure des faits accomplis, à la rectification du taux des primes.

Il ne faut pas se le dissimuler, l'impôt foncier, sous la forme des centimes additionnels, pèse lourdement sur les communes rurales qui manquent de revenus patrimoniaux. N'ayant pas, comme les villes, les ressources de l'octroi et des taxes diverses (droits de voirie, de halle, de marché, etc.), elle ne peuvent suffire qu'à l'aide de ces centimes à leurs dépenses obligatoires. Or, dans les très petites communes, ces centimes ne pouvant guère porter que sur l'impôt foncier (le produit de la taxe personnelle et mobilière, des patentes, des portes et fenêtres étant insignifiant), ils imposent au contribuable des charges exceptionnelles. Cette situation regrettable avait déjà vivement frappé la Commission chargée, en 1850, d'examiner les questions relatives aux difficultés financières des communes, et voici un passage très significatif dans ce sens du travail de son rapporteur :

« ..... En France, il n'existe pas moins de 7,034 communes dont la population n'excède pas 300 habitants. D'aussi faibles aggrégations, auxquelles font à la fois défaut et les hommes capables, intelligents, et l'argent, n'existent qu'à la condition d'épuiser le contribuable. Elles ne subviennent aux exigences les plus impérieuses du service quotidien qu'en élevant les centimes additionnels au niveau du principal de l'impôt. Si peu importantes qu'elles soient, elles ont à créer des établissements (mairies, écoles, églises, cimetières, etc.) et à entretenir des agents qui ne leur coûteraient pas plus cher avec une population et un territoire agrandis. Il faut donc opposer au morcellement administratif de notre territoire des obstacles insurmontables. »

Nous ajouterons qu'un temps d'arrêt dans ce morcellement n'est pas suffisant ; il importe de réunir, de fusionner le plus grand nombre possible des communes placées dans les conditions fâcheuses que signale l'organe de la Commission.

La police rurale est défectueuse. Bon nombre de communes n'ont pas de garde-champêtre, et, dans celles qui en ont, cet agent, insuffisamment surveillé, placé peut-être trop exclusivement aux ordres du maire, ne remplit pas toujours exactement sa mission de surveillance. De là, des atteintes fréquentes à la propriété, sous forme de vols et de dévastations, qui portent un préjudice grave au possesseur du sol.

Il importerait d'examiner s'il n'y aurait pas lieu, d'abord de rendre absolument obligatoire pour toute commune, sans distinction d'importance, l'institution de ce gardien de la propriété, puis de le placer, au point de vue de la rigide et impartiale exécution de ses fonctions, sous le contrôle de l'autorité militaire, de la gendarmerie par exemple, avec ou sans embrigadement. Nous n'ignorons pas que la question, posée depuis longtemps, soulève d'assez graves difficultés, eu égard surtout aux inconvénients d'une atténuation de l'autorité municipale; mais enfin, il y a là un intérêt général d'un ordre assez élevé pour qu'il soit cherché une combinaison propre à le résoudre.

Il est certains préjudices dont l'officier de police judiciaire ne peut préserver l'habitant des campagnes et qui exigeraient une surveillance spéciale. Je signalerai, comme exemple, un vol très fréquent, c'est celui que commettent les moulins du commerce en ne rendant, ni en poids, ni en qualité, l'équivalent du grain qu'ils ont reçu. Le plus grand nombre de ces établissements se payant en nature et dans des proportions ou indéterminées ou d'une constatation très difficile pour le client, ce dernier est habituellement la victime d'actes nombreux d'infidélité. Il est rare, en outre, s'il a porté du froment au moulin, qu'on lui remette intégralement la farine de cette céréale, le minotier y mêlant presque toujours une farine inférieure ou plus ou moins avariée.

Nous avons parlé des obstacles que rencontre, dans l'indifférence, dans l'ignorance, dans les habitudes de lésinerie du paysan, la propagation de l'assurance au sein des campagnes. Pourquoi ne pas atténuer les inconvénients de ce désarmement volontaire contre le plus grave des sinistres agricoles, l'incendie, en rendant obligatoire, pour la plus minime commune, l'achat, l'entretien d'une pompe que desserviraient volontairement les habitants?

Les propriétaires peuvent faire beaucoup pour le bien-être des travailleurs ruraux. Et d'abord, il est de leur intérêt, en même temps que l'humanité leur en fait un devoir, d'améliorer les habitations des fermiers et métayers. Quelques progrès ont été faits dans ce sens; mais la situation générale est encore très mauvaise, le plus grand nombre de ces habitations laissant beaucoup à désirer au point de vue de l'espace, de la ventilation, de l'assèchement, des aisances et des commodités de la vie.

Nous connaissons des propriétaires qui ont créé, dans leurs communes, des moulins pour la fabrication des huiles, des fours, des buanderies, des lavoirs, qu'ils mettent à la disposition des habitants, moyennant une très légère rétribution. Plusieurs ont institué des laiteries, ou plus exactement, des fromageries communes. Dans ce système, chaque habitant reçoit en produits l'équivalent de son apport en matière première, sauf prélèvement d'une quantité déterminée comme rémunération du maître de l'établissement.

Pourquoi ces propriétaires ne trouveraient-ils pas de nombreux imitateurs? On répond qu'avec la diffusion croissantes des idées démagogiques et socialistes, le paysan se refuserait à utiliser ces créations réellement humanitaires, dans lesquelles il serait tenté de voir une sorte de retour aux banalités, aux monopoles seigneuriaux, imitant, sur ce point, les ouvriers des villes qui n'ont pas voulu habiter les cités construites à leur intention. On ajoute que l'auteur de ces créations dispendieuses n'obtiendrait même pas le seul dédommagement auquel il puisse légitimement aspirer, la reconnaissance des populations intéressées. Triste signe des temps !...

Le gouvernement a supprimé, dans quelques grandes villes, aux frais combinés de l'État et de la commune, les péages perçus sur les ponts. C'est un véritable bienfait pour la population ouvrière de ces villes. Les campagnes n'auraient-elles pas droit au même témoignage de sollicitude ?

En 1865, d'après une publication officielle, il existait quarante-neuf ponts à péage sur les routes impériales, cent quarante-deux sur les routes départementales, deux cent soixante-seize sur les chemins vicinaux de grande communication, et quatre sur les routes stratégiques, produisant ensemble la somme de 3,780,640 francs.

En calculant les années de jouissance restant à courir, ainsi que l'amortissement,, on obtient, en supposant un remboursement en rentes 3 p. % au taux de 70 francs, un capital de 40,288,280 francs.

Avec ce capital ainsi converti en rentes, on pourrait exonérer immédiatement du péage tous les ponts du territoire, bienfait considérable pour l'agriculture. En effet, le passage de ces ponts est bien plus onéreux pour les populations rurales que pour les citadins. Dans les campagnes, ils se trouvent presque toujours à des distances considérables des ponts gratuits ; de là la nécessité, pour éviter ceux qui ne le sont pas, de faire des détours de plusieurs kilomètres, tandis que, dans les villes importantes, les ponts des deux catégories se trouvent assez souvent très rapprochés.

Les associations agricoles peuvent exercer, en dehors des primes aux meilleurs cultivateurs, une certaine action bienfaisante sur la situation matérielle des classes agricoles. Citons, à titre d'exemple, ce qu'a fait, dans ce sens, le comice d'Aix.

Ce comice, en dehors de ses travaux, de ses opérations ordinaires, a institué : 1° des conférences agricoles périodiques ; 2° une agence permanente ayant pour but de mettre les producteurs ruraux en rapport immédiat avec les consommateurs des villes, et de procurer aux cultivateurs, au prix de l'achat en gros, les machines, les engrais, les graines, etc., etc. L'agence possède une bibliothèque *circulante*, qui prête gratuitement ses livres. Elle tient registre des propriétaires qui ont besoin d'ouvriers et domestiques, ainsi que des travailleurs sans emploi. Cette partie de la mission gratuite qu'elle s'est donnée est de la plus grande importance.

CHAPITRE II.

MOYENS DIVERS DE RALENTIR L'ÉMIGRATION RURALE.

§. 1er. *Influences morales.*

Si l'émigration rurale est réellement contraire aux intérêts matériels, hygiéniques et moraux de l'ouvrier agricole, si les agglomérations présentent, aux divers points de vue que nous avons énumérés, de graves inconvénients, peut-être même des dangers, pourquoi les hommes investis dans les campagnes ou de fonctions officielles (maire, curé, instituteur, etc., etc.), ou de l'autorité que donnent la fortune, le caractère, l'honorabilité, ne réuniraient-ils pas leurs efforts pour décider, par la voie de la persuasion, le travailleur des champs à rester sous le toit paternel.

Le clergé n'a pas seulement pour mission de catéchiser les populations, mais encore de les éclairer sur les véritables conditions de leur bonheur temporel. Il est rare, en effet, que l'homme plus heureux ne soit en même temps plus moral, plus religieux. Eh bien ! il serait possible à cette pieuse et dévouée phalange qui pratique le saint ministère dans les campagnes, d'opposer à l'émigration une digue salutaire en faisant entendre, soit du haut de la chaire, soit dans des conférences (le temps n'est-il pas aux conférences ?) la voix de la raison aux intéressés. En outre des périls que court, dans les villes, cette grande force morale, cette consolation suprême qui s'appelle la Foi, elle pourrait leur montrer leur santé compromise, leur vie abrégée, les privations et les souffrances résultant des chômages imprévus, tout ce cortége d'incertitudes, d'angoisses, de misères qui accompagne la vie industrielle.

Elle pourrait leur dire que, si le salaire est plus élevé dans les villes, les charges de la vie matérielle y sont plus grandes ; — qu'on s'y crée plus de besoins factices, artificiels, de ces besoins dont un profond moraliste a dit avec raison qu'ils constituent autant de maîtres nouveaux dont il faut accepter la dure domination ; — que, si les distractions, les plaisirs y sont plus fréquents, plus variés, ils y sont plus coûteux, et qu'en définitive les villes n'ont rien qui puisse égaler ce merveilleux spectacle de la campagne, des champs, des paysages lointains, des horizons splendides, d'une végétation luxuriante, en un mot, ces sublimes harmonies du ciel, de l'eau, de la verdure, des fleurs, des animaux, qui donnent à la vie rurale un charme sans rival, parce qu'elles élèvent naturellement, irrésistiblement l'âme jusqu'à Dieu !

Elle pourrait leur dire que, si les établissements secourables sont plus nombreux dans les villes, la bienfaisance n'est pas inconnue dans les campagnes. Il est rare, en effet, que la porte du cultivateur, du paysan reste fermée devant la main suppliante de l'indigent, qu'il ne paie pas au malheureux la dîme de la charité. Quant aux infortunes qui se cachent, le curé, la sœur de charité ne sont-ils pas là pour les chercher, les découvrir et les assister?

Aux jeunes filles surtout qui seraient tentées de quitter l'aile maternelle pour aller affronter les périls dont elles sont tout particulièrement menacées dans les agglomérations, quel langage émouvant, facilement persuasif, à tenir! Quel sombre et trop véridique tableau à leur faire des luttes que leur vertu devra soutenir, des suggestions dangereuses ou de la misère, ou de la coquetterie, de la contagion des mauvais exemples, de la pernicieuse influence des mauvaises relations! Et quand la séduction s'est accomplie, quelle série d'épreuves! L'abandon, le plus souvent dès que les suites de la faute deviennent visibles; les besoins, les privations, d'autant plus grands que la gestation entraîne d'inévitables interruptions de travail; — l'accouchement, ou clandestin et solitaire, au grand péril de la vie de la mère et de l'enfant, de l'enfant surtout, sur lequel la mère, égarée par le désespoir, peut porter une main criminelle, ou à l'hospice, au milieu de nombreux témoins d'une faiblesse désormais publique, au milieu des froides et quelquefois brutales manifestations de l'indifférence qui caractérise la charité officielle; — puis, l'abandon de l'enfant et le retour de la mère à une liberté complète, dont elle se promet bien, sans doute, de ne pas abuser, mais dont, en l'absence d'un patronage dévoué, affectueux, prévoyant, elle sera peut-être fatalement entraînée à faire de nouveau un coupable usage; — et alors une série de chutes la conduisant rapidement jusqu'au fond de l'abîme, jusqu'à la prostitution!...

Voilà, certes, une perspective bien propre à exercer une salutaire impression sur de jeunes cœurs et à y faire taire cette voix insidieuse de l'inconnu, de la nouveauté, des vagues désirs, des secrètes aspirations, qu'ils entendent de si bonne heure aujourd'hui dans nos campagnes !

Et les parents, ne peuvent-ils donc, émus, eux aussi, de ces conséquences de l'émigration, faire les plus grands efforts pour retenir leurs enfants près d'eux, pour les attacher intimement aux travaux de la vie rurale, même à l'âge où la loi leur enlève, avec la tutelle, l'autorité qui en dérive ! Ils n'ont, d'ailleurs, aucun intérêt à s'en séparer, l'enfant, par suite de la rareté de la main-d'œuvre, étant pour eux une ressource, même dès l'âge le plus tendre. Il importe aussi, pour le maintien des liens de famille et des salutaires influences qui s'y rattachent, que la maison rurale garde le plus longtemps possible ses hôtes paisibles et laborieux , l'éloignement les rendant bientôt étrangers l'un à l'autre, au grand préjudice de l'esprit de protection, de défense, d'assistance mutuelle qui doit les animer.

L'absence des enfants est, en outre, un obstacle au maintien dans la même famille des exploitations rurales, par conséquent au progrès agricole, essentiellement subordonné à l'intérêt que le fermier ou le métayer porte à la terre qu'il cultive. Or, cet intérêt est d'autant plus grand, qu'elle reste plus longtemps entre ses mains. En Angleterre, il n'est pas rare de trouver des fermes que la même famille exploite depuis un et même deux siècles, le fils succédant au père, dont il a été le plus utile auxiliaire, et dont il a conservé, en les améliorant, les bonnes traditions. Et cependant, dans ce pays à culture si progressive, le plus grand nombre des baux n'est que d'une année (*tenants at will*).

La séduction et le désir d'en cacher les suites, étant une cause de plus en plus fréquente de l'abandon , par les filles-mères, de la commune natale, l'autorité, dans quelques départements, a cherché à y remédier en accordant un secours d'une certaine importance à celle qui consent à y faire ses couches et en rémunérant, sur un fonds spécial de secours, la sage-femme dont elle a reçu les soins. Cet exemple (donné notamment par le département d'Ille-et-Vilaine) ne pourrait-il être imité partout où l'enfant indigent reçoit l'assistance?

Mais ici, il importerait d'examiner si le fait de la fille-mère conservant son enfant, et prenant son parti de toutes les conséquences du déshonneur et de l'abandon, n'émousserait pas, par degrés, les sévérités de l'opinion, si essentielles au maintien des bonnes mœurs?

§. 2. *L'industrie dans les campagnes.*

L'installation dans les campagnes, non seulement de la petite industrie, de l'industrie des arts et métiers, mais encore de l'industrie manufacturière, serait certainement un des meilleurs moyens d'y retenir les bras.

En Saxe, il s'est formé un assez grand nombre de villages industriels, qui réalisent avec succès le principe de l'association du travail agricole et manufacturier. En France, le Creusot, Fourchambault et quelques autres grandes usines, ont été, au début, des types de la même combinaison. Seulement, aujourd'hui, l'élément rural y a fait place, par suite de leur rapide développement, à l'élément urbain. Ce sont en ce moment de fortes agglomérations, qui n'ont plus les avantages de la vie rurale, et où le labeur industriel absorbe toutes les forces, tout le temps de l'ouvrier. Je reconnais cependant que le Creusot est administré avec une rare intelligence par son éminent propriétaire, qui ne néglige aucun effort pour doter cette grande communauté industrielle de toutes les institutions propres à assurer son bien-être moral et matériel.

Le type de l'association de l'industrie et de la culture nous paraît plus heureusement représenté par un établissement peu connu et qui mérite de l'être ; nous voulons parler de la grande manufacture de draps de Villeneuvette, dans l'Hérault. Quelques lignes sur cette fabrique, dont la création remonte à une époque très ancienne, puisque des lettres patentes du 20 juillet 1677 l'avaient érigée en manufacture royale, seront lues avec intérêt.

L'usine et ses dépendances occupent en moyenne 400 ouvriers, 2,800 broches, 60 métiers mécaniques et autant de métiers à la main. La production atteint une valeur moyenne annuelle de 900,000 francs et peut s'élever à 600 mètres de drap par jour. Elle réunit dans son enceinte tous les ateliers et magasins qu'exige sa fabrication. La laine y entre en toisons et en sort sous la forme de draps prêts à être livrés au commerce. Villeneuvette a la spécialité des draps pour l'armée française. Seulement, les commandes qu'elle reçoit du ministère de la guerre varient, d'une année à l'autre, entre 150,000 et 44,000 mètres par an, ou entre 500 et 150 mètres par jour. Avec de pareils écarts, il est très difficile au propriétaire de l'usine de maintenir au même chiffre son personnel d'ouvriers. Que fait-il lorsque les commandes sont à leur minimum ? Congédie-t-il ceux qu'il ne peut occuper ? Non ; il les emploie dans une grande exploitation agricole, jointe à l'usine. C'est un vaste vignoble appartenant au même propriétaire, et où l'ouvrier laborieux peut gagner de bonnes journées, en même temps qu'il répare ses forces par les bienfaisantes influences du travail en plein air. Cette conversion en vigneron du tisserand, de l'apprêteur, etc., etc., ne s'opère pas, toutefois, sans quelque sacrifice du patron, car, en outre que les travaux agricoles ne sont pas suffisants pour absorber tous les bras inoccupés, l'homme de l'atelier n'y a pas la même aptitude que l'homme des champs. Il n'en persévère pas moins, avec un rare dévouement, dans la voie où il est entré depuis longtemps, et cela par deux raisons. La première, c'est, que par suite de l'organisation de sa fabrique, ses ouvriers forment une grande famille dont il est le chef; qu'il voit autour de lui des générations de travailleurs dont les pères ont été contemporains de la création de l'établissement, qu'il les connaît presque tous intimement, et que ce serait pour lui une douleur de les voir s'expatrier. La seconde n'est pas moins importante : propriétaire d'une grande usine dans une localité très isolée, où manquent les ressources des centres industriels, il doit avoir constamment sous sa main le personnel intelligent et dévoué qu'il a mis des années à former, et qu'il ne retrouverait plus le jour où il recevrait des commandes importantes et urgentes du gouvernement.

Il est, d'ailleurs, bien peu de grandes usines rurales où l'ouvrier soit l'objet d'autant de sollicitude qu'à Villeneuvette. La commune entière appartient à son propriétaire (M. Maistre). Terres cultivées ou non, bois, métairies, usine, église, mairie, école, tout est la propriété d'un seul, tout relève du même maître, tout obéit à une volonté unique. Tout est organisé, en outre, en vue d'une exploitation industrielle et agricole. La manufacture est au centre de l'agglomération ; là se trouvent de vastes bâtiments où chaque famille reçoit un logement en rapport avec le nombre de ses membres.

Cette population ouvrière, que ses traditions comme ses intérêts, attachent étroitement à l'établissement, a compris depuis longtemps les avantages de la combinaison dont elle est l'âme. Aussi, point d'oisifs; tout ce qui est valide, hommes, femmes, enfants, vieillards même, chacun travaille dans la mesure de ses forces. C'est la ruche immense, essentiellement laborieuse et active, dont les frélons sont sévèrement bannis. Quant aux invalides, ils trouvent une retraite assurée dans les ressources d'une caisse d'assurance très ingénieusement organisée. Alimentée principalement avec le produit de retenues sur les salaires et des libéralités du patron, elle est administrée par les ouvriers eux-mêmes.

L'instruction est obligatoire et les enfants ne sont reçus à l'usine qu'à l'âge réglementaire. Le soir, des écoles sont ouvertes pour les adultes. Il en résulte que tous les habitants de Villeneuvette savent lire et écrire.

Les frais du culte et les autres dépenses communales (entretien de l'église, du cimetière, etc., etc.) sont à la charge du propriétaire, qui a concédé, en outre, aux familles les plus anciennement établies à Villeneuvette, des jardins potagers dont la culture les occupe pendant les chômages et les heures laissées libres par l'usine.

Quelques fabriques de Vosges, sans réaliser complètement ce type de l'association du travail agricole et manufacturier, sont cependant entrées dans la même voie. Établies dans les campagnes, sur les bords d'un cours d'eau dont elles utilisent la force motrice, elles logent leurs ouvriers dans de modestes, mais saines habitations, contiguës à l'établissement et généralement dotées d'un jardin potager, dont les produits peuvent suffire aux besoins de la famille. Aux époques de chômage, l'ouvrier est autorisé à se mettre à la disposition des cultivateurs des environs, souvent très heureux de ce supplément de main-d'œuvre, surtout à l'époque des travaux agricoles les plus urgents.

Il est des industries manuelles qui, malgré la concurrence des machines, pourraient encore subsister et même prospérer dans les campagnes ; ce sont celles qui exigent, par exemple, certaines combinaisons de matières diverses, œuvre de goût, d'intelligence, que la machine ne peut exécuter qu'imparfaitement. Ce sont encore celles qui, comme la riche dentelle, réclament certaines aptitudes, certaines conditions de travail, une main-d'œuvre fine, délicate, minutieuse, que la grande industrie ne peut obtenir,

Un rapport fait au Sénat, dans la séance du 3 février 1862, sur une pétition dans ce sens, contient d'utiles indications.

« Si les plaintes du pétitionnaire (sur le progrès de l'émigration rurale) sont fondées, dit le rapporteur, il y aurait lieu de s'en émouvoir et de chercher à y porter remède ; car l'industrie des métiers à la main, disséminés dans les campagnes, est digne de la sollicitude de l'Administration. Les avantages que cette industrie porte avec elle sont faciles à reconnaître. En effet, elle retient au sein des campagnes une population qui seconde les travaux de l'agriculture aux époques où son concours est le plus nécessaire, et qui trouve, pendant le reste de l'année, dans le travail du tissage ou autres, le gage de son existence et souvent de son bien-être. Elle tend à tempérer le mouvement de ces vastes agglomérations d'ouvriers que le chômage laisse sans ressource, tandis que l'ouvrier semi-industriel, semi-agricole, trouve, dans le petit champ attenant à sa chaumière, une occupation utile pour ses loisirs forcés, et un adoucissement pour les privations qu'ils lui imposent. Le tissage à la main mérite particulièrement d'être encouragé au point de vue de la lutte universelle à laquelle tous les peuples paraissent désormais appelés ; car il offre aux conceptions élégantes et ingénieuses du goût français la facilité de combiner la laine, le lin, le coton, la soie avec une variété de dispositions et de nuances que le métier mécanique n'atteindra probablement jamais.

« Ce serait donc, à notre avis, une grande faute de ne pas accorder au tissage à la main toute la part de bienveillante équité qui peut lui être faite. Heureusement on ne peut adresser, en ce qui concerne l'application du droit de patente, un tel reproche à l'administration des finances. »

Ce sont ces encouragements qui ont favorisé l'extension de l'industrie gantière aux environs de Grenoble et dans une partie de la Normandie, de l'industrie horlogère aux environs de Besançon et dans le Jura, de l'industrie de la soie aux environs de Lyon, etc., etc.

§ 3. — Colonisation agricole.

a) Emploi direct ou indirect de l'armée aux travaux agricoles. — La loi organisatrice de la réserve de l'armée, en disposant que la moitié du contingent serait seule appelée sous le drapeau et que la seconde moitié resterait dans ses foyers sous la condition d'exercices annuels d'une durée annuellement décroissante, a rendu un service signalé à l'agriculture, en laissant à sa disposition des bras que le régime antérieur lui enlevait pendant une moyenne de six années.

On peut en dire autant de la facilité avec laquelle l'administration de la guerre, conciliant les intérêts de l'économie et du travail agricole, accorde aux jeunes soldats des congés semestriels.

Le cultivateur n'a qu'à se louer également de l'empressement avec lequel la même administration met des soldats à sa disposition à l'époque de la moisson. Mais peut-être y aurait-il lieu d'examiner si la création, non seulement de camps qui, comme ceux de Châlons et de Lannemezan, entretiennent de grandes exploitations horticoles, mais encore de véritables casernes dans les campagnes, à une faible distance des villes, et surtout dans le voisinage d'un chemin de fer desservant ces villes, casernes auxquelles, sous la direction de chefs de cultures sortis des écoles régionales, seraient annexées de grandes fermes cultivées par le soldat, n'aurait pas des avantages signalés pour la discipline, la moralité, la santé de l'armée?

Ce mélange intime de la vie militaire et rurale aurait une autre conséquence heureuse, ce serait de maintenir dans le goût et la pratique des travaux agricoles les soldats sortis des campagnes? Or, on sait qu'elles fournissent près des deux tiers de nos recrues.

Ces fermes militaires n'appartiendraient pas à l'Etat; le sol en serait pris à bail de propriétaires voisins. Elles comprendraient de préférence des terres vagues et incultes dont la mise en valeur exigerait surtout une main d'œuvre considérable.

b) Etablissements pénitentiaires et charitables dans les campagnes. — Faut-il mettre au compte des utopies l'idée d'éloigner des villes, dans l'intérêt de l'agriculture et de l'hygiène publique, les prisons, les hôpitaux et hospices?

Sauf la question, vitale il faut en convenir, de la dépense et notamment de l'accroissement inévitable des frais de surveillance, n'y aurait-il pas un grand profit pour les prisonniers, d'abord à être soustraits aux influences morbides des agglomérations, puis à être mis en mesure de choisir entre les travaux industriels et agricoles? Si la loi déclarait le travail obligatoire pour eux, l'hiver et les mauvais jours de la belle saison ne pourraient-ils être consacrés aux premiers, et le reste de l'année aux seconds? L'atelier industriel et agricole ne pourrait-il être organisé de telle sorte que le condamné pût passer aisément, sans perte de temps, de l'un à l'autre? On dit que sa situation serait aggravée en ce sens qu'il recevrait moins souvent la visite et les consolations des siens. Mais, d'abord, tous les détenus n'appartiennent pas à la ville où ils ont été jugés; puis, les chemins de fer abrègent aujourd'hui toutes les distances ; ajoutons que, déjà, un certain nombre de prisons centrales ont été construites ou reconstruites dans ces conditions, et que ni l'ordre, ni la discipline, ni le moral de leurs hôtes n'en souffrent.

Les statistiques officielles ont prouvé que la mortalité est exceptionnelle dans les établissements pénitentiaires, par suite, soit de l'agglomération, soit d'une nourriture insuffisante, soit de la souffrance morale résultant de la privation de la liberté, soit enfin d'un service médical et hygiénique défectueux. Nous croyons fermement qu'elle serait notablement diminuée par le double fait et de leur installation au milieu des vivifiantes influences de la campagne , et d'une meilleure appropriation de locaux , qui serait la conséquence de leur reconstruction.

La dépense serait considérable sans doute; mais elle s'atténuerait sensiblement du produit de la vente des terrains occupés, dans les villes , par les bâtiments actuels et de celle des matériaux. Resterait l'accroissement des frais de surveillance. Mais une exploitation intelligente n'aurait-elle pas des résultats fructueux ? Le prix des denrées alimentaires ne serait-il pas moindre , surtout en l'absence du droit d'octroi ? L'instruction agricole d'un certain nombre de prisonniers ne leur donnerait-elle pas le goût de la vie rurale ? Et, au surplus , l'Etat ne trouverait-il pas une compensation suffisante dans l'amélioration de la santé, dans la prolongation de la vie de ces hommes momentanément séparés de la société et qu'il a mission de lui rendre un jour, moralement et physiquement améliorés ?

Au surplus, l'Etat, en France, a déjà fait des expériences dans ce sens. Il a créé, en Corse, les pénitenciers agricoles de Casabianca, Chiavari et tout récemment (1866), celui de Castellucio, qui a remplacé l'ancien établissement horticole de Saint-Antoine (même département). Seulement, il est à regretter que ces essais de colonisation pénitentiaire aient eu lieu dans des localités dont la salubrité était plus que douteuse, et que de graves mécomptes, en ce qui concerne l'hygiène des détenus, en aient été la conséquence. C'est ainsi qu'à Chiavari, la mortalité s'est élevée jusqu'à 57 p. 0/0, pour descendre, il est vrai, à la suite de l'exécution d'un plan général d'assainissemeut, à 1,36. A Casabianca (fondé en 1863), la mortalité a été, en 1866, de 7.21 p. 0/0 ; c'est la plus forte que l'on constate dans l'ensemble des prisons centrales et des pénitenciers agricoles. Elle est due à la fièvre paludéenne (*mal'aria*).

L'Administration a également installé les travaux agricoles ou horticoles (selon le degré de validité des détenus) dans les maisons de Clairvaux, Fontrevrault et Bellisle.

La question est résolue, en principe et partiellement en fait, en ce qui concerne les établissements hospitaliers consacrés aux vieillards et infirmes. Partout où les ressources de ces établissements leur permettent de quitter les villes, ils s'empressent d'aller s'installer dans la campagne, au grand bénéfice de la santé de leurs indigens. Il est vrai que leur translation ne fournit aucun appoint à la main-d'œuvre rurale. Il en serait autrement des hôpitaux, dont les convalescents pourraient être utilisés, au profit de la maison ou des exploitations voisines, dès que leurs forces leur permettraient de se livrer à des travaux agricoles appropriés à leur état.

c) Application des enfants assistés à l'agriculture. — Le rapporteur de la Commission chargée, en 1860, de faire une enquête sur ces enfants, signalait ainsi qu'il suit l'utilité de leur emploi aux travaux agricoles :

« Dans un intérêt social de l'ordre le plus élevé, l'Administration dirige la plupart de ces jeunes gens, sans distinction de sexe, vers les travaux des champs. En 1860, le contingent qu'elle fournissait ainsi à notre agriculture était d'environ 44,000 travailleurs, précieux appoint, qui vient heureusement combattre les tristes effets de la désertion des campagnes. Presque tous restent, comme cultivateurs, aux champs qui les ont vus grandir ; et cette vie, malgré sa rudesse, leur suffit ; ils n'en connaissent pas d'autre. La Commission dira bientôt quel prix les propriétaires et fermiers attachent à leurs services et combien profondément nos cultivateurs, riches et pauvres, se sont émus à la pensée que peut-être la colonisation lointaine leur enlèverait ces utiles auxiliaires. »

Il importe donc de retenir aux champs, par tous les moyens possibles, dans l'intérêt de sa santé, de son bonheur et de la prospérité des campagnes, cette jeune population des hospices, la seule que l'Etat ait sous sa direction immédiate, et qui se doit, plus que toute autre, à la société qui l'a élevée. A cet effet, il est nécessaire que le patronage hospitalier survive le plus longtemps possible à l'âge qui voit finir, pour l'enfant assisté, les secours de l'établissement. Si cet enfant, par exemple, est entré comme domestique chez des cultivateurs, l'inspecteur doit tenir note des gages accordés, et surveiller l'exécution des engagements de toute nature contractés par les maîtres. Il convient, d'ailleurs, qu'il l'appelle à discuter lui-même avec ces derniers les conditions du placement et lui apprenne ainsi à user de sa liberté.

Le maintien de l'enfant assisté chez son père nourricier est, au surplus, chose facile s'il y a trouvé les soins, la sympathie, la tendresse d'une famille adoptive. Dans ce cas, il se considère naturellement comme un de ses membres et ne songe pas à la quitter.

Il y aurait lieu d'examiner, à ce point de vue, si le système d'assistance aux enfants qui tend à prévaloir et consiste à les secourir chez leurs mères, n'a pas pour

résultat de favoriser les progrès des agglomérations urbaines, le plus grand nomb:e des filles-mères habitant les
villes.

d) Colonies agricoles pour les enfants. — Elles comprennent les deux catégories principales ci-après : 1° les
colonies pour les enfants indigènes des villes, qui n'ont
subi aucune condamnation ; 2° les colonies pénitentiaires
pour les enfants frappés par la justice à l'âge où la loi les
répute ayant agi sans discernement.

M. Demetz, directeur de la colonie agricole de Mettray,
près Tours (Indre-Loire), est le premier qui ait signalé,
en France, l'utilité des établissements qui nous occupent.
« .... Rien n'est plus utile, a-t-il écrit, à une date déjà
ancienne, qu'une colonie agricole à une époque où les
populations rurales tendent de jour en jour à déserter les
travaux des champs pour se jeter dans les grands centres
d'industrie. On a dit, et ce n'est malheureusement que trop
vrai, le *paysan* s'en va. »

Il existe en France plusieurs colonies pour les enfants
pauvres ou orphelins, connues sous le nom d'*Orphelinats
Agricoles*. Une des plus importantes, appartient à l'œuvre
du *Rapatriement des Orphelins*. Cette œuvre, encore peu
connue, et qui est destinée à rendre des services signalés,
a fondé un premier établissement à Laforêt, dans le Cantal,
c'est-à-dire dans un des départements qui souffrent le
plus de l'émigration rurale. Elle y a donné asile à
un certain nombre d'enfants délaissés, et ce nombre
s'accroît chaque jour. Cet établissement est au centre
d'une ferme de 160 hectares, entourée d'immenses espaces
point ou mal cultivés, mais sous un climat et dans un site
des plus salubres. Les soins aux enfants et la conduite de
la ferme sont confiés à des filles de la charité de Saint-
Vincent-de-Paul. Un chef de culture et un jardinier
initient les enfants aux travaux des champs. La direction

supérieure appartient à un ecclésiastique. Lorsque , dans les localités voisines, une famille veut se charger d'élever un enfant, on le lui confie , mais sans interrompre une surveillance que la charité inspire et dirige.

« Elever en pleine campagne, loin de Paris, des enfants abandonnés à Paris; les soustraire ainsi aux mauvaises influences physiques et morales, en faire des agriculteurs, les rattacher, autant que possible, au pays d'origine des parents, et par ces enfants, devenus de bons agriculteurs, comme par l'exemple d'une ferme bien tenue, lutter contre le torrent qui pousse les populations rurales vers Paris, c'est assurément une œuvre qui mérite les plus sérieux encouragements. » (Rapport du secrétaire de l'Œuvre, à la réunion du conseil du 9 janvier 1869).

Citons encore l'asile rural fondé par M. le curé d'Elancourt (Seine-et-Oise) dans cette localité, et dont la prospérité est croissante.

Mais les établissements de cette nature les plus florissants sont dus aux Frères de la doctrine chrétienne. Voici ce qu'écrivait à ce sujet un homme qui les avait étudiés de près, M. Trépagne, notaire à Paris, maire dans Seine-et-Oise, président de la Commission de Statistique de son canton :

« .... Il n'y a, selon nous, au point de vue agricole, que les bons Frères des écoles chrétiennes qui obtiennent des résultats importants pour l'enfant pauvre des villes principalement. Dans leur institut normal agricole dirigé à Beauvais (Oise), par le frère Menée, on apprend l'agriculture et l'économie rurale, la comptabilité agricole , l'arboriculture et la sylviculture, les mathématiques appliquées, le génie rural, l'architecture et le dessin linéaire appliqués aux constructions rurales, la zootechmie et l'économie du bétail, l'entomologie, la physique et la chimie appliquées à l'agriculture, la botanique et la minéralogie, l'emploi des outils et machines agricoles, l'histoire naturelle.

« L'orphelinat de Clermont (Puy-de-Dôme) qui leur appartient, et dont la création remonte à 1851, renferme en ce moment (janvier 1862), 110 élèves de 8 à 20 ans, orphelins ou indigents ayant appartenu ou appartenant à des familles honnêtes. 50 sont entretenus par des bienfaiteurs, et 60 par leurs parents. Les élèves sont divisés en plusieurs catégories: 60 jeunes enfants fréquentent exclusivement l'école élémentaire; — 15 autres, de 12 à 15 ans, se livrent à l'agriculture du pays dans une ferme située près de Clermont; — 30 autres, de 15 à 18 et 20 ans, suivent un cours théorique et pratique d'horticulture, réparti en trois cours (légumes, fleurs, arbres).

« La même corporation religieuse a fondé à Igny, près Palaiscau (Seine-et-Oise), un établissement analogue, comme succursale de celui de Saint-Nicolas qui est destiné, comme on sait, à la classe ouvrière, et dont le siége est à Paris (rue de Vaugirard 112), et à Issy (Grande-Rue, 70). »

Il s'est formé, à Paris, en dehors des œuvres que nous venons de mentionner et avec l'intention d'encourager par des subventions celles qui sont fondées sur le principe de la gratuité, une société dite du *Patronage des Orphelinats agricoles*. Cette société, qui compte parmi ses membres les hommes les plus considérables et les femmes les plus charitables de la capitale, a déjà tenu plusieurs réunions générales et réuni d'importantes ressources. Elle voit grossir chaque jour le nombre de ses adhérents.

Des colonies pénitentiaires agricoles, la plus considérable, la plus connue et la plus digne de l'être à tout égards, est celle de Mettray. Tout a été dit sur cette magnifique création, qui est une gloire pour la France et un modèle pour l'étranger.

On connaît beaucoup moins , parce que sa création est plus récente, celle de Citeaux, fondée par M. l'abbé Rey dans l'ancienne abbaye de ce nom , et qui est, elle aussi , un type des œuvres de l'esprit chrétien appliqué à la régénération morale des jeunes détenus.

«... Voici 585 colons, qui sont tous entrés à Citeaux flétris par des jugements de vagabondage, de vol, d'immoralité, d'incendie, ou repoussés de leurs familles comme indisciplinables. Eh bien ! pendant deux années consécutives, sur 66 jeunes hommes sortis de la colonie , il n'a pas été constaté une seule récidive. De plus, sur la masse des colons, 362 en 1866 avaient obtenu le *galon*. Or , pour mériter cette faveur, il faut que, pendant tout un mois, l'assiduité au travail ait été constante , et que la conduite n'ait donné lieu à aucune plainte un peu grave. Et, ce qui est significatif, c'est que, sur 362 élèves irréprochables, 99 conservent le signe de l'honneur sans interruption depuis un an , 48 depuis deux ans, 17 depuis trois ans, etc.

« Voyez ces escouades de travailleurs conduites par un *caporal* ou un *frère aîné*, à Citeaux , comme à Mettray ; c'est la vie de famille : liberté entière, pas de barrières, de verroux , de geôliers. Les murs seuls feraient naître le désir de fuir ; il n'y a pas de murs. Dans les villes, il faut multiplier les précautions pour préserver les jeunes gens de fâcheux contacts, s'armer de règlements et de punitions, faire étalage d'une autorité , régler tous les mouvements, substituer l'obéissance passive à l'exercice du libre arbitre. A Citeaux, le surveillant importun, morose, a disparu pour faire place à un compagnon de travail, à un frère plus expérimenté, à un ami obligeant; à la place de la défiance réciproque, la confiance et l'affection. Et cependant on a entre les mains la matière première la plus rebelle ; on a affaire à des enfants déjà souillés par le vice ou le crime... et l'on réussit. » (Extrait d'un rapport sur l'Exposition universelle de 1867. — Améliorations morales).

Le 11 juin 1865. à la demande de l'Impératrice, présidente de la société de Patronage des jeunes détenus, le Ministre de l'intérieur avait adressé aux Préfets une instruction relative à l'obtention du concours des comices agricoles de l'Empire pour le placement des jeunes détenus dans des exploitations rurales. Le plus grand nombre ayant répondu favorablement, une seconde circulaire, du 4 novembre de la même année, a réglé les conditions de l'utilisation de ces enfants par les cultivateurs. On y lit les passages suivants :

«... Déjà, par l'entremise des comices, de jeunes délinquants ont été placés comme laboureurs, domestiques de fermes, bergers etc., etc. chez des cultivateurs, qui les ont pris en général aux mêmes conditions que les ouvriers libres... Deux catégories de jeunes libérés sont appelées à profiter du bienfait du placement: 1° Ceux dont la correction ou la peine est expirée et qu'on désigne sous le nom de *libérés définitifs*; 2° les *libérés provisoires*, c'est-à-dire ceux qui sont placés, à titre d'essai, hors de la colonie pénitentiaire et peuvent y être réintégrés s'ils mésusent de cette faveur... Il devra être stipulé un salaire au profit des libérés définitifs sur la base des gages payés aux ouvriers ruraux de la contrée. Quant aux libérés provisoires, si leur instruction n'était pas suffisamment avancée, on pourrait les confier gratuitement pendant quelques mois aux cultivateurs, à la charge toutefois, pour ces derniers, de pourvoir à leur habillement et à leur nourriture. (Suit l'énoncé des autres conditions du placement des deux catégories de libérés)... Les enfant atteints de maladies qu'ils voudraient ou ne pourraient faire traiter chez eux, seront transportés à l'hospice le plus voisin et soignés aux frais de l'Etat... Les patrons devront rendre compte aux Préfets, tous les trois mois au moins, de la conduite de leur pupille, etc., etc. »

Ces dispositions signalent, d'une part, le vif intérêt que l'Administration apporte à la moralisation par le travail des jeunes détenus ; de l'autre, son désir de faire naître parmi ces enfants le plus grand nombre de vocations possible pour la carrière agricole, et d'atténuer ainsi pour la culture les inconvénients de la rareté progressive des bras.

L'Angleterre est entrée, après la France, dans la voie de la moralisation par l'agriculture des jeunes enfants atteints ou pouvant être atteints par la justice. Une société présidée par le cardinal Wiseman, et ayant mission de recueillir et d'utiliser les enfants indigents, a récemment publié son premier rapport. On y lit qu'après avoir visité et étudié avec soin les prisons, les maisons et écoles de correction de la capitale, les fondateurs se sont convaincus qu'il fallait, avant tout, arracher les enfants des deux sexes au vagabondage de la rue, ne les déposer que provisoirement et temporairement à Londres, dans les maisons de refuge spéciales, et les conduire le plus tôt possible en pleine campagne, pour les y faire vivre de la vie saine et robuste des agriculteurs.

Le comité directeur de l'association, après des recherches approfondies dans les établissements spéciaux existants, tels que la maison correctionnelle des garçons de Regent's-Park et l'asile des filles à Chelsea, a acquis la conviction que le système des colonies agricoles présente une économie notable sur le régime des prisons. Il résulte, en effet, d'un examen attentif des deux comptabilités que, pour un séjour de 7 années dans une colonie agricole, un enfant ne coûte, tous frais compris, que 100 £. (2,500 fr.), tandis qu'un criminel, en lui supposant une vie moyenne de 30 ans, coûte à l'Etat 7,250 £. (181,250 fr.), non compris les dommages que ses méfaits causent à la société.

§ 4. — *Progrès agricole.*

Ce progrès se réalise de deux manières, et par une culture plus intensive , par conséquent plus productive, et par la mise en valeur de terres restées jusque là stériles.

En France , ce double progrès se produit parallèlement et presque sans interruption.

Le législateur, il est vrai, a donné une forte impulsion à l'utilisation des terres propres à accroître le domaine agricole du pays, notamment par la loi du 19-28 juillet 1860 sur la mise en valeur des communaux ; par la loi sur le regazonnement ou la plantation des montagnes ; par la poursuite énergique de cette vaste entreprise de replantation des dunes de Gascogne , qui remonte au dernier siècle ; par l'établissement récent du canal de la Sauldre dans la Sologne ; par la loi relative à l'assainissement de la Dombes, etc., etc.

Mais que de choses utiles à faire encore dans le même ordre de faits ! Aux termes d'un document inséré dans le *Moniteur* du 23 juillet 1860 , il existait, à cette époque, en France près de 400,000 hectares de marais à dessécher. Quelles conquêtes à réaliser sur cette vaste superficie, probablement entièrement cultivable, et qui, sauf erreur, ne comprend pas les nombreux et vastes étangs de la Dombes ! que de terrains à reprendre aux cours d'eau redréssés , régularisés et approfondis, aux rivages de la mer ! Et ne sera-t-il donc jamais possible de rendre à la culture les vastes et stériles plaines de la Champagne Pouilleuse et de la Crau ? Et la France agricole aura-t-elle toujours quatre millions d'hectares en jachères ?

En dehors de ces conquêtes, les mesures conservatrices de ce qui existe n'intéressent-elles pas au plus haut degré l'agriculture ? Ne devient-il pas de plus en plus urgent d'aviser aux moyens de protéger contre des inondations presque périodiques les vallées de la Loire et du Rhône, mais de la Loire surtout ? Ces inondations, si redoutables dans leurs effets, ne découragent-elles pas le cultivateur, ne favorisent-elles pas son émigration ?

Les chômages forcés de l'agriculture sont, avons-nous dit ailleurs avec les meilleurs observateurs, une des plus fortes excitations à l'émigration. Le progrès agricole n'aura-t-il pas pour conséquence de les supprimer ?

« J'ai, nous disait, en 1862, un riche propriétaire du Cher, une distillerie sur ma ferme et j'y fais 400 hectolitres d'alcool par an ; j'emploie constamment sans relâche quinze ouvriers. Eh bien ! la main d'œuvre ne m'a jamais manqué et je ne la paie pas plus cher qu'il y a dix ans. »

« *Les travaux à faire appellent l'ouvrier*, disait, la même année, M. Darblay au concours du Comice agricole de Limours (Seine-et-Oise). Plus il y aura d'occupation à la ferme, plus les populations rurales deviendront sédentaires. L'émigration n'a lieu que lorsque le travail manque ou n'est demandé que par intermittence. Qu'on ne s'inquiète pas des machines ! Elles ne diminuent pas la main d'œuvre ; elles ne font que la régulariser. » Un membre de la Société d'Agriculture de France, développant devant elle cette idée de l'influence de la culture intensive et spécialement des effets préventifs sur l'émigration rurale de la culture de la betterave et des distilleries agricoles, s'exprimait en ces termes :

« Les doléances provoquées par l'émigration des campagnes vers les villes ont retenti jusque dans cette enceinte. Nous trouvons encore dans les résultats de l'information des faits qui font entrevoir quelle importance acquiert le développement des distilleries agricoles au point de vue de la population des campagnes. Qu'est-ce qui amène l'émigration ? Le manque de travail, l'abaissement des

salaires, le malaise des travailleurs qui en est la conséquence forcée. La culture de la betterave industrielle
permet d'augmenter le taux des salaires et d'occuper un
plus grand nombre d'ouvriers.

« Ainsi, dans l'établissement de la distillerie dont j'ai
parlé, sur les 90,000 hectares qu'elle comprend, 4,767 ouvriers étaient occupés en hiver. Le nombre de ces ouvriers
s'élève aujourd'hui à 14,718 ; celui des ouvriers employés
pendant l'été, de 9,851, a monté à 25,737. Il faut en conclure que 25,737 travailleurs, qui n'avaient pas d'ouvrage
dans les campagnes avant l'introduction de la distillerie
de betteraves, trouvent maintenant de l'occupation, soit
pendant l'hiver, soit pendant l'été.

« M. Bernier, cultivateur dans les Ardennes, écrivait
avec raison à la Chambre syndicale, à la suite de ses ré-
ponses au questionnaire : « Depuis que ces établissements
(les distilleries) existent, le sol a changé de face ; le bien-
être règne parmi les populations tant ouvrières qu'agricoles, et leur chute serait une calamité pour le pays.

« Nous sommes en grande voie de progrès, écrivait de
son côté M. Mairet, membre du Conseil général de la Côte-
d'Or, et la funeste émigration de nos ouvriers vers les villes
est en voie de diminuer depuis qu'ils trouvent en toute
saison du travail et un bien-être qu'ils iraient vainement
chercher ailleurs. »

« M. Quenot-Belin, d'Auxonne, ajoutait, après avoir
constaté que, dans quatre cantons du département, fonctionnent 13 distilleries utilisant la betterave d'une culture
de 3,500 hectares :

« Depuis ces quatre années, disait-il, l'aisance règne
parmi nos petits cultivateurs, et tel qui autrefois ne
paraissait au marché que pour y acheter du maïs pour sa
nourriture, vient maintenant y vendre du blé. Aussi la
valeur vénale a-t-elle augmenté, dans toutes les com-

munes ou l'on cultive la betterave, de 30, 40 et 50 pour 0/0. La production de la viande a plus que doublé, et celle du blé a augmenté de 30 pour 100.

« Enfin, M. Taffe, près de Montargis (Loiret), résumait ainsi son opinion : « la culture de la betterave a transformé le pays, doublé la valeur du sol, rendu courage au cultivateur et par-dessus tout retenu à la campagne la population ouvrière. »

« En présence de ces résultats positifs, de ces chiffres éloquents, ne doit-on pas faire des vœux pour voir prospérer en France une culture aussi féconde et aussi avantageuse, qui, unie à la distillerie ou à la sucrerie agricole, contribue à augmenter indéfiniment la somme des produits et à abaisser leur prix de revient ? (*Echo agricole*, 25 février 1865).

Les propriétaires peuvent, par des conditions meilleures à leurs fermiers et colons, les attacher au sol plus étroitement que par le passé. « Il faut, disait au Sénat le rapporteur d'une pétition sur le dépeuplement des campagnes, il faut que les hommes riches, éclairés et surtout officiellement posés, fassent appel aux innovations agricoles dont l'expérience a sanctionné l'efficacité, pour obtenir de la terre des produits plus considérables et dompter ainsi, par des exemples frappants, l'esprit récalcitrant, craintif, méfiant et routinier des masses agricoles. L'agriculteur exploitant avec de plus longs baux, sans être assujetti à des assolements souvent nuisibles aux intérêts du maître et du fermier, pourra se livrer à des améliorations constantes sans craindre de perdre sa ferme, et obtenir des résultats qui lui permettront de faire face à la hausse de la main d'œuvre. On retiendra ainsi d'autant plus facilement les populations dans les campagnes, qu'en général elles aiment leur clocher et ne le quittent qu'à regret. »

Un savant œnophile, M. le docteur Guyot, étudiant les

moyens de retenir dans les campagnes les journaliers agricoles, dont les viticulteurs ont surtout besoin , a proposé de les associer aux bénéfices de la culture, tout en leur donnant un salaire fixe. « Il sera toujours possible, a-t-il écrit, et il sera toujours très avantageux au propriétaire de donner au journalier , en outre du prix fixe de son travail, une fraction de la récolte, ou une prime proportionnelle à cette récolte (*Viticulture de l'Est de la France*, page 169). »

Il s'est fait, dans ces derniers temps , un mouvement d'opinion très-vif dans le sens d'un vaste développement de l'enseignement agricole, surtout aux degrés primaire et supérieur. On a demandé que les premiers éléments de l'agriculture fussent enseignés par l'instituteur communal qui les apprendrait à l'école normale, où seraient établis des cours théoriques appuyés sur une bonne pratique dans une ferme annexée à l'établissement. L'instruction agricole secondaire, telle qu'elle se donne dans les écoles régionales de Roville (Meurthe), de Grignan (Seine-et-Oise, de Coetbo et Grand-Jouan (Loire-Inférieure) et de La Saulsaie (Ain), a généralement paru suffisante. Mais on a vivement réclamé le remplacement de l'institut supérieur de Versailles par une création analogue. Il vient d'être donné satisfaction à ce vœu, au moins dans une certaine mesure, par l'établissement de cours supérieurs spéciaux au Muséum de Paris. Quant à l'enseignement par les instituteurs primaires, il soulève, de la part des hommes spéciaux, d'assez fortes objections. « L'administration, écrivait récemment l'un d'eux (*Journal de la Société de Statistique de Paris*, 1869), se plaçant au point de vue des intérêts de l'agriculture et du maintien dans les campagnes des ouvriers ruraux , songe à organiser l'enseignement agricole dans les écoles. Cet essai, s'il se fait, nous semble menacé d'un échec à peu près inévitable.

« Les instituteurs et leurs élèves n'ont ni le temps, ni les moyens, ni l'aptitude nécessaire pour s'occuper d'agriculture. Il est déjà à peu près impossible aux uns et aux autres de parcourir le programme, très agrandi, de l'enseignement élémentaire. Est-ce le cas et le moment d'ajouter à ce programme un cours d'agriculture, cours qui, au surplus, ne sera possible que lorsque les écoles normales primaires auront produit des instituteurs capables de le faire ? — L'avenir prononcera. »

« Il serait à désirer, dit, au contraire, le président de la Commission de statistique de Grimaud (Var), que les enfants pussent contracter à l'école communale le goût du travail agricole, et l'on obtiendrait ce résultat si, en toute occasion, l'instituteur les entretenait de ce sujet, qu'il pourrait rendre fort intéressant, mais surtout s'il évitait avec soin de leur inspirer des tendances contraires (24 novembre 1862). »

§ 5. — *Fin de l'absentéisme.*

M. de Gasparin, dans son *Guide des propriétaires* (1828), développait déjà, avec beaucoup de force, cette pensée que le propriétaire doit rester dans son domaine, s'il veut retenir le paysan au sillon.

L'utilité de la présence du maître sur son exploitation, dans son propre intérêt, et, par suite, dans l'intérêt de l'agriculture, a été très heureusement démontrée dans le passage suivant de *l'Essai sur l'économie rurale de la Belgique*, par M. Emile de Lavelaye :

« Mais ici, comme en tout pays où manque une classe de grands fermiers entreprenants et riches, c'est principalement de l'initiative des propriétaires qu'on doit attendre ce que l'avancement de la culture réclame de plus urgent. Pour amener ce résultat, on ne peut assez dire à

quel point il serait à désirer que, dans les classes aisées,
se répande le goût de la vie et des entreprises rurales,
même au risque de quelques mécomptes inévitables. Sans
doute, le nombre est très-grand des familles riches qui
passent l'été à la campagne ; mais cela ne suffit pas. Il faut
que celui qui possède la terre s'occupe lui-même de l'exploitation et du sort de ceux dont il emprunte les bras
pour ses travaux. Lui seul est appelé par son intérêt même
à introduire les améliorations qui réclament de fortes
avances ; lui seul, dans les districts arriérés, peut donner
l'exemple de certaines réformes qui doubleraient la production. La vie des champs est saine pour l'âme non
moins que pour le corps, et les sentiments naturels y
prennent tout l'empire que perdent les sentiments factices.
En voyant de près au prix de quel labeur et de quelles
privations se forme la richesse, on est moins prompt à la
prodiguer d'une main insouciante. La simplicité de la vie,
simplifie les besoins et laisse plus de marge pour les
œuvres à la fois humaines et productives. Dans son livre
prophétique, *l'Ami des hommes*, le marquis de Mirabeau
dit qu'en parcourant les campagnes, il en connaissait au
premier coup d'œil les terres occupées par leurs seigneurs.
La résidence du propriétaire est un bienfait qui se traduit
par mille détails, dont l'ensemble amène peu à peu la
transformation des lieux qu'il habite ; car la propriété, ce
n'est rien moins que la puissance de disposer du produit
net. En rentrant dans sa demeure, où rien ne manque,
vient-il à passer près d'une vieille chaumière qui laisse
entrer le vent et la neige à travers ses ais mal joints, il
la fera réparer et peut-être rebâtir. Voit-il de ses yeux
que la ferme voisine a besoin d'une fosse pour recueillir
l'engrais, seul moyen d'augmenter la fertilité du sol, ou
d'une bonne étable pour abriter le bétail, il la fera faire
de manière même à contenter ce penchant naturel qui

porte l'homme vers l'élégance. Rencontre-t-il le chariot de son fermier arrêté dans la boue d'un chemin défoncé, dont ses légers équipages ont aussi à souffrir? Il emploiera son influence à la commune ou auprès des administrations supérieures pour que la route soit mise en meilleur état, et lui-même n'y épargnera pas quelques sacrifices. Traversera-t-il un pré marécageux couvert de joncs et dont l'humidité malfaisante est trahie par les vapeurs qui s'en échappent à l'automne? Il songera à le faire drainer. S'apercevant qu'une hausse de fermage, qui, de loin, ne représentait pour lui, qu'une augmentation de revenu, est souvent, vue de près, la cause des plus dures privations pour ceux qui la subissent, il sera moins porté à la leur imposer. Ainsi, une partie de la rente, détournée des villes où elle se dépensait d'une manière improductive, sera employée sur place à perfectionner les moyens de production et à améliorer le sort de ceux dont le travail crée tout ce qui fait subsister la société.

« Bien souvent déjà, on a fait ressortir l'heureuse influence exercée sur la formation de la richesse et sur le développement des libertés publiques, par la résidence à la campagne de ceux qui disposent du produit net. Depuis la fin du XVIIIe siècle, on peut constater un retour marqué vers la vie rurale. Les éloquents tableaux de Jean-Jacques et les pages attachantes de ses disciples de notre temps ont mis à la mode un certain goût de bucoliques qui n'a pas manqué de produire d'excellents effets. Malheureusement deux causes persistantes contre-balancent, chez la plupart des nations du continent, ces salutaires tendances : d'abord la crainte de l'isolement et de la privation de toutes relations sociales; puis l'aversion ordinaire de la femme pour une existence passée tout entière à la campagne. Déjà pourtant ces obstacles vont diminuant. La facilité des communications par les voies ferrées et par les chemins intérieurs améliorés, permet de résider aux champs et de faire valoir ses terres, sans s'isoler de la vie sociale ou publique. En même temps, une éducation plus forte et plus sérieuse prépare la femme à se passer des vaines excitations de la vanité pour se contenter du bonheur paisible qu'on trouve dans le cercle de la famille et dans la direction des travaux agricoles, toujours semée d'incidents nouveaux et accompagnée de satisfactions inattendues dès qu'on s'y intéresse. Pour aimer la nature, c'est assez d'apprendre à entrevoir ses merveilleuses opérations. La moindre connaissance des lois qui régissent la vie végétale et animale suffit pour qu'on se plaise à en suivre les diverses applications au champ ou dans l'étable. Bientôt, à tous les spectacles que l'art crée dans les villes pour la curiosité oisive, on préfère ceux mille fois plus splendides qu'offrent les prés, les bois, les campagnes, les nuits étoilées et le jour dans l'infinie variété des heures et des saisons. Les fêtes qui consacrent les phases principales des travaux champêtres font oublier toutes celles qui se donnent dans ce qu'on appelle le monde.

« Je ne puis dire avec assez de force combien je suis convaincu de tout ce que ferait pour la prospérité de l'Etat et la félicité privée un retour plus général des classes aisées vers les intérêts agricoles. C'est en m'arrêtant parfois dans une exploitation dirigée par un propriétaire intelligent qui consacrait les ressources de sa fortune et les forces de son esprit à améliorer, à embellir son domaine ; c'est en appréciant cette large aisance, ce bien-être réel où rien n'est sacrifié à l'apparence et où tout est donné aux véritables commodités de l'existence, en entendant la maîtresse de la maison me parler avec autant d'enthousiasme des produits de son verger ou de sa basse-cour, que de la beauté ou de l'harmonie d'une association fortuite de fleurs sauvages, et en voyant, sur les joues fraîches et rebondies des enfants, fleurir la force et la santé, c'est alors que j'ai compris toute la vérité de cette maxime appréciée des Romains au temps de leur liberté : « Rien de meilleur, rien de plus productif, rien qui soit plus agréable et plus digne d'un homme libre que l'agriculture.»

§ 6. — *Diminution des travaux publics.*

Convaincus que l'émigration rurale est surtout provoquée par les travaux dont l'Etat, les villes, les départements, les associations et les particuliers poursuivent à l'envi l'exécution (chemins de fer, canaux, routes et chemins de toute catégorie, creusement, élargissement ou améliorations des ports, constructions publiques et privées, etc.), bien des publicistes ont demandé, si ce n'est la cessation de ces travaux, ce qui est impossible, au moins leur ralentissement et leur échelonnement sur un certain nombre d'années. Ils ont insisté surtout sur la cessation des grands travaux de pur luxe.

Il n'est pas toujours possible de satisfaire à des vœux de cette nature. Les travaux publics, pour donner le plus tôt possible tout leur effet utile, doivent être entrepris et terminés rapidement. Le capital engagé, par exemple, dans le creusement d'un canal ou l'établissement d'un chemin de fer, ne devient entièrement productif que lors de l'achèvement et de la mise en exploitation de la ligne complète. Une grande mesure de voirie urbaine, qui entraîne la démolition de tout un quartier, doit être prise et exécutée avec la plus grande célérité, si l'on ne veut pas faire subir aux immeubles menacés d'expropriation une défaveur sensible, et favoriser des spéculations illicites.

Mais il n'est pas douteux que les travaux de pur embellissement peuvent, sans inconvénient, être répartis sur un nombre d'années suffisant pour qu'il n'en résulte pas une forte et soudaine agglomération d'ouvriers dans les villes. Maintenant où commence la distinction entre les travaux de luxe et les travaux nécessaires? C'est aux administrations municipales à statuer sur ce point.

Quant à l'Etat, les travaux qu'il exécute ont généralement un caractère d'utilité publique tel, que l'intérêt du pays exige toujours leur très prompt achèvement.

En ce qui concerne ceux des départements et des communes, l'Administration, surtout à la suite des lois de décentralisation récentes, ne peut guère intervenir que par voie de conseil.

§ 7. — *Affaiblissement de l'activité industrielle par suite de la réforme douanière de 1860.*

Beaucoup d'amis de l'agriculture ont considéré l'admission des produits étrangers sur notre marché dans des conditions nouvelles de concurrence avec les similaires français, comme devant porter une atteinte sérieuse à notre industrie manufacturière et rendre ainsi disponible un assez grand nombre de bras, qui feraient retour au travail des champs.

Cette prévision est peut-être fondée; toutefois, les résultats du degrèvement de nos tarifs de douane ne la justifient pas encore. Cependant, il est permis d'entrevoir que toutes celles de nos industries qui n'étaient pas viables, c'est-à-dire qui ne subsistaient que grâce à une protection exagérée (véritable impôt sur tous au profit de quelques-uns), succomberont devant les efforts de la concurrence étrangère. De là une certaine quantité de main-d'œuvre inoccupée qui cherchera naturellement à s'employer dans les travaux de la ferme.

L'industrie française sera inévitablement atteinte à un autre point de vue. On sait qu'à l'image de notre société politique , elle est organisée démocratiquement , c'est-à-dire qu'à l'exception de quelques grandes usines dans l'Alsace, la Normandie , le Loiret, la Nièvre, elle se compose d'une multitude de petites fabriques, fondées, pour la plupart, par d'anciens contre-maîtres dont la réputation d'habileté, de probité est à peu près le seul capital et dont le personnel ouvrier se compose surtout des membres de la famille. Or, il est impossible qu'une industrie ainsi constituée puisse lutter, à armes égales , contre celle de l'Angleterre, par exemple, qui se répartit entre un petit nombre d'établissements, disposant, en capitaux à bon marché, de ressources considérables, mettant en œuvre un outillage perfectionné et des forces mécaniques d'une puissance énorme, envoyant, grâce à des dépositaires sûrs et fidèles, à des comptoirs solidement établis, leurs produits dans le monde entier et faisant ainsi, avec des bénéfices minimes mais multipliés, d'immenses affaires.

De là, dans notre pays, un mouvement obligé de réunion, de concentration des forces productives , et la formation , plus ou moins rapide, mais nécessairement fatale pour une foule de petits établissements, de puissantes unités manufacturières capables de lutter énergiquement contre celles de l'Angleterre.

§ 8. — *Décentralisation administrative.*

Quelques personnes ont pensé qu'en accordant à la commune une large décentralisation , qu'en lui laissant l'entière gestion de ses intérêts locaux, on y créerait une sorte de vie publique , vie politique et administrative, qui donnerait au séjour dans les campagnes un attrait nouveau , inconnu, et assez puissant pour retenir au rustique foyer la grande famille rurale. Nous ne partageons pas une illusion de cette nature. D'abord , dans l'état actuel de l'instruc-

tion publique en France, nous considérons une autonomie complète de la commune, sans aucun droit d'intervention, de véto de l'autorité supérieure, comme pouvant
mettre en péril, ou des services publics obligatoires, si
l'administration locale sacrifiait à des idées d'économie ex-
cessive, ou la fortune publique, si elle penchait dans le
sens contraire, dans le sens des dépenses de luxe, des pro-
digalités inutiles. Nous avons, en outre, fait remarquer
ailleurs que, par suite de l'exiguité de leur territoire et de
leur population, un très grand nombre de communes en
France sont, faute de ressources, et en hommes capables,
instruits, désintéressés, et en revenus, hors d'état de s'administrer convenablement. A ces communes la tutelle administrative est absolument nécessaire. Enfin, il a déjà été
fait beaucoup pour l'indépendance de la commune. En
outre de la nomination *directe*, par le suffrage universel,
de ses conseillers municipaux, et *indirecte* de son maire,
aujourd'hui presque toujours choisi parmi ces conseillers,
des lois récentes lui ont accordé une très-grande latitude
dans la conduite de ses affaires, et nous ne sachons pas que
ce développement des libertés communales ait exercé une
influence quelconque sur le mouvement extérieur des populations agricoles.

§ 9. — *Influence des chemins de fer.*

Il n'est pas douteux que les chemins de fer ont en mains
le moyen, si ce n'est d'arrêter l'émigration rurale, au moins
de modérer le progrès des villes. Force centripète incontestable, ils peuvent devenir aussi une force centrifuge
très-puissante. Ce moyen consisterait dans la création de
trains de banlieue à bas prix, spécialement destinés aux
classes ouvrières, qui pourraient ainsi quitter la ville pour
aller habiter, au grand profit de leur santé et de leur

bourse, les communes rurales plus ou moins contigues. Des abonnements pourraient, d'ailleurs, être délivrés aux ouvriers qui justifieraient de leurs professions comme tels.

Déjà, grâce aux chemins de fer, un grand nombre de familles de négociants de nos grandes villes sont allées habiter, hiver comme été, les communes suburbaines, leurs chefs se rendant le matin à leurs bureaux ou magasins, pour revenir chez eux, le soir, à l'heure qui voit finir les affaires.

Le même mouvement se produit parmi les employés des administrations publiques et privées.

A Londres, cette force centrifuge des chemins de fer agit très-sensiblement depuis longtemps et *dégage* la ville d'une partie assez notable de sa population. Elle est, d'ailleurs, très-efficacement secondée par les *penny boats* (bateaux à vapeur à 10 centimes), que nous n'avons pas à Paris.

CHAPITRE IV.

HYPOTHÈSE DE L'IMPOSSIBILITÉ D'ARRÊTER L'ÉMIGRATION RURALE.

Et, tout d'abord, nous nous empressons de dire que cette émigration s'arrêtera nécessairement. Elle finira le jour où, par la simple application de la loi d'équilibre entre la demande et l'offre du travail, le salaire rural, avec les avantages moraux et matériels attachés à la vie des champs, sera supérieur au salaire urbain, et nous marchons à ce résultat.

Cette question s'était déjà présentée à l'excellent esprit de feū M. le président Troplong, et voici dans quel sens il y avait répondu :

« Le déplacement de la population rurale ne saurait être nié dans de certaines limites; c'est un fait acquis à la statistique. Mais touche-t-il à son terme ? L'équilibre entre les forces nécessaires aux campagnes et les forces nécessaires aux villes et à l'industrie est-il atteint ? Ou bien sommes-nous menacés du mal incurable d'un vide toujours croissant ?

« Je ne suis pas porté à admettre cette dernière hypothèse; je me confie à la liberté éclairée par l'intérêt. Outre qu'il est très-rare que les faits sociaux arrivent à leurs conséquences extrêmes, je ne puis m'empêcher d'être frappé des éléments énergiques qui se conservent dans les campagnes, du vigoureux esprit de propriété qui anime leurs habitants, de ce goût pour la terre qui va chez eux jusqu'à la passion, et qui fait des merveilles de travail et d'économie. Non, ce ne sont pas ces hommes qui quitteront leur sillon; c'est à eux, au contraire, c'est à ces amis du sol, qui aspirent, avec une ardente ténacité, soit à le conquérir, soit à s'y agrandir, que s'arrêtera le mouvement, mouvement, du reste, qui laisse le gros de l'armée rustique avec sa meilleure milice. »

Mais enfin que faire dans l'hypothèse où, pour longtemps encore, les villes continueraient à exercer sur les campagnes leur forte *attraction* actuelle? Une chose, très-simple en apparence, très-difficile en réalité, parce qu'elle est énormément coûteuse, l'amélioration incessante de la condition morale et matérielle des populations urbaines.

Presque toutes les grandes villes de France sont entrées dans cette voie; mais pas une n'a fait, proportionnellement à ses ressources, d'aussi grands sacrifices à cette pensée humanitaire que Paris. Certes, nous ne donnons pas une approbation aveugle à tous les travaux de l'édilité parisienne depuis 1853. Il en est contre lesquels nous faisons des réserves au point de vue de leur utilité ou de leur opportunité; mais, à moins du plus injuste parti pris, il est impossible de méconnaître la grandeur de l'œuvre prise dans son ensemble; il est impossible surtout de nier l'heureuse amélioration survenue dans la santé publique à la suite des mesures d'hygiène générale que tout le monde connaît.

Qu'on nous permette, en terminant, une rapide appréciation des intérêts si nombreux, si variés, si considérables auxquels la transformation de Paris a donné satisfaction; elle indiquera jusqu'à quel point les influences pernicieuses des villes peuvent-être neutralisées.

Paris transformé, en effet, ce n'est pas une vaine satisfaction donnée au sentiment de l'orgueil national; — ce n'est pas seulement la capitale de la France élevée à la hauteur de son génie, de ses destinées, de son influence civilisatrice; — ce n'est pas seulement un monument sans rival de grandeur et de puissance offert à l'admiration de l'étranger; — ce n'est pas seulement un éclatant témoignage des vastes ressources financières d'une cité dont le budget est supérieur à celui de je ne sais combien d'Etats. Non, c'est, avant tout, une œuvre de haute utilité, de haute bienfaisance, de haute prévision politique.

Paris transformé, c'est l'air, la lumière, c'est-à-dire la santé, rendus aux 700,000 ouvriers d'une ville dont les produits ont fait, depuis longtemps, la conquête du monde entier. C'est un logement plus sain, plus confortable, mieux pourvu des aisances de la vie, plus capable de les moraliser, en les retenant à leur foyer, pour ces ingénieux et infatigables pionniers de la plus française de nos industries.

Ce sont, dans les centres les plus populeux, ces verdoyantes oasis où le vieillard et l'enfant, où l'ouvrier fatigué viennent chercher l'ombre, la fraîcheur, le parfum des fleurs; — douce échappée de la campagne, si chère à ceux que la profession enchaîne à la grande ville !

C'est la suppression des logements insalubres.

Ce sont de vastes plantations sillonnant Paris en tout sens.

C'est l'eau, cette précieuse ressource de l'hygiène, distribuée plus abondamment aux habitants et permettant l'arrosage plus fréquent des rues et des promenades, et surtout le lavage à fond des égouts.

C'est le blanchiment périodique des façades des maisons et la mise en contact immédiat des habitations avec un vaste réseau de canalisation souterraine emportant au loin les déjections, les détritus, les immondices, les eaux pluviales et ménagères, naguère stagnantes sur la voie publique et viciant l'atmosphère.

Ce sont les maisons mieux appropriées aux intérêts sanitaires de la population, surtout par une intelligente installation des fosses d'aisance qui, plus profondes, plus étanches, ont cessé d'infecter le sol de leurs infiltrations et d'empoisonner l'eau de nos puits.

C'est la mise en communication rapide de toutes les parties de l'agglomération avec ces foyers, ces *laboratoires* d'air pur, véritables poumons de Paris, qui s'appellent les bois de Boulogne et de Vincennes, merveilleuses créations où l'art a fait des prodiges, où le ciel, les lacs, la verdure, les horizons lointains forment un paysage sans rival.

C'est l'élimination progressive des usines, des établissements insalubres ou seulement incommodes, allant s'établir hors de ses murs, au grand bien-être des ouvriers, appelés à les suivre dans leur émigration.

C'est l'assistance hospitalière et à domicile, plus large, plus généreuse, plus soucieuse des besoins des malades ; ce sont les asiles de convalescence, pieuse création du souverain, libéralement ouverts aux guéris dont les forces ne sont pas encore entièrement rétablies.

Ce sont les établissements d'utilité publique mis à la

disposition des classes ouvrières aux prix les plus modiques (lavoirs, bains, etc., etc.)

Ce sont les ponts affranchis de tout péage ; — les logements d'ouvriers exonérés de l'impôt personnel et mobilier.

Par suite de ces diverses améliorations hygiéniques et de ces témoignages de vive sympathie pour les classes laborieuses, Paris transformé, c'est la mortalité réduite, la vie moyenne accrue; c'est, pour la première fois depuis 1853, les naissances dépassant les décès et la population s'alimentant par elle-même sans le secours de l'immigration.

Paris transformé, c'est bien autre chose encore.

Ce sont les écoles multipliées et libéralement dotées, donnant gratuitement le bienfait de l'instruction primaire ou spéciale à un plus grand nombre d'enfants indigents. C'est la multiplication des crèches, des asiles, des ouvroirs; ce sont les besoins religieux mieux satisfaits, le service du culte plus assuré, par la construction de nouvelles et splendides églises.

C'est une énergique impulsion, de puissants encouragements à toutes institutions de bienfaisance, à toutes les œuvres non seulement de bienfaisance, mais encore de moralisation des classes ouvrières.

C'est l'ouverture d'un réseau de communications intérieures destinées à réduire les distances, à rapprocher ainsi tous les rayons de la ruche immense, à faciliter l'expansion du centre à la circonférence.

C'est l'ouverture de ces magnifiques halles centrales, si justement appelées le *Louvre du peuple*, recevant dans leurs caves gigantesques les produits les plus variés du sol, de la ferme, de la chasse, de la pêche maritime et fluviale, vaste approvisionnement que renouvellent chaque jour d'innombrables arrivages par la voie de terre, de fer et d'eau, et où la concurrence des marchands prévient la hausse exagérée des prix.

Ce sont ces larges et profonds boulevards, véritables voies appiennes, sur lesquelles se profilent, au lieu des sombres tombeaux du patriciat romain, de splendides étalages des produits du monde entier.

Paris transformé, c'est son fleuve, vivifiante artère, épuré, approfondi, régularisé, offrant à la navigation des facilités inconnues jusques-là, permettant même aux navires de mer de venir *accoster* jusqu'aux pieds du palais du souverain, sorte de réalisation, modeste encore, mais progressive, du beau rêve de Paris port de mer.

Enfin ce sont de nouveaux et imposants édifices ouverts aux arts, aux sciences, aux musées.

Certes, toutes les villes ne sont pas en mesure de doter leurs habitants de pareils bienfaits et notamment d'améliorer, dans de semblables conditions, leur situation hygiénique et morale. Mais toutes, dans le rapport de leurs ressources aux besoins des populations, ont le devoir de faire les plus grands efforts pour donner satisfaction au moins à ceux de ces besoins qui ont un caractère d'urgence.

Au premier rang nous placerons : — l'établissement d'un bon système d'égouts, recevant, pour aller les porter au loin, les eaux pluviales d'abord, puis les eaux ménagères et les déjections de toute nature de chaque maison ; — la suppression des ruelles infectes, sans air, ni lumière ; — l'interdiction de tout établissement insalubre ou dangereux ; — la substitution de l'abattoir commun aux tueries privées ; — un large approvisionnement d'eau pure ; — la mise à l'abri de toute contamination du cours d'eau qui traverse la ville ; — l'ouverture de vastes promenades sillonnant, autant que possible, l'intérieur de la ville ; — l'isolement des hôpitaux, des prisons, des casernes, ces fcyers particuliers d'infection ; — le lavage fréquent des cours et de la façade des maisons ; — la suppression, dès qu'elle devient possible, de toute taxe ayant pour conséquence le renchérissement de la vie matérielle ; — enfin, une organisation de l'assistance publique combinée de telle sorte, qu'elle ne soit jamais une prime à l'oubli de cette grande loi du travail qui est le premier élément de moralisation pour l'individu, en même temps qu'une condition d'existence pour les sociétés.

FIN.

NOTICE BIBLIOGRAPHIQUE.

Note sur le Danger de l'Accroissement des Villes par le développement des Campagnes, par M. Valentin Smith, brochure in-8°, *Lyon*, 1856.

De l'Emigration des Campagnes, par Jules Brame, député du Nord, brochure in-8°, *Paris et Lille*, 1859.

Etude sur la dépopulation des campagnes, ses causes, ses conséquences et les moyens pratiques de la combattre, par S. C. Valny, chef de division à la préfectnre du Gers, 1 volume in-12, *Auch*, 1862.

Réflexions d'un Montagnard parisien à propos de la Désertion des Campagnes, par Olivier Jeantet, 1 volume in-12, *Paris*, 1866.

Les Champs et l'Usine, poème, par M. Hippolyte Matabon (*Revue de Marseille et de Provence*, n° de novembre 1868).

ERRATA

—

Pages.	Lign.	
7	1	Supprimez les mots : *Première Partie.*
18	5	au lieu de : *accroissement* p °/₀, lisez : *rapport* p. °/₀.
26	1	au lieu de : *Chapitre IV*, lisez : *Chapitre III.*
29	5	au lieu de : *villes, campagnes*, lisez : *campagnes, villes.*
35	5	au lieu de : *que les mariés*, lisez : que les mariés et *non mariés.*
35	15	au lieu de : *plus de mariés et de veufs*, lisez : *plus de mariés* seulement.
35	33	au lieu de : 38 (3ᵉ chiffre du tableau), lisez : 37.
49	25	au lieu de : *aussi*, lisez : *ainsi.*
71	21	au lieu de : *villes, campagnes*, lisez : *campagnes, villes.*
74	18	au lieu de : *presque générale*, lisez : *encore fréquente.*
75	4	au lieu de : *périolique*, lisez : *périodique.*
88	7	au lieu de : *la concurrence avant*, lisez : *la concurrence intérieure.*
88	23	au lieu de : *Minerel*, lisez, *Mimerel.*
96	27	au lieu de : *aratio*, lisez : *aratro.*
148	32	à la suite de : 136,492, lisez : *hectares.*
148	34	à la suite de : 37.27, lisez : p. °/₀.
149	22	au lieu de : *hectolitres*, lisez : *hectares.*
152	30	supprimez : *continue.*
212	14	au lieu de : les *fumiers*, lisez : les *fumures.*
213	23	après : *en Espagne*, lisez : *et en Russie.*
215	6	au lieu de : *qui a décidé par de très bons esprits*, lisez : *qui a décidé de très bons esprits.*
219	27	au lieu de : *et n'offrent, sous ce rapport*, lisez : *et qui n'offrent.*
225	17	au lieu de : *propre à le résoudre*, lisez : *propre à la résoudre.*
252	19	au lieu de : *Grignan*, lisez : *Grignon.*
261	17	au lieu de : *Chapitre IV*, lisez : *Titre VII.*

TABLE ANALYTIQUE DES MATIÈRES

NOTE PRÉLIMINAIRE

TITRE II

Caractéristique des populations rurales et urbaines.

Chapitre premier. — *Composition de la famille rurale et urbaine.*

Chap. ii. — *Du mouvement annuel de la population* (naissances, mariages et décès) *dans les villes et les campagnes*.

1. *France*. — Les documents officiels établissent sans réplique que le degré d'agglomération de la population exerce une influence très sensible sur le rapport aux habitants (nombre proportionnel), des naissances, des mariages et des décès. Ainsi, les campagnes (naguère si fécondes) ont maintenant un peu moins d'enfants par ma-

riage que les villes (Paris non compris). — Il est vrai qu'elles les conservent mieux — A nombre égal de naissances, les campagnes voient naître plus de garçons. — Elles ont un moindre nombre d'enfants naturels et de morts-nés. — On s'y marie plus tôt. — Enfin, la durée moyenne de la vie y est plus grande que dans les villes.

2. *Belgique.* — L'étude des documents de ce pays confirme les observations qui précèdent, sauf en ce qui concerne la fécondité légitime, plus grande dans les campagnes que dans les villes.

3. *Royaume d'Italie.* — Les documents officiels analogues publiés pour ce pays ne se rapportant qu'à une seule année (1863), n'ont pas la même valeur que les précédents , qu'au surplus ils confirment ou infirment partiellement.

4. *Prusse.* — Les renseignements officiels sur les différences que peut présenter l'état civil des deux populations ne sont concluants qu'au double point de vue : 1° d'une plus grande fécondité des mariages; 2° d'un moindre nombre de morts-nés et de naissances naturelles dans les campagnes.

Il a été constaté , depuis longtemps , que les campagnes fournissent, à population égale, un plus grand nombre de recrues bonnes pour le service.

5. *Royaume-Uni.* — En Angleterre, le fait le plus saillant des recherches officielles sur le mouvement annuel de la population, est la moindre mortalité rurale. — En Ecosse, les mariages sont plus nombreux, la fécondité générale (naissances naturelles comprises) plus grande, la mortalité plus élevée dans les villes. Mais ce pays présente le fait singulier et unique d'un plus grand nombre relatif de naissances naturelles rurales.

6. *Suède.* — Les relevés annuels de l'état civil y sont plus favorables, sous tous les rapports, aux campagnes qu'aux villes.

7. *Documents communs à plusieurs pays.* — Ces documents sont concluants dans le même sens, particulièrement au point de vue de la durée de la vie moyenne.

TITRE III

Des causes de l'émigration rurale en France.

CHAPITRE PREMIER. — *Causes de l'émigration avec retour, périodique ou non, au pays natal.*

Départements dans lesquels se recrute l'émigration avec esprit de retour. — Etude spéciale de la Creuse et du Cantal à ce point de vue. — Nombre et professions des émigrants à diverses époques. — Pays de destination. — Causes de leur abandon momentané du pays natal......... ....de   74 à 80

CHAP. II. — *Causes de l'émigration, définitive ou non.*

§ 1. — *Causes accidentelles.* — Elles se subdivisent en générales et locales. — Exemples de causes générales accidentelles. — Exemples de causes locales accidentelles.

§ 2. — *Causes permanentes.* — On peut les diviser en trois catégories : les causes *économiques* ; les causes *morales* ; les causes *diverses.*

a) *Causes économiques.* — Parmi les plus importantes, il faut classer : la concentration de l'industrie dans les villes au préjudice du travail rural. — Étude sur les causes de cette concentration. — Prétendues faveurs accordées à l'industrie au préjudice de l'agriculture. — L'amélioration des voies de communication a également favorisé l'émigration des campagnes sur les villes — L'émigration de la population rurale ouvrière a été encouragée par celle de la classe des bourgeois-propriétaires. — Causes de cette dernière émigration. — Attraction exercée sur la population rurale par les travaux publics et les grands travaux d'édilité dans les villes. — Influence sur l'émigration rurale de diverses modifications dans les modes de culture et dans les cultures elles-mêmes. — Le morcellement de la propriété a-t-il favorisé l'émigration ? — Dans quelle mesure les crises agricoles en ont-elles accéléré le

TITRE VII

Hypothèse de l'impossibilité d'arrêter l'émigration rurale.

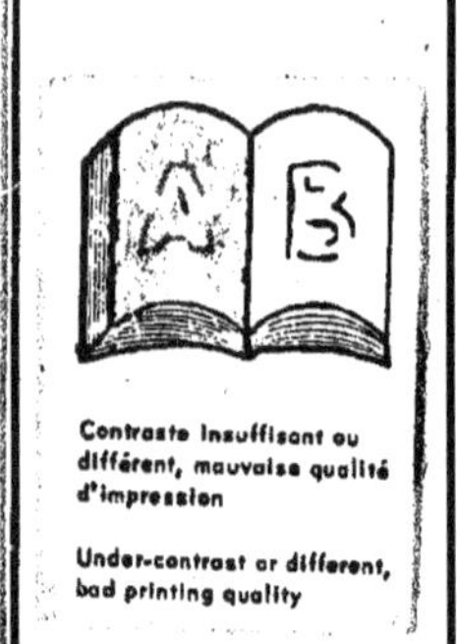
Contraste insuffisant ou
différent, mauvaise qualité
d'impression

Under-contrast or different,
bad printing quality

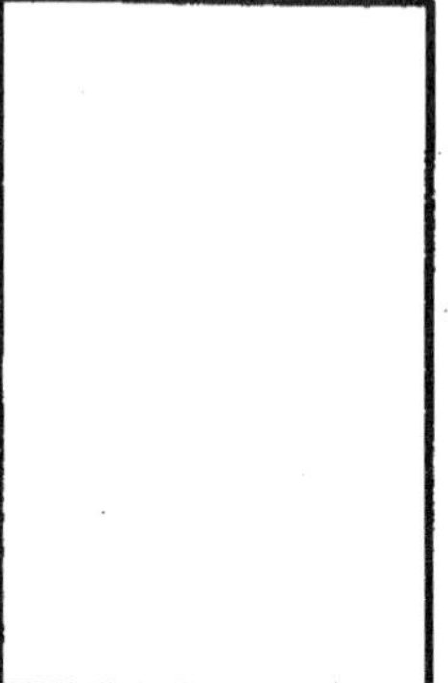

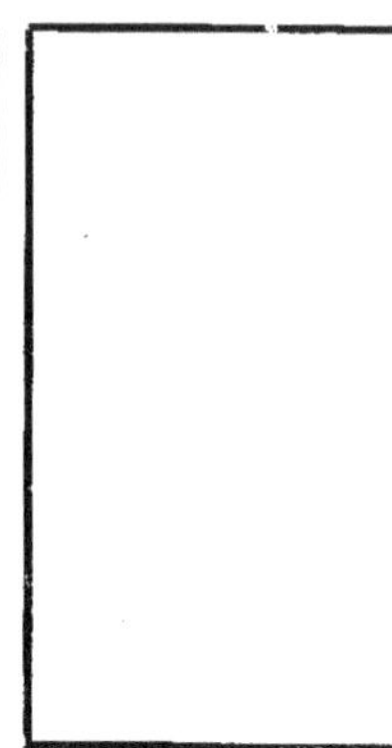